臺灣歷史與文化 研究輯刊

初 編

第 6 冊

奸黨煽惑
——蔣中正對二二八事件的態度及處置

蘇 聖 雄 著

軍方刊物對民主運動的報導
——以《國魂》與《青年戰士報》爲例

傅 星 福 著

花木蘭文化出版社

國家圖書館出版品預行編目資料

奸黨煽惑──蔣中正對二二八事件的態度及處置　蘇聖雄　著
／軍方刊物對民主運動的報導──以《國魂》與《青年戰士
報》為例　傅星福　著 — 初版 — 新北市：花木蘭文化出版社，
2013〔民 102〕
序 4+ 目 2+122 ／序 2+ 目 2+102 面；19×26 公分
（臺灣歷史與文化研究輯刊 初編：第 6 冊）
ISBN：978-986-322-259-0（精裝）
1. 二二八事件　2. 臺灣民主運動
733.08　　　　　　　　　　　　　　　　102002943

ISBN-978-986-322-259-0

9 789863 222590

臺灣歷史與文化研究輯刊
初　編　第　六　冊
ISBN：978-986-322-259-0

奸黨煽惑──蔣中正對二二八事件的態度及處置

軍方刊物對民主運動的報導
──以《國魂》與《青年戰士報》為例

作　　　者	蘇聖雄／傅星福
總 編 輯	杜潔祥
出　　　版	花木蘭文化出版社
發 行 所	花木蘭文化出版社
發 行 人	高小娟
聯絡地址	235 新北市中和區中安街七二號十三樓
	電話：02-2923-1455 ／傳真：02-2923-1452
網　　　址	http://www.huamulan.tw 信箱 sut81518@gmail.com
印　　　刷	普羅文化出版廣告事業
初　　　版	2013 年 3 月
定　　　價	初編　30 冊（精裝）新台幣 60,000 元

奸黨煽惑
——蔣中正對二二八事件的態度及處置

蘇聖雄　著

作者簡介

蘇聖雄，生於臺北，國立臺灣大學歷史學系學士、國立臺灣大學歷史學研究所碩士，現為國立
臺灣大學歷史學研究所博士生，任職於國史館。主要研究範圍為民國政治軍事史、蔣中正研究，
著作舉要如〈論蔣中正對膠東之戰的處置（1932）〉、〈國史館數位檔案檢索系統之運用——以
「行營」研究為例〉、〈轉危為安：武漢會戰期間蔣中正心態之考察〉、〈蔣中正與臺灣土地改革初
探（1949-1956）〉、〈蔣中正與遷臺初期之立法院——以電力加價案為核心的討論〉。

提　　要

　　二二八事件前後，蔣中正身處的時代背景是國共內戰愈益劇烈，國家金融紊亂，以及國民
政府為日後行憲預先進行改組事宜。事變發生之後，軍政機關指出此為「奸黨」（共產黨）煽動
導致，遂成為蔣處理此事之基調。

　　何以在反對派兵的輿論之下，蔣中正仍執意派兵？受限於國民政府體制運作，在事件初期
能令蔣聞知的反對派兵言論並不多，蔣實難以掌握事件初期的各種資訊。在大部分只能接受陳儀
「一面之詞」的情況下，蔣以為事件起於「奸黨煽惑」；為免情勢更加危急，乃做出派兵赴臺的
決定。

　　現今沒有任何直接證據可以證明蔣中正暗中指使「屠殺」。對於國民黨中央通過的陳儀撤職
案，蔣不予處理，應非為袒護陳儀，而是要他辦理善後事宜。而擢升彭孟緝及其他相關軍政
人員，從蔣認定的「奸黨煽惑」暴亂脈絡看來，彭氏等鎮壓共黨有功，故爾如此。至於軍政人
員屠殺臺民的訊息，多是以對「奸黨」的鎮壓行動呈現；針對臺灣無辜民眾被屠殺的直接信息，
蔣知道的並不多。又其深為共黨製造假情報所困擾，乃視這些屠殺消息為共黨「宣傳威脅
之慣技」，遂未予重視。

　　蔣當時面對的是整個中國紛亂的局勢，其當時依較可掌握的情報（陳儀、中統局等相關軍
政人員提供之資訊），在有限時間內做出決策；此決策受歷史環境及蔣性格影響，深陷於國共內
戰情勢之中。二二八事件，便在這種蔣中正難以突破的限制中發生。

出　版　序

　　認識聖雄已近九年。2002 年夏天，他以建國中學應屆畢業生通過甄試錄取爲臺灣大學歷史系的新生，是時我正值修假研究不在國內，未參與系方舉辦的甄試歷程，故對他印象全無。2004 年 2 月他二年級的第二學期伊始，因上我所教授的「中國史四」必修課，才逐漸熟稔其形貌，但仍叫不出他的姓名。因該課程修課學生逾六十人，益以我汲汲於講課趕進度，未遑撥出時間一一點名故爾。惟他從不曠課，且每坐前排，聽講專注，令我印象深刻。猶憶一次下課時，他至講台前問我 Nation 與 State 有何不同？約莫一年之後，我在臺大附近「醉紅」午餐時，他正好路過，見到玻璃窗中的我，還特意入內問我哪一本蔣中正的傳記最值得閱讀？其好學深思如此。

　　2006 年夏，聖雄以極其優異的學業成績畢業於臺大歷史系，在畢業之前即已考取本系之歷史研究所碩士班。是年冬天，他甫就讀碩士班不久，前來問我可否擔任其碩士論文指導教授，自是我才知其姓名。經過初步詳談，聖雄擬以蔣中正之研究爲其論文題旨，我亦尊重其志趣，其研究方向就此定調。接下來的兩年間，聖雄一面忙於修習所方規定的學分課程，準備學科考試，一面蒐閱有關書籍資料著手撰寫碩士論文。與聖雄商定的論文題目，本爲「南昌行營之研究（1933～1935）」，該行營全名爲國民政府軍事委員會委員長行營，是蔣中正 1932 年 3 月出任委員長後所成立的第一個行營，這是個不錯的題目，尤其是相關的研究成果極少，值得去撰寫，可供發揮的空間亦大。但聖雄行有餘力，亦同時進行其他題目的撰寫，擬相機發表之，「蔣中正與二二八事件」即爲其中之一。由於「蔣」文撰寫過程較爲順利，已然成形，遂取代建構中的「南昌行營」爲其學位論文。

　　與「南昌行營」相較，「二二八事件」在現今臺灣的政治敏感度遠超過之，何況又係以蔣中正對該事件的態度及處置為中心議題，更是敏感之極。對聖雄擬以此為學位論文題目，我雖難免有所躊躇瞻顧，但旋以學術應自外於政治，臺灣大學一向以傳承自由學風為標榜；再者，治史首在求真，只要本乎一心，根據第一手的檔案史料立論，應當無虞。2009 年 6 月 19 日，聖雄以優秀的成績通過了臺灣大學歷史研究所碩士論文的口試，並於一個月後將依照口試委員們意見加以修訂的論文正式本繳交所方，取得碩士學位。同年 8 月，聖雄入營服預備軍官役，先在臺南縣之大內受基礎訓練，再赴高雄縣之陸軍步兵學校受分科教育，結訓後分發至桃園縣之中壢任少尉情報官，一年左右的軍旅生活，令他成長不少。2010 年 6 月，聖雄在服役期滿前報考政治大學及臺灣大學的歷史研究所博士班，均獲錄取，經選擇回母校就讀至今。

　　聖雄好學深思，勤奮用功，文筆簡鍊，分析能力亦強。最值得稱道的是他勤於撰述，自進入碩士班就讀以來六年間，已發表有八、九篇論文（另有書評一篇），這在現今臺灣的歷史研究生中是頗為少見的。如今其碩士論文正式本〈「奸黨煽惑」──蔣中正對二二八事件的態度及處置〉行將由花木蘭文化出版社出版，殊覺欣慰。聖雄論文的題目極具挑戰性，其內容主要是就蔣中正在二二八事件中之派兵問題及是否縱容屠殺問題加以探討論析，其優點為：其一、主題意識鮮明。直指二二八事件中最重要而最富爭議性的兩個核心問題，予以反覆論証，火力集中，切中其要，予人印象深刻。其二、引用資料頗稱豐富。且大多為可信度極高的檔案史料。尤其是曾參閱國史館所藏之《蔣中正總統檔案》，益以為數不少的專書、日記、資料集、論文等，使本論文的論證更具說服力。其三、思慮縝密，分析入理。其四、文筆流暢，用字簡扼。

　　綜觀其較重要的論點約為：其一、蔣中正因事件發生之初接到臺灣行政長官公署長官陳儀的電報謂係「奸黨煽惑」所致（實則不然），奸黨即指共黨，使蔣誤以為事件性質係共黨叛亂，而對陳請求派兵赴臺鎮壓予以照准。其二、蔣在反對派兵的輿論下仍執意派兵，乃因居於中樞高位，所獲悉與事件相關的資訊甚為有限，且大多來自陳儀、情治單位等軍政人員「一面之詞」的報告，依此作出決定。其三、分析當時全國的大環境、國共戰爭烽火延燒大陸各地，國軍甫於山東萊蕪慘敗，益以金融紊亂，政府改組等，都令蔣難以專注臺灣事件，且以為事件與共黨有關，情勢嚴重，理應迅加鎮壓。其四、現

今缺乏任何直接證據證明蔣暗中指使屠殺，而臺灣軍政人員的鎮壓行為，亦多以肅清「奸黨」呈現，蔣身為國家最高領導人對此固難辭其咎，但不應將罪責完全推諸蔣。此外，關於事件中陳儀何時請兵的問題，學界原有三種說法，一說採信相關人士的回憶，認為陳儀 1947 年 3 月 2 日請兵；另一說陳儀 3 月 4 日請兵；又一說指出蔣在決定派兵之前（3 月 5 日前），陳儀皆未請兵。聖雄深究陳儀呈蔣寅支電（3 月 4 日）內容之後，注意到發電用語中的細節，推論出陳儀的確以現今不存的寅冬電（3 月 2 日）請兵，亦即，陳儀確切請兵之時間點，該當為 3 月 2 日。此說應足以釐清學界對此問題的分歧看法。

　　聖雄此作，就性質而言，乃一研究所碩士班的學位論文習作，根據檔案文獻等資料歸結出來的各論點，也不過是他個人粗略研習的結果，欠週延之處必不在少，持不同看法的人似應予包容與體諒，或就史學之道加以指正。誠如聖雄在其結論中云：「筆者並不認為本論文所言絕對正確，道出了『真相』；也非欲指責學界先進，自以為是；更不想涉入政治紛爭。只想試著對此嚴肅的課題，依自身的史學訓練，盡可能嚴謹地找出足以解釋歷史的說法。誠然，個人能力有限，文中必有盲點、錯誤，期待方家先進斧正」。斯言，足堪嘉許。

臺灣大學歷史系兼任暨名譽教授　胡 平 生

2012 年 12 月 1 日

目

次

第一章　緒　論

第一節　研究動機

　　二二八事件為 1947 年 2 月 28 日，在臺灣臺北因政府取締私烟引起的民變。目前已有多位研究者撰文探討事件發生之緣由，及誰該為此負責。關於責任問題，原應集矢於是時之臺灣省行政長官陳儀，近年來一些學者轉為強調國民政府領導人蔣中正之作用，認為他才是「幕後黑手」；陳儀若無蔣大力支持，不可能在臺灣釀起巨變，或膽敢派兵鎮壓、屠殺人民。相對地，另一派學者雖亦分析蔣在事件中的作用，卻較以同情理解的角度為蔣申說，肯定其措置。

　　蔣中正身為當時政府最高領導人，事件發生在其主政時期，追究政治責任本是天經地義的事。相關研究皆為專業歷史學家經過精密考證、分析之成果，必定掌握了一定的歷史事實，並建立了合理的歷史解釋。然而蔣氏究竟如一派研究者所言，是事變原凶，抑或如另一派學者描述，其舉措值得同情理解？令筆者十分感興趣，覺有繼續探究之價值。

　　關於蔣中正與二二八事件，隨著政府檔案、《蔣中正日記》之公開，已有數篇專文進行討論。然而，研究者或以事件為中心，「以事追人」來分析蔣在其中的作用，未從蔣之脈絡予以理解；或以「倒帶」的方式，將事件種種已知負面的結果，加諸蔣中正，指明其當負之責任；抑或從《蔣中正日記》下手，剖析蔣在其中的作用，而忽略國民政府體制運作對蔣氏之制約。

　　筆者以為，政府執政者應是總合各項信息，在大環境及個人限制之下，

做出認為合宜的決策；即執政者做出相關決定，當有其「理由」。筆者欲整合上述研究方法，以蔣中正為核心，探究他所置身的歷史背景、所能接收的資訊來源及信息內容，以之分析他的決策脈絡，了解其做出相關處置之「理由」，再從此評價蔣在整個二二八事件中措置之得失。本研究僅探討事件爆發後蔣中正之態度和處置，關於事件前的對臺設施及其他，不在本書論列範圍；日後筆者若有餘力，當再試行討論。

第二節　研究回顧

觸及蔣中正與二二八事件之文章不可謂不多，然直接相關的學術研究卻甚少。嚴格來說，對此課題撰有專文探討的學者，僅有李筱峰、陳儀深、楊天石。其他學者，或是將此課題視做二二八事件之分支而附帶提及，或是對國民政府決策做一整體討論，未將焦點集中於蔣。

一、李筱峰的研究

李筱峰之〈蔣介石與二二八事件──兼論其責任問題〉，[註1] 為研究蔣中正與二二八事件之首篇學術論文。是文寫作目的，在討論二二八事件中蔣的角色、對時局事態的認知，以及決斷造成的影響，進而討論蔣在事變中的「歷史責任」。第三章「事件中的不當處置」，和筆者研究最為相關，探討了蔣措置之紕繆。李氏論證軸心、問題意識非常明確，文筆流暢、深入淺出，惜未進一步深究蔣氏所以會做出這些舛訛處置之「理由」，筆者乃藉巨人之肩再做補充。

二、陳儀深的研究

陳儀深為研究蔣中正與二二八事件甚久亦相當深刻的學者。其最早談到此課題的論文為〈論台灣二二八事件的原因〉之後半部份，[註2] 在政府公布二二八檔案告一段落之後，發展為〈豈止是「維持治安」而已──論蔣介石

[註1] 李筱峰，〈蔣介石與二二八事件──兼論其責任問題〉，收入張炎憲等編，《二二八事件研究論文集》（臺北：財團法人吳三連臺灣史料基金會，1998），頁455～469。

[註2] 陳儀深，〈論台灣二二八事件的原因〉，《二二八學術研討會論文集》（臺北：二二八民間研究小組等，1992），頁27～75。

與台省軍政首長對二二八事件的處置〉，〔註3〕該文探討了蔣對事件之認知，及派兵決策擬定過程。其後，陳氏在《二二八事件責任歸屬研究報告》中，以先前的研究爲基礎，加上對1947年前後南京國民政府體制之分析，針對整個南京決策階層與二二八事件之責任，做了完整的議論。〔註4〕

　　陳儀深關於蔣中正與二二八事件的研究，資料掌握全面且論證十分邃密。然受限於論文寫作之出發點，是欲探究孰應爲二二八事件負責，乃僅論述蔣之負面設施，其研究因此仍有可開展之處。

三、楊天石的研究

　　楊天石爲海內外研究蔣中正的權威，其深入閱讀近年開放的《蔣中正日記》與二二八事件相關的部分，並參酌其他史料，撰成〈二二八事件與蔣介石的對策──蔣介石日記解讀〉一文。〔註5〕相較於李筱峰、陳儀深的研究，楊天石多了《蔣中正日記》之史料優勢。楊氏深刻了解二二八事件之複雜，乃提出事變雙重性、三駕馬車政治訴求等論點，令吾人對事件能有更深一層之認識，歷史本身乃非平面，而爲立體之多維度交錯。楊氏並以多年對蔣中正研究累積之識見，對事件中蔣的態度做了深刻評析。然而，在檔案史料的掌握上，陳儀深似更勝一籌；一些關鍵問題，楊氏也未予闡述，很是可惜。如楊氏沒有論述蔣中正確切的派兵時間點，對於事件中蔣獲得的資訊，也僅粗略舉要，未深入辨析，而事件後相關人員之黜陟，楊氏亦付闕如。

四、其他相關研究

　　其他研究，或爲研究蔣中正與二二八事件中的某一課題，或爲論述國民政府在事件中的角色，未聚焦於蔣。這些研究，有吳文星擴充改寫自《二二八事件研究報告》第三章「政府之因應與決策」的論文〈「二二八事件」期間國民政府的因應與決策之探討〉；〔註6〕有賴澤涵、馬若孟（Ramon H.

〔註3〕　陳儀深，〈豈止是「維持治安」而已──論蔣介石與台省軍政首長對二二八事件的處置〉，《二二八事件新史料學術論文集》（臺北：財團法人二二八事件紀念基金會，2003），頁144～161。

〔註4〕　張炎憲等執筆，《二二八事件責任歸屬研究報告》，第3章：南京決策階層的責任（此章由陳儀深執筆），頁95～169。

〔註5〕　楊天石，〈二二八事件與蔣介石的對策──蔣介石日記解讀〉，《傳記文學》第94卷第2期（2009，臺北），頁4～21。

〔註6〕　吳文星，〈「二二八事件」期間國民政府的因應與決策之探討〉，收入賴澤涵主

Myers）、魏萼合著的《悲劇性的開端──臺灣二二八事變》第五章「國民政府的應變」。〔註7〕前述二項研究，時間較早，整理明晰，頗具開創性，惜一些關鍵檔案未予應用。戴國輝、葉芸芸合撰的《愛憎2·28──神話與史實：解開歷史之謎》一書第二篇第八章，〔註8〕對中央派兵及軍隊登陸後臺灣的局勢，有所闡述，但未使用《蔣中正總統檔案》，在史料運用上遂有一大空白，有待補充。陳翠蓮《派系鬥爭與權謀政治──二二八悲劇的另一面相》第五章第二節「國民政府的決策考量」，〔註9〕對蔣中正與二二八事件有所評述，見解超凡，然相較於針對派系鬥爭與權謀政治之精彩論說，其對國民政府最高領導人蔣中正之討論，稍有落差。曾編有《二二八事件資料集》的鄧孔昭，〔註10〕撰有〈從往來電文看「二二八事件」中的陳儀和蔣介石〉一文，〔註11〕以蔣、陳往來電文演繹出頗有見地的五點看法，可加強本研究不足之處。傅玉能之〈「二二八」事件中國民政府派兵問題再探討〉一文，深入分析蔣當時所獲知的資訊，並對當時奉派援臺軍隊之調動狀況，予以考證，解決了一些關鍵問題，〔註12〕然在檔案使用上，亦有罅漏。黃秀政〈論二二八事件的發生及其對臺灣的傷害〉一文，〔註13〕運用了新近出版的史料，將論述焦點集中於事件對臺灣造成的傷害，惜對中央之決策論述較少。黃彰健之《二二八事件真相考證稿》，史料充實，論證詳密，其卷二第八、九、十、十一篇及卷四第十八篇，〔註14〕和本研究相關，筆者從中得到相當

編，《臺灣光復初期歷史》（臺北：中央研究院中山人文社會科學研究所，1993），頁107～125。

〔註7〕 賴澤涵、馬若孟（Ramon H. Myers）、魏萼著，羅珞珈譯，《悲劇性的開端──臺灣二二八事變》（臺北：時報文化出版公司，1993）。英文版出版於1991年。

〔註8〕 戴國輝、葉芸芸，《愛憎2·28──神話與史實：解開歷史之謎》（臺北：遠流出版公司，1992）。

〔註9〕 陳翠蓮，《派系鬥爭與權謀政治：二二八悲劇的另一面相》（臺北：時報文化出版公司，1995）。

〔註10〕 鄧孔昭，《二二八事件資料集》（臺北：稻鄉出版社，1991）。

〔註11〕 鄧孔昭，〈從電文往來看「二二八事件」中的陳儀和蔣介石〉，《台灣研究集刊》4期（2006，廈門），頁70～78。

〔註12〕 傅玉能，〈「二二八」事件中國民政府派兵問題再探討〉，《史學集刊》1期（2004，長春），頁43～50。

〔註13〕 黃秀政，〈論二二八事件的發生及其對臺灣的傷害〉，《興大人文學報》36期（2006，臺中），頁493～540。

〔註14〕 黃彰健，《二二八事件真相考證稿》（臺北：中央研究院、聯經出版事業公司，2007）。

啟發。

　　關於此課題的非學術性文章，舉其要有中國國民黨黨史館主任邵銘煌於2006 年 2 月 28 日在《中央日報》發表的〈蔣中正處理 228 的基本立場與態度〉一文，以較為同情理解的立場，看蔣在事件中的決策；〔註15〕業餘史學研究者武之璋撰寫的《一甲子迷障：二二八真相解密》一書，〔註16〕則批駁「綠色學者」對蔣中正之惡意攻擊；中國時報主筆黃清龍，查閱美國史丹佛大學胡佛研究所（Hoover Institution On War, Revolution and Peace, Stanford University）剛公開的《蔣中正日記》原件，撰成報導，〔註17〕首次對外披露蔣氏日記關於二二八事件之內容。這些著作，都有益於本研究之開展。

第三節　研究方法與史料

　　本書之研究方法，從三方面下手：以檔案為主，分析蔣中正所獲知之資訊及措置；以蔣氏日記為輔，分析其對事件之心態；復配合其他回憶資料，找出蔣做出相關決策之理由，最後再試著對蔣在事件中的處置，做一評價。

　　筆者使用之資料，最重要者有三，即檔案資料、《蔣中正日記》，及回憶史料，茲分述如下。

一、檔案資料

　　本書主要使用庋藏於國史館的《蔣中正總統檔案》（《蔣中正總統文物》、《蔣檔》）。此檔案原存於大溪頭寮賓館的「大溪檔案室」，外界乃多以《大溪檔案》稱之。大溪檔案室蒐羅並典藏蔣中正相關資料、檔案，將之整理分類，也為部分檔案撰寫重要事件始末。藉由《蔣檔》，吾人可得知蔣中正在二二八事件中獲得的資訊及所下的指令，十分重要。《蔣檔》關於二二八事件的函電、手令等等，已編纂為文獻彙編的《蔣中正總統檔案・革命文獻・戡亂時期・政治：二二八事件》，並出版收入中央研究院近代史研究所編的《二二八事件資料選輯（二）》，及臺灣省文獻委員會編的《二二八事件文獻續錄》，〔註18〕

〔註15〕《中央日報》（臺北），2006 年 2 月 28 日，第 6 版。
〔註16〕武之璋，《一甲子迷障：二二八真相解密》（臺北：風雲時代出版公司，2007）。
〔註17〕《中國時報》（臺北），2008 年 7 月 21 日，A6 版。
〔註18〕中央研究院近代史研究所編，《二二八事件資料選輯（二）》（臺北：中央研究院近代史研究所，1992）。魏永竹主編，《二二八事件文獻續錄》（南投：臺灣

過去二二八研究者已徵引之；然而，研究者沒有注意到《蔣中正總統檔案》不只《革命文獻》有關於二二八事件的檔案，《特交檔案》、《特交文電》、《事略稿本》中都有相關材料。這批過去為研究者忽略的檔案，加上《革命文獻》，現已完整收入侯坤宏編輯之《二二八事件檔案彙編（十七）—大溪檔案》，〔註19〕對於解決一些關鍵問題，有莫大的助益。

其他與本研究相關的檔案，有中國第二歷史檔案館收藏之資料，現已出版，收入陳興唐主編的《南京‧中國第二歷史檔案館藏：台灣「二二八」事件檔案史料》。〔註20〕國史館庋藏的《國民政府檔案》，對本研究之開展亦甚具助益，今收入侯坤宏編輯之《國史館藏二二八檔案史料（上冊）》。〔註21〕

有謂官方資料或會刻意列作例行記錄，或為彰顯一代強人的道德性，歌功頌德而不真實，故僅僅利用官方資料研究二二八事件，在先天上充滿缺陷。〔註22〕此言甚是，然官方檔案區分多種，不可一概而論；史料價值，也因之有所不同。如政府公開之布告、電文，使用上便須謹慎小心；蔣中正在事件中與軍政人員往來的電報，可信度則相對較高。蓋此種電文若為日後宣傳做假，事件相關人員也沒法得知真實情況，除非先前有於電報中約定暗語，否則將陷入無法處理事變之窘境。是以筆者研究倚重的《蔣中正總統檔案》，史料可信度應較無疑慮。〔註23〕

二、《蔣中正日記》

另一直接且重要的史料為《蔣中正日記》，原件藏於美國史丹佛大學胡佛研究所，其中二二八事件前後之日記，已於 2008 年 7 月 18 日開放。2008 年

省文獻委員會，1995 修訂版）。

〔註19〕侯坤宏編輯，《二二八事件檔案彙編（十七）—— 大溪檔案》（臺北：國史館，2008）。

〔註20〕陳興唐主編，《南京‧中國第二歷史檔案館藏：台灣「二二八」事件檔案史料》（臺北：人間出版社，1992）。

〔註21〕侯坤宏主編，《國史館藏二二八檔案史料（上冊）》（臺北：國史館，1997）。

〔註22〕陳儀深，〈論台灣二二八事件的原因〉，《二二八學術研討會論文集》（臺北：二二八民間研究小組等，1992），頁 57、74。李敖亦對此有所論述，參見李敖，《李敖大全集》（臺北：成陽出版公司，1999），第 27 冊，另一面的二二八，頁 129。

〔註23〕武之璋亦針對檔案史料之可信，提出五個原因，參見武之璋，《一甲子迷障：二二八真相解密》，頁 161～164。

7月21日黃清龍在《中國時報》所撰的文章，已將二二八事件相關部分予以披露。楊天石在研讀蔣氏日記之後，參酌相關檔案，2009年2月在《傳記文學》發表〈二二八事件與蔣介石的對策——蔣介石日記解讀〉一文，亦徵引日記內容。筆者尚未能至胡佛研究所親閱《蔣中正日記》，蒙呂芳上教授提供部分日記內容，乃以之為主要引用來源，不足之處，則參酌黃、楊二氏徵引之蔣日記。又，《蔣中正總統檔案・事略稿本》係蔣氏秘書參閱相關函電令告，節抄蔣日記，仿《春秋》體例編撰而成。其摘抄者，與《蔣中正日記》原文無多大出入，〔註24〕可為筆者之徵引來源。秦孝儀等編的《總統蔣公大事長編初稿》和《事略稿本》相類，為以蔣中正為核心的編年史書，〔註25〕其摘抄之蔣氏日記，亦為筆者所參用。〔註26〕

　　《蔣中正日記》所記是否真實，當在一定程度上影響本書論證之精確與否。楊天石對此議題謂：「日記有兩種……一種是主要為寫給自己看的。此類日記，目的在於自用，而不在於示人傳世。其記事抒情，或為備忘，或為安排工作或生活，或為道德修養，或為總結人世經驗，或為宣洩感情，往往具有比較高的真實性。蔣的日記大體屬於此類。」〔註27〕可知《蔣中正日記》

〔註24〕　如《蔣中正總統文物・事略稿本》（臺北：國史館藏），1947年3月9日條，抄錄蔣中正是日日記之「上星期反省錄」謂：「臺灣暴亂事件，已擴延至全省各縣市，嚴重極矣。陳儀平日既以虛矯自飾為能，事發，又不及時採取有效措施，迄至禍已燎原，始行求援，可痛。」親見《蔣中正日記》的黃清龍則云3月8日蔣之日記「上星期反省錄」謂：「台灣暴動形勢已擴張至全台各城市，嚴重已極。公俠〔按，陳儀〕未能及時報告，粉飾太平，及至禍延燎原乃方求援，可痛。」黃清龍，〈老蔣228日記曝光　三批陳儀無能〉，《中國時報》，2008年7月21日。文句或有些許出入，然大意全然契合。至於時間差了一天，在此或為蔣中正習慣次日早上記前日日記，稿本編者乃將之列於次日條目。《事略稿本》摘引的蔣之日記尚有其他與原本日期不同之處，筆者推論此乃稿本編者為配合敘事脈絡，有意錯置。相關論述，散見正文腳註。

〔註25〕　秦孝儀等編，《總統蔣公大事長編初稿》（臺北：中正文教基金會，1978），卷六，下冊。

〔註26〕　長年研究蔣中正並閱讀大量蔣之日記的楊天石，對《事略稿本》之引用蔣中正日記，提出幾點應當注意之處。楊氏云：「〔事略稿本〕對蔣的日記有刪選、有壓縮、有加工。特別應指出的是，編者為了維護蔣的形象，對日記手稿本中的部分內容有所諱飾；有些地方，編者還會根據後來的歷史環境對手稿本的文字做過刪改。」筆者當注意此點，相關分析，散論於正文腳註之中。

〔註27〕　楊天石，〈蔣介石日記的現狀及其真實性問題〉，《中國圖書評論》1期（2008，瀋陽，頁33～36。亦可參見楊天石，《找尋真實的蔣介石——蔣介石日記解

應屬可靠，有甚高之史料價值，值得筆者徵引利用。

三、回憶史料

涉及事件的回憶資料甚多，然能與蔣中正有交集的屈指可數。筆者盡力蒐羅相關資料，縱與蔣無直接關聯，抑或可從中間接推論事理。舉其要有中國人民政治協商會議全國委員會文史資料研究委員會編的《文史資料選輯》收錄之相關文章；〔註28〕周宏濤口述的《蔣公與我——見證中華民國關鍵變局》；〔註29〕中央研究院近代史研究所《二二八事件資料選輯》第一、二輯所收之事變相關人士回憶；〔註30〕李敖編輯出版《二二八研究》、《二二八研究續集》、《二二八研究三集》所收錄的回憶文章；〔註31〕張炎憲、李筱峰編《二二八事件回憶集》之數篇文章；〔註32〕鄧孔昭編輯之《二二八事件資料集》收的回憶文章；〔註33〕臺灣省文獻委員會編校《二二八事件文獻輯錄》、《二二八事件文獻續錄》、《二二八事件文獻補錄》之中的口述歷史訪談；〔註34〕趙毓麟之回憶文章〈中統我見我聞〉等等。〔註35〕上述資料選輯內容或有重複，復證其價值，不影響本書之引用。

本研究使用的資料尚有當時的報紙，〔註36〕其他史料，於此不一一列舉，

讀》（香港：三聯書店，2008），前言：蔣介石日記的現狀及其真實性問題，頁 VIII-XIX。

〔註28〕如何聘儒，〈蔣軍鎮壓臺灣人民起義紀實〉，收入中國人民政治協商會議全國委員會文史資料研究委員會編，《文史資料選輯》（北京：中華書局，1961），第 18 輯，頁 76～85。

〔註29〕周宏濤口述，汪士淳撰寫，《蔣公與我——見證中華民國關鍵變局》（臺北：天下遠見出版公司，2003）。

〔註30〕如柯遠芬，〈台灣二二八事變之真相〉，收入中央研究院近代史研究所，《二二八事件資料選輯（一）》（臺北：中央研究院近代史研究所，1992）。

〔註31〕李敖編著，《二二八研究》（臺北：李敖出版社，1989）。李敖編著，《二二八研究續集》（臺北：李敖出版社，1989）。李敖編著，《二二八研究三集》（臺北：李敖出版社，1989）。

〔註32〕張炎憲、李筱峰編，《二二八事件回憶集》（臺北：稻鄉出版社，1989）。

〔註33〕鄧孔昭，《二二八事件資料集》（臺北：稻鄉出版社，1991）。

〔註34〕臺灣省文獻委員會、二二八事件文獻輯錄專案小組編校，《二二八事件文獻輯錄》（南投：臺灣省文獻委員會，1995 修訂版）。魏永竹主編，《二二八事件文獻續錄》（南投：臺灣省文獻委員會，1995 修訂版）。魏永竹、李宣鋒主編，《二二八事件文獻補錄》（南投：臺灣省文獻委員會，1995 修訂版）。

〔註35〕趙毓麟，〈中統我見我聞〉，《中統內幕》（南京：江蘇古籍出版社，1987）。

〔註36〕如《大公報》（上海）、《中央日報》（南京）、《臺灣新生報》（臺北）等等。

將條列於文末之徵引書目中。

第四節　章節架構

　　本書擬對蔣中正在二二八事件爆發後之態度及處置，做一整體探討。除去首章緒論及末章結論，主體為中間之兩章。

　　第一章「緒論」，述研究動機、文獻回顧、研究方法與史料，及本書的章節架構。

　　第二章處理「派兵問題」，核心議題是蔣中正因何做出派兵赴臺之決策？首先回顧此課題之相關研究；第一節敘述事件前蔣中正面臨的政治情勢，探明蔣決策之背景；第二節整理排比蔣事件初期所能獲知的資訊，探索其是時對事變之態度，申論其何以做出派兵赴臺的決策。當中將旁及陳儀事發後呈蔣電報的確切時間、柯遠芬謂蔣 2 月 28 日空投手諭之真偽、陳儀是否早在 3 月 2 日便請兵、蔣究竟何時派兵等問題；第三節筆者以國民政府體制運作之角度斟酌反對派兵的言論對蔣之影響，認為「蔣中正無法掌握事件中各種資訊」；第四節整理蔣決定派兵之後所獲知的資訊，分析他對這些信息之態度，指出此時的信息讓蔣堅定其派兵決策，節尾並重新解讀蔣 3 月 10 日對二二八事件之公開發言。

　　第三章題名：「縱容屠殺？」核心議題是蔣是否「縱容」甚或暗中「指使」對臺民的「屠殺」行動。起首對此課題之現有研究做一回溯；第一節整理蔣在事件期間面臨的政治情勢，探討當時環境對蔣的影響；第二節整理蔣在事件中期所獲資訊及相應措置，窮究蔣對事件性質之認知，指出蔣所認知的事變有「兩重性」；第三節探究白崇禧赴臺宣慰之後，蔣獲知的資訊，並分析這些信息讓蔣將事件定調為「奸黨煽惑」所引起，並試圖說明蔣應未縱容、指使軍政人員屠殺臺民；第四節則嘗試探討蔣緣何對事件相關人員未予嚴懲，反而大多於日後擢升。

　　第四章「結論」將以上兩章之論證做一總結，並附「蔣中正獲知的二二八事件資訊簡表」，以此深入剖析蔣是時獲知資訊的主要性質；提出蔣對事件之態度，是立基於認為「奸黨煽惑」導致臺變爆發 —— 由此脈絡出發，吾人可以對蔣在事件中的一切措置，有貫串而不同以往的理解。

第二章　派兵問題[※]

　　關於蔣中正與二二八事件，可處理之問題繁多，本章處理其中的「派兵問題」，即嘗試解決蔣何以做出派兵赴臺的決策。相關研究有傅玉能之考證文章〈「二二八」事件中國民政府派兵問題再探討〉。傅氏檢視海內外既有之派兵研究成果，發現絕大多數論述過於簡單，部分研究者且置已公開之史料於不顧，最後結論二二八事件肇因於國民政府（主要是蔣中正）在錯誤信息導引之下，進行錯誤的判斷、決策，進而派兵赴臺鎮壓，釀致慘案。〔註1〕傅氏論證詳密，不少看法突破學界陳說，然筆者對傅氏看法仍有所修正、補充。鄧孔昭〈從電文往來看「二二八事件」中的陳儀和蔣介石〉一文亦多少處理了這個問題。鄧文分成兩個部分，第一部分列出當時蔣中正和陳儀往來之電文，第二部分則進行評析。〔註2〕文似史料閱讀心得，頗有見解，惟對關鍵史事之論證稍有不足。黃清龍在 2008 年 7 月 21 日《中國時報》發表〈老蔣 228 日記曝光，三批陳儀無能〉、〈陳儀報告影響判斷，老蔣背元凶〉等文，引用史丹佛大學胡佛研究所收藏之《蔣中正日記》，對派兵問題有所評述。正如其為文之標題，黃氏指出陳儀電蔣的報告，影響蔣對事變的認知，致使蔣背負元凶責任；而蔣觀念封建、陳腐、守舊，也本當為事件負起責任。黃文文中

※　　本章原為會議論文〈蔣中正與二二八事件——以派兵問題為核心的討論〉，宣讀於第九屆兩岸三地研究生論文發表會（四川）。其後筆者予以修改、擴充，而為本書之一章。

〔註1〕傅玉能,〈「二二八」事件中國民政府派兵問題再探討〉,《史學集刊》1 期（2004,長春）,頁 43～50。

〔註2〕鄧孔昭,〈從電文往來看「二二八事件」中的陳儀和蔣介石〉,《台灣研究集刊》4 期（2006,廈門）,頁 70～78。

—11—

更以大範圍的歷史背景來看二二八事件，見解頗具縱深。然蔣的日記對二二八事件之記載相較於檔案、相關人物回憶，份量極少；黃文只能就蔣對事變之態度做一簡單交代，對派兵過程蔣所獲得之各個資訊，並未提及，有進一步探究之必要。〔註3〕楊天石則在研讀蔣氏日記之後，參酌相關檔案，撰有〈二二八事件與蔣介石的對策——蔣介石日記解讀〉一文。第四節「派兵始末及其評議」，運用了蔣的日記及剛開放的檔案，對派兵問題做了簡略但清楚的論述。楊氏認為，在臺灣發生騷亂的情況下，為恢復社會正常秩序，南京國民政府出動少量武裝力量有其必要。但蔣中正一面以「寬大」為要旨，一面又默認強力鎮壓、制裁，直至濫施捕殺等問題出現之後，才行制止，為其錯誤。〔註4〕楊氏文筆淺顯生動，文獻基礎雄厚，頗富學術價值，然敘述未對派兵前後之爭議問題進行探討，可再予開展。二二八事件真相研究小組對蔣派兵問題的結論則是：「在事件發生之前，國民政府主席蔣介石經由黨、政、軍、特等單位的報告，已掌握臺灣訊息，事件發生之後，在中國上海、天津、南京等地的臺灣社團，以及臺灣二二八事件處理委員會和民間人士都向中央呼籲不要派兵來臺，並要求懲治陳儀，赦免參與民眾，但蔣介石聽信陳儀等報告，3月5日指派整編第21師師長劉雨卿率兵赴臺鎮壓。」〔註5〕本章將集中處理何以在反對派兵的輿論之下，蔣仍執意派兵？蔣所獲得之事件資訊為何？促

〔註3〕 亦為報紙文章的有邵銘煌〈蔣中正處理228的基本立場與態度〉一文。邵氏以較為同情理解的角度看蔣氏在事變中的決策，指出其派兵是為了迅速平變，避免亂事傷害社會人民；對於陳儀失政釀成巨亂，蔣亦深感督導不周之政治責任。參見《中央日報》，2006年2月28日，第6版。

〔註4〕 楊天石，〈二二八事件與蔣介石的對策——蔣介石日記解讀〉，《傳記文學》第94卷第2期，（2009，臺北），頁4～21。

〔註5〕 張炎憲等執筆，《二二八事件責任歸屬研究報告》（臺北：財團法人二二八事件紀念基金會，2006），頁476。相似看法之文章有吳文星，〈「二二八事件」期間國民政府的因應與決策之探討〉，收入賴澤涵主編，《臺灣光復初期歷史》（臺北：中央研究院中山人文社會科學研究所，1993），頁113～120。陳翠蓮，《派系鬥爭與權謀政治：二二八悲劇的另一面相》（臺北：時報文化出版公司，1995），頁346～359。李筱峰，〈蔣介石與二二八事件——兼論其責任問題〉，收入張炎憲等編，《二二八事件研究論文集》（臺北：財團法人吳三連臺灣史料基金會，1998），頁455～469。陳儀深，〈豈只是「維持治安」而已——論蔣介石與台省軍政首長對二二八事件的處置〉，收入李旺台總編輯，《二二八事件新史料學術論文集》（臺北：財團法人二二八事件紀念基金會，2003），頁144～161。凱達格蘭學校政策中心編輯，《二二八事件責任歸屬》（臺北：凱達格蘭學校，2007），頁31～40。

使其派兵之關鍵因素究竟為何？並旁及蔣何時獲知事變爆發？陳儀何時請兵？蔣何時派兵等等相關問題。

　　本章以蔣中正為中心，整理排比其當時可以看到的資料，分析決策脈絡，了解派兵之理由，並進一步探明派兵決策之得失。釐清整個派兵過程，或可結論蔣決策錯誤，抑或可同情理解其所做的決定。派兵赴臺可說是二二八事件造成慘重傷亡的關鍵因素，解決這個問題，無疑對二二八事件研究有極大之增益。

第一節　事件前蔣中正面臨的政治情勢

　　蔣中正在二二八事件前所面臨的政治情勢，對其處理事變必定有一定程度的影響，故本章首先探討這個問題。〔註6〕《蔣中正總統文物・事略稿本》1947 年 2 月 9 日條云：

> 公〔蔣中正〕日來朝夕縈懷者，厥有兩事。一為上海黃金漲價……
> 經濟崩潰，迫在眉睫……一為軍事上……臨沂前線，進展迂緩，軍
> 心士氣，疲弱可慮……公心緒為之煩苦不寧。〔註7〕

可知二二八事件之前，蔣面臨的政治情勢，最重要者一為國共內戰問題，另一為財政金融問題，茲分述如下。

一、國共內戰問題

　　1947 年 2 月初以來，國共內戰在山東愈熾，勝負互見，每日蔣都要接收相關情報，對前線做出指示。2 月 4 日，蔣飛抵鄭州視察，指示軍事部署。起初國共雙方在山東呈現相持狀態，月底，戰況急轉直下。21 至 23 日，萊蕪、吐絲口兩地戰況激烈，國軍情勢危急，「〔蔣中正〕至為懸懸……益感鬱結」。23 日午後 6 時，蔣接獲空軍報告，知吐絲口附近國軍情形紛亂，無線電不通，且不見陸空聯絡符號，乃謂：「此三萬餘眾之部隊，豈悉被伏擊或誘陷，致為

〔註6〕　本節所要探討的為 1947 年 2、3 月之事件，若相關記事，各資料時間有不同之處，筆者以國史館藏的《蔣中正總統文物・事略稿本》為準。

〔註7〕　《蔣中正總統文物・事略稿本》（臺北：國史館藏），1947 年 2 月 9 日條。筆者《事略稿本》引用自侯坤宏編著之《二二八事件檔案彙編（十七）——大溪檔案》（臺北：國史館，2008），以及國史館庋藏的原件掃描光碟，限於篇幅，不另記光碟號，並概以《事略稿本》簡稱之。

其一網打盡耶？」〔註8〕24 日，蔣之憂慮得到證實，空軍偵察回報：「吐絲口與萊蕪地區之間，尸骸遍野，已不見我軍蹤影」，蔣始確知山東前線軍隊被共軍一網打盡，遂決定飛往濟南指導防務。午 2 時，蔣由南京飛濟南，4 時許到達，聽取第二綏靖區司令官王耀武的軍事報告，研討防禦策略。隔日，蔣對高級將領與空軍講話，指示山東戰局，當日下午才飛回南京。〔註9〕

魯中「萊蕪戰役」（「吐絲口戰役」）結束後，國軍大敗，國軍徐州綏靖公署第二綏靖區副司令李仙洲被俘，所部五萬餘人被殲滅，魯中博山、淄川等地全部失陷。〔註10〕蔣中正乃於 26 日在南京召集軍事將領，檢討「萊蕪戰役」失敗之原因。屋漏偏逢連夜雨，當日蔣又得報東北共軍發動大規模攻勢，進犯長春。是日蔣遂記曰：「魯戰正急，而東北大戰復起，俄共危害和平，有如此耶？」〔註11〕

東北戰況之演變，未如蔣中正預期之險惡，然西北戰事又將興起。3 月 1 日晚及 2 日早，蔣接見第一戰區司令長官胡宗南（3 月 4 日，各戰區司令長官部撤銷，胡氏改任西安綏靖公署主任），商討其所提的收復「赤都」延安計畫。〔註12〕蔣對此計畫之進行，頗為積極，自謂：「此時行之，對政署、對外交，皆有最大意義也。」〔註13〕3 月 5 日，蔣自記曰：「三月以來，皆為此〔收復延安〕深籌熟思，未能自己。」〔註14〕

〔註 8〕 《事略稿本》，1947 年 2 月 21、22、23 日條。郭廷以，《中華民國史事日誌》（臺北：中央研究院近代史研究所，1985），第四冊，頁 603。以下概以《史事日誌》簡稱之。潘振球主編，《中華民國史事紀要——中華民國三十六年（一九四七）一至三月份》（臺北：國史館，1996），頁 438～439。以下概以《史事紀要》簡稱之。《王叔銘將軍日記2》，1947 年 2 月 4 日（臺北：中央研究院近代史研究所檔案館藏），檔案編號：6301001002。

〔註 9〕 《事略稿本》，1947 年 2 月 24、25 日條。《史事日誌》，頁 610。《史事紀要》，頁 693～696。蔣中正在濟南之行止可參見中央研究院近代史研究所編，《丁治磐日記——手稿本》（臺北：中央研究院近代史研究所，1994），冊六，頁 96～107。《王叔銘將軍日記2》，1947 年 2 月 24、25 日，檔案編號：6301001002。

〔註 10〕 《史事日誌》，頁 610。《史事紀要》，頁 679～681。

〔註 11〕 《事略稿本》，1947 年 2 月 26 日條。《史事紀要》，頁 704～709。秦孝儀等編，《總統蔣公大事長編初稿》（臺北：中正文教基金會，1978），卷六，下冊，頁 395。以下概以《長編初稿》簡稱之。

〔註 12〕 《事略稿本》，1947 年 3 月 1、2、3 日條。《史事日誌》，頁 612。《史事紀要》，頁 730～740、746～748。

〔註 13〕 《事略稿本》，1947 年 3 月 1 日條。

〔註 14〕 《事略稿本》，1947 年 3 月 5 日條。

二、財政金融問題

　　1947 年 2 月初以來，各地物價猛漲，金融市場紊亂，京、滬甚至發生搶米風潮。蔣中正乃接見行政院長宋子文、宋氏英籍顧問勞傑斯（Cyril Rogers）、中央銀行總裁貝祖詒及財政部長俞鴻鈞等數次，研討經濟問題。但商討出的對策並無多大成效。蔣對宋子文處理經濟危機的手腕，甚為不滿，認為「宋院長處此重要緊急關頭，仍徬徨無計，一若失其腦力與主宰者然，而唯貝祖詒與勞傑斯之計是從」、「〔蔣氏〕為之憂戚無已」。〔註 15〕月中，蔣與五院院長及經濟、財政、糧食各部長研商之後，決定實施「經濟緊急措施方案」，蔣「以此一重大措施，為國脈民命所關，故極其審慎也」。〔註 16〕在緊急方案實施後，金價、物價漸趨平穩，但此法案卻遭立法院猛烈抨擊，抵制法案通過。〔註 17〕3 月 1 日，宋子文以金鈔風潮責難辭職照准，行政院長由蔣暫兼。〔註 18〕

三、聚焦於共黨的政治情勢

　　如上所述，二二八事件之前，蔣中正最為金融問題以及共產黨坐大所困擾。從 2 月初至 2 月中旬，物價猛漲；2 月 17 日國民政府宣布「經濟緊急措施方案」，金融紊亂情形方才和緩。蔣 2 月 16 日之自記：「上週軍事與經濟之動盪與危急，可說平生所罕見」，〔註 19〕2 月 21 日自記謂：「政治經濟與外交，發生變化，同時湊拍，其險狀皆從來未有」，〔註 20〕足見問題之大。國共內戰更是蔣所關心的事務。二二八事件發生前幾天（23 日），山東「萊蕪戰役」國軍大敗，李仙洲被俘，所部被殲。此事對蔣刺激尤大，立刻飛往前線視察戰情。2 月 26 日，東北戰事復起。2 月 28 日，亦即二二八事件發生當天，蔣自記是月之反省錄，第一項便是國共內戰問題：

　　（一）軍事上臨沂雖已收復，魯西與豫東之劉伯誠〔當作承〕股匪
　　　　亦被擊退，然萊蕪所造成之最大損失，實為國軍無上之恥辱，因之

〔註 15〕　《事略稿本》，1947 年 2 月 8、9、13 日條。《史事紀要》，頁 484～486、526。
〔註 16〕　《事略稿本》，1947 年 2 月 13、14、15 日條。《史事紀要》，頁 560～564。
〔註 17〕　《事略稿本》，1947 年 2 月 19、20 日條。《史事紀要》，頁 625～626、643～
　　　　　644、655。
〔註 18〕　《史事日誌》，頁 612。《史事紀要》，頁 730～740、746～748。
〔註 19〕　《事略稿本》，1947 年 2 月 16 日條。
〔註 20〕　《事略稿本》，1947 年 2 月 21 日條。

> 膠濟路又不能不縮短戰線，只守據點矣。在魯戰如此危急之際，東
> 北頑「共」復突向長春傾巢來犯，此顯係與俄共合力通謀，企圖在
> 三月十日莫斯科四國外長會議以前，侵佔長春、吉林，以為其提倡
> 各國共同干涉中國內政之張本，氣勢甚促，其狀極險，故本月下旬，
> 實為軍事最危急之時期也。〔註21〕

「萊蕪戰役」國軍大敗於共軍，蔣認為是「國軍無上之恥辱」，3月1日，對
李仙洲之敗績仍極憤慨，囑令參謀總長陳誠查辦。〔註22〕山東內戰不利，東
北戰事又起。蔣最後於本月下旬的總結「實為軍事最危急之時期也」，可見蔣
關懷國共內戰之深。金融紊亂，蔣亦認為和共產黨破壞最有關係，其2月16
日發表的談話指出：

> 國內經濟情況，既因「共黨」之擾亂與和平統一之遭受障礙，而日
> 漸嚴重，為適應目前環境，解救國民經濟危機，政府對於經濟政策，
> 必須全盤加以檢討。〔註23〕

亦即，二二八事件前蔣中正遭遇的國共內戰、金融問題，對蔣來說都和共產
黨不脫關係。在此思想框架之下，蔣應對共黨作亂問題最為敏感。《事略稿本》
2月27日條有云：「夜　公〔蔣中正〕自謂臥起稍適。月來憂勞，一枕之安，
不易得也。」〔註24〕更可見2月以來共黨問題對蔣精神影響之巨。〔註25〕無
怪乎二二八事件發生之後，陳儀呈蔣中正的丑儉電（2月28日）指出此事是
「奸匪〔共產黨員〕勾結流氓，乘專賣局查禁私烟機會，聚眾暴動」，〔註26〕
而寅支電（3月4日）陳儀請兵但所述臺灣情勢尚不嚴重，蔣便迅速決定派兵
來臺。事詳後文。

〔註21〕　《長編初稿》，頁395～396。
〔註22〕　《王叔銘將軍日記2》，1947年3月1日，檔案編號：6301001002。
〔註23〕　《長編初稿》，頁387。
〔註24〕　《事略稿本》，1947年2月27日條。
〔註25〕　陳翠蓮謂：「1946年底、1947年春，正是國民政府軍隊在國共內戰中居於主
　　　　　動優勢，勝利的最高峰。」參見陳翠蓮，《派系鬥爭與權謀政治：二二八悲劇
　　　　　的另一面相》，頁350～351。陳氏所言甚是，然此乃以大範圍來說，依上文論
　　　　　證，1947年2月底，國民黨在山東吃了大敗仗，國軍情勢的確一度危急，蔣
　　　　　中正深為共黨問題所擾。
〔註26〕　〈陳儀呈蔣主席二月儉電〉，引用自侯坤宏編輯，《二二八事件檔案彙編（十
　　　　　七）——大溪檔案》（臺北：國史館，2008），頁110。以下概以《檔案彙編
　　　　　（十七）》簡稱之。

第二節　蔣掌握的事件初期資訊

　　二二八事件發生後，陳儀呈蔣中正的丑儉電（2月28日）指出：〔註27〕

> 台省防範共黨素未鬆懈，惟近因由日遣回台僑由本地流氓受奸匪煽
> 動〔按：文意不通，然原電如此〕，感〔27〕日乘專賣局查禁私烟機
> 會，聚眾暴動……職為維持治安起見，於儉〔28〕日宣布臨時戒嚴，
> 必要時自當遵令權宜處置。〔註28〕

此應為蔣所收到第一則關於二二八事件的資訊，原件寫明此電是次日 3 月 1
日早上 9 點譯出，蔣應是是日才知道事變爆發。陳儀指出「奸匪」勾結流氓
作亂，是事件發生主因。由第一句「台省防範共黨素未鬆懈」可知，此「奸
匪」指共產黨員。而文末稱「必要時當遵令權宜處置」，此「令」為事件前蔣
丑蒸電（2月10日）所下的命令，命令云：

> 據報共黨份子已潛入台灣漸起作用，此事應嚴加防制，勿令其有一
> 個細胞遺禍將來。台灣不比內地，軍政長官自可權宜處置也。〔註29〕

從史料可以看到，蔣關心的核心議題是共產黨滲透問題，而陳儀在二二八事
件初生之時，便指稱此事變是共產黨所製造，接收到這個資訊的蔣，應將二
二八事件視做共黨問題來處理。

　　事件後，蔣於 3 月 1 日日記云：

> 台灣民眾為反對紙菸專賣等起而仇殺內地各省在台之同胞，其暴動
> 地區已漸擴大。以軍隊調離台灣是亦一重要原因也。〔註30〕

日記明確指出，蔣認為「軍隊調離臺灣」，致使維持治安力量不足，為事件發

〔註27〕 電文以地支代替月份，韻目代替日期，「丑儉」指 2 月 28 日。

〔註28〕 〈陳儀呈蔣主席二月儉電〉，《檔案彙編（十七）》，頁 110～112。資料可見之
　　　　陳儀丑儉電有二，內容大同小異。此非當日陳儀發兩電與蔣，而是一則呈蔣，
　　　　一則「呈報備案」。

〔註29〕 〈蔣主席致陳儀二月蒸電〉，《檔案彙編（十七）》，頁 107～108。

〔註30〕 《蔣中正日記》，1947 年 3 月 1 日，原件藏於史丹佛大學胡佛研究所，呂芳上
　　　　教授提供內容予筆者參考，特此致謝。又見黃清龍，〈老蔣 228 日記曝光　三
　　　　批陳儀無能〉，《中國時報》，2008 年 7 月 21 日，A6 版。必須強調，蔣中正因
　　　　為習慣在日間活動，不習慣熬夜，所以通常利用一天當中精神最好的早晨來
　　　　寫日記。參見翁元口述，王丰筆錄，《我在蔣介石父子身邊的日子》（北京：
　　　　中華書局，1994），頁 73；陳三井訪問，李郁青紀錄，《熊丸先生訪問紀錄》
　　　　（臺北：中央研究院近代史研究所，1998），頁 59；陳潔如著，汪凌石譯，《蔣
　　　　介石的第三任妻子：陳潔如回憶錄》（臺北：新新聞文化事業公司，1992），
　　　　頁 76～77。亦即，3 月 1 日日記當是 3 月 2 日早晨寫就。

生之要因；蔣此想法，可視作日後下令軍隊回防之張本。

3月1日凌晨，南京中國國民黨中央執行委員會調查統計局（中統局）接到臺灣調查統計室十萬火急的電文，報告二二八事件：

> 在2月29日〔應為3月1日之誤，因為該年2月無29日〕凌晨，
> 我〔中統局科長趙毓麟〕接到臺灣調查統計室的十萬火急電報，敘
> 述臺灣起義事實。以後每天接到急電兩次，每次電文長達二三千字。
> 當時我即以中統名義，用快郵代電急報蔣介石。中統頭目葉秀峰建
> 議火速加派勁旅3個師開赴臺灣鎮壓人民起義。自2月29日〔應為
> 3月1日〕到3月13日將近半個月的時間內，所接臺灣方面急電達
> 十餘次，均即時轉報。〔註31〕

依史料呈現，中統報告有十餘次，內容不詳。在臺變發生初期，其報告究竟是將事件描述得十分危險或尚可控制，無從知曉，只知厥後有向蔣請兵之舉。而3月1日蔣的日記在陳儀丑儉電（2月28日）未提及事態擴大時已謂：「暴動地區已漸擴大」，且蔣事後批評陳儀「不事先預防又『不實報』」；〔註32〕陳儀應不致在事件初期將局勢描述得難以控制，顯露自己的無能。〔註33〕知當為中統局報蔣事件已逐漸擴大。

《蔣中正日記》「上月〔2月〕反省錄」謂：

> 臺灣暴民乘國軍離台，政府武力空虛之機，發動全省暴動，此實不

〔註31〕 趙毓麟，〈中統我見我聞〉，《中統內幕》（南京：江蘇古籍出版社，1987），頁235。

〔註32〕 蔣中正於3月7日日記中批評陳儀之語。雙引號為筆者所加。參見黃清龍，〈老蔣228日記曝光　三批陳儀無能〉。

〔註33〕 陳儀在事變初期有欲息事寧人、化事變於無形之態度，故在事變初期的呈蔣電報多云事件不嚴重。招商局總經理徐學禹致陳儀電曾謂：「萬勿再拖時日，以免橫添枝節」（3月2日寅冬電）、「臺事滬報輿論，經多方解釋，尚無惡意批評」（3月4日寅支電），所言皆有憂懼事變鬧大驚動中央之意。參見陳興唐主編，《南京・中國第二歷史檔案館藏：台灣「二二八」事件檔案史料》（臺北：人間出版社，1992），上冊，頁164～165。對陳儀當時心態之評述，可參見賴澤涵、馬若孟（Ramon H. Myers）、魏萼合著；魏珞珈譯，《悲劇性的開端：臺灣二二八事變》（臺北：時報文化出版公司，1993），頁28～29、293～294。吳文星亦認為，「陳儀在事變初起時，態度並不甚強硬，可能企圖大事化小，小事化無」。參見吳文星，〈「二二八事件」期間國民政府的因應與決策之探討〉，頁114。黃富三亦有類似的看法，「陳儀……一旦請救兵即表示其治台政策失敗，必須下台負責，影響其政治前途」。黃富三，《二二八事件的鎮壓與救卹——二二八事件檔案專題選輯》（臺北：檔案管理局，2008），頁4、185。

測之禍亂，是亦人事不臧，公俠疏忽無智所致也。〔註34〕

楊天石指出，蔣寫「上月反省錄」不一定在月底，而常在下月的某一天，故此條寫作時間不可確考。〔註35〕以其內容所述，事件似剛發生，筆者推論此條寫作時間應在3月初無疑。日記誌下臺灣暴民「發動全省暴動」，知是時蔣已知事件蔓延擴大。至於蔣謂「人事不臧」所指為何？此語應同成語「人謀不臧」，有人的計畫不夠細密完備之意，對照前引丑蒸電（2月10日）蔣下的指令，知「人謀不臧」指臺省軍政首長未澈底施行「勿令其〔共產黨〕有一個細胞遺禍將來」之指示，蔣乃因之責備陳儀「疏忽無智」。蔣3月7日日記提到：「〔陳儀〕不事先『預防』又不實報，及至事態燎原乃始求援，可嘆！」〔註36〕更可證此「人事不臧」意指陳儀未能預先防範事件發生。

在繼續論述蔣中正在事件初期所獲得的資訊之前，時任臺灣警備總司令部參謀長的柯遠芬，提出了與以上敷陳不同的說法，筆者先予討論。柯氏回憶指出，2月28日下午6時，蔣中正調派飛機送手諭一件，詳示處理原則。〔註37〕黃彰健指出，《大溪檔案》並無錄存此蔣中正手諭，若使用電話商談，則無侍從人員在旁記錄，可知陳儀是透過電話獲知此則資訊；黃氏並論證陳儀從電話接收的蔣處理二二八事件最高指導方針，陳儀延至3月5日才告訴柯遠芬。〔註38〕筆者對柯遠芬「空投手諭說」提出幾點商榷。第一、柯遠芬早年著作〈事變十日記〉（撰於1947年5月）並未提到蔣中正以飛機送手諭之事，反倒是40多年後的回想憶及此事（受訪於1992年1月），此回憶恐不甚可靠。第二、時任臺灣警備總司令部少將副參謀長的范誦堯，亦曾對此事提出懷疑：「關於南京即派飛機攜來蔣主席手諭致陳長官，並指示四原則

〔註34〕轉引自楊天石，〈二二八事件與蔣介石的對策──蔣介石日記解讀〉，頁12。《事略稿本》1947年2月28日之條目摘引《蔣中正日記》謂：「此實不測之變，雖以軍隊調離臺灣為其主因，然亦人謀不臧之所致也。」1947年3月2日條摘抄之《蔣中正日記》「上星期反省錄」則謂：「台灣暴民受『共謀』蠱惑，為反對紙菸專賣，起而仇殺內地同胞。其暴亂地區，聞已逐漸擴大，殊以為慮。」引文略同蔣中正3月1日日記及「上月〔2月〕反省錄」。推知稿本編者將蔣氏日記內容混溶後，再拆開分列於2月28日及3月2日。

〔註35〕楊天石，〈二二八事件與蔣介石的對策──蔣介石日記解讀〉，頁12。

〔註36〕黃清龍，〈老蔣228日記曝光　三批陳儀無能〉。

〔註37〕柯遠芬，〈台灣二二八事變之真相〉，收入中央研究院近代史研究所，《二二八事件資料選輯（一）》（臺北：中央研究院近代史研究所，1992），頁18。

〔註38〕黃彰健，《二二八事件真相考證稿》（臺北：中央研究院、聯經出版事業公司，2007），頁219～230。

乙節，我想二二八當天全省狀況還沒有演變到相當程度，上述傳聞如果確有其事的話，那也是三月一日或二日的事」。〔註39〕第三、更重要的是，依前述蔣 3 月 1 日才知道事件爆發，乃不可能於 2 月 28 日對陳儀有任何指示。故柯遠芬「空投手諭說」，引人猜疑。而由此說延伸推論出的黃彰健「電話說」，筆者亦見疑於此。蓋並無直接證據證明蔣以電話告知陳儀處理方針，且《大溪檔案》或有缺漏，不可說《大溪檔案》沒有，文件就不存在。楊天石亦認黃彰健所稱蔣用電話係猜測，而當時電報、電話都很發達，蔣完全沒有必要採取柯遠芬說的派飛機投手諭之「笨」辦法，故黃、柯之說不足取之。〔註40〕綜合上述論證，柯遠芬所謂「送手諭」之事及黃彰健推論的「電話說」，爭議甚大，有待更多史料出土再做檢證，筆者暫且存疑毋論。〔註41〕

3 月 4 日，陳儀以寅支電「第二次」向蔣中正等人報告二二八事件情形：

> 丑感晚，專賣局職員在臺北市延平路查緝私煙，當地流氓抗拒，員警開槍示威，誤斃一人。奸匪乘機勾結流氓，煽動群眾，於儉〔28〕日晨包圍臺北專賣分局及警察派出所，毆打員警……爲維持治安計，宣佈臨時戒嚴。寅東〔按即 3 月 1 日〕群眾又包圍鐵路委員會，竟欲劫掠駐警槍械，又激起衝突，致有死傷。本巡邏車開到，始告平靜……於東晚十二時起解嚴，兩日來秩序漸較安定。江〔3 日〕晚六時起，交通亦漸次恢復。除各縣市因臺北事件而被奸氓煽動者，如臺中嘉義等處尚未恢復秩序另再續陳外，敬先電聞。〔註42〕

上引寅支電爲陳儀同時給兼行政院長蔣中正、內政部長張厲生、國防部長白

〔註39〕 魏永竹、李宣鋒主編，《二二八事件文獻補錄》（南投：臺灣省文獻委員會，1994），頁 116。

〔註40〕 楊天石，〈二二八事件與蔣介石的對策──蔣介石日記解讀〉，註 45，頁 20～21。

〔註41〕 仍有一條資料和本書所述衝突。1995 年 3 月 2 日，自稱曾在陳儀身邊負責收發信件的舒桃（原名舒元孝），向中華民國立法院民主進步黨黨團及新黨黨團陳情，爲陳儀鳴冤。其指出 1947 年 3 月 1 日早上，柯遠芬來見陳儀，請示處理羣眾聚集的方式，陳表示要等候蔣命令。隨後事態益形嚴重，柯要求動武，陳只得發電報向蔣請示。晚間即傳來回電，寫明「格殺勿論」、「可錯殺一百，不可錯放一人」等字。舒桃並信誓旦旦說只要政府公布當年 3 月 1 日所有電報，即可知道其所言非假。參見《自由時報》（臺北），1995 年 3 月 3 日，2 版。今日政府已公布當日所有電報，然舒說仍無任何史料可資佐證，其說恐非事實。

〔註42〕 魏永竹主編，《二二八事件文獻續錄》（南投：臺灣省文獻委員會，1995 修訂版），頁 376。

崇禧、參謀總長陳誠的密電，報告事變發生過程及現今臺省情勢。同日 18 時
25 分，陳儀發出另一寅支電，僅呈蔣中正，前半段云：

> 急京主席蔣　寅冬亥親電　計蒙鈞鑒　台北於夜十二時解除戒嚴
> 後，秩序逐漸好轉，今日交通及市面已恢復常態，人心亦相當安定，
> 惟各縣市尚有暴徒脅迫羣眾劫奪軍械，包圍政府等暴動，但台北一
> 經平定，預計省外秩序亦可望於短期間內恢復。查台灣此次事件之
> 所以發生，一面是奸黨利用反政府的人士及機會（但本省行政及外
> 省人士也確有不滿人意之處，惟無奸黨暗中利用，決不至擴大至
> 此），希首先破壞秩序，一面由於外縣市治安全賴維持警察，多數是
> 本省人，事變發生彼等均惑於排斥外省人之謬說，不肯服務，而憲
> 兵人數甚少，以致政府無法以合理對付暴徒。〔註43〕

此僅呈蔣之寅支電，非常重要。前半部分報告臺灣現況及事件發生緣由，強
調事件發生之原因有二，一爲奸黨作用，一爲兵力不足。雖亦提及施政不當
釀禍，但認爲若無奸黨暗中利用，事件不會擴大至此。後半部分則謂：

> 此次事情，雖不日可望解決，但奸黨禍根，欲爲拔除，不使其遺禍
> 將來，必須有相當兵力，俾資應用。前電所請酌調素質較好步兵一
> 旅或一團來台，仍請俯准照辦。〔註44〕

陳儀於電文末向蔣請兵，寅支電重要之處便在於此：陳儀確定於此電向蔣請
求中央調派軍隊來臺。

　　據陳儀 6 日呈蔣中正的信函指出，二二八事件發生以後，僅有「兩電」
向蔣報告情況。若第一則爲丑儉電（2 月 28 日），第二則便是此寅支電（3 月
4 日）。這麼說來，其他指明陳儀於二二八事件之後，2 月 28 日至 3 月 3 日間
有向蔣請兵的史料，〔註45〕都大有問題。據柯遠芬回憶，3 月 2 日陳儀告知其
已電請蔣派整編第二十一師一個加強團來臺平亂，並要求將憲兵第四團留駐
福建的一個營歸還建制；〔註46〕時爲監察委員的何漢文則追憶陳儀在 3 月 2
日上報蔣「奸匪煽動，挑撥政府與人民間之感情，勾結日寇殘餘勢力，致無

〔註43〕《檔案彙編（十七）》，頁 113～114。
〔註44〕前揭書，頁 114。侯坤宏編之檔案彙編收此檔案，以黑白印刷，甚不清楚。國
　　　　史館藏原件則尚可辨識。
〔註45〕可參見二二八事件研究小組所摘引的資料：二二八事件研究小組，《二二八事
　　　　件研究報告》（臺北：時報文化出版公司，1994），頁 202。
〔註46〕柯遠芬，〈事變十日記〉，《台灣新生報》，1947 年 5 月 12 日。

知平民脅從者頗眾，祈即派大軍，以平匪氛」。〔註47〕若二者回憶真確，3月2日，陳儀應有請兵之舉，但卻不見相關電文證據，失落的第二封陳儀呈蔣電文究竟何在？二二八事件研究小組引用國防最高委員會第二二四次常務會議紀錄（3月6日），紀錄記有：「吳文官長鼎昌：……他〔蔣中正〕已經知道這件事，陳公洽〔陳儀〕一日已有來電報告主席〔蔣中正〕。」乃指出陳儀第二則電文係於3月1日發出。〔註48〕筆者以為，吳鼎昌謂蔣中正是以此電文（3月1日）知道事變，知此電必為第一則來電。黃彰健認為，吳鼎昌所說來電便是2月28日的丑儉電，此電3月1日才譯就呈閱，吳鼎昌乃有3月1日來電之說。〔註49〕黃氏所言真確，依檔案所註，丑儉電確為3月1日才譯出，配合前文論證，蔣中正應是從丑儉電（2月28日）獲知事件發生；蔣看到電報時間，為3月1日。若吳鼎昌所言陳儀3月1日的電文確為丑儉電，回到初始問題，到底陳儀在丑儉電（2月28日）至寅支電（3月4日）之間，有無呈蔣其他電文？若有，陳儀云事發後（至6日）只有「兩電」呈蔣，該當何解？

　　細查陳儀僅呈蔣的寅支電（3月4日），開頭云：「急京主席蔣　寅冬亥親電，計蒙鈞鑒」，就發電用語來說，此指陳儀在寅冬亥（3月2日21時至23時）曾親電蔣中正，設想（計）應已蒙蔣閱讀（鈞鑒）。亦即，陳儀確有寅冬亥電呈蔣，只是現有檔案不存。又，寅支電開頭云：「台北於夜十二時解除戒嚴後，秩序逐漸好轉」，未云何以解除戒嚴及其中過程，更可證之前有一電呈報過蔣，此當為寅冬亥電。至於寅冬亥電內容為何？應述及事件發生至3月2日晚上之間的情勢，並提及已解除戒嚴（1日夜間解嚴）。此外，寅支（3月4日）電文末請兵時謂：「前電所請酌調素質較好步兵一旅或一團來台，仍請俯准照辦」，〔註50〕由「前電所請」、「仍請俯准照辦」，知寅冬亥電還有請兵之舉，柯遠芬、何漢文所言不假。〔註51〕

〔註47〕何漢文，〈台灣二二八事件見聞紀略〉，湖南省政治協商會議委員會，《湖南文史資料》，第4輯。收入鄧孔昭，《二二八事件資料集》（臺北：稻鄉出版社，1991），頁185。
〔註48〕二二八事件研究小組，《二二八事件研究報告》，頁203。
〔註49〕黃彰健，《二二八事件真相考證稿》，頁212。然而，先前討論的黃彰健「電話說」，指出蔣中正是以電話得知二二八事件發生，並以此指示陳儀處理方針，對照現在這個說法，兩說便產生矛盾。蓋陳儀已和蔣通過電話，便沒有必要再多餘的發電報給蔣，告知事件發生。此矛盾復見「電話說」之可疑。
〔註50〕《檔案彙編（十七）》，頁114。
〔註51〕時陳儀僅向蔣請派步兵一旅或一團來臺，何漢文說的「即派『大軍』」有誤，

　　寅多亥電（3月2日21時至23時）的存在確定，那該如何解釋陳儀6日呈蔣信函所說的「自二月二十八日台北事情發生以後，曾有兩電報告」？〔註52〕鄧孔昭稱：「所謂『曾有兩電報告』中的『兩電』只是報告事件發展情況的，關於其他問題的電報並沒有包括在內……實際上，在『二二八事件』的前6天，陳儀只給蔣介石發2封電報是很難想像的」，鄧氏並接著論證大溪檔案文檔有部分遺失。〔註53〕大溪檔案文件部分遺失無疑，而期間陳儀有發「其他問題的電報」與蔣，筆者存疑。依前文論證，事件初期陳儀欲息事寧人，故只發兩電給蔣其實是可以「想像」的。這麼說來，陳儀「兩電報蔣」該當何解？目前所知的陳儀事件初期呈蔣電確為丑儉（2月28日）、寅多（3月2日）、寅支（3月4日）三電，筆者認為，陳儀所指「兩電」應不包括丑儉電（2月28日）。一來丑儉電其實是回覆蔣致陳的丑蒸電（2月10日）；一來此電是告知事情發生，陳儀「事情發生以後」的「以後」應不包含事件發生2月28日。依此推論，便可合理解釋何以陳儀云事件發生以來僅「兩電」報告。

　　陳儀呈蔣之寅支電於3月4日18時25分發出，南京方面3月5日1時收到，10時30分才譯出。亦即，蔣看到此電文為3月5日。當時臺省兵力僅二團又二營，〔註54〕陳儀向蔣表示以此肅奸兵力不足，蔣乃決定派兵赴臺。3月5日18時10分，蔣發電報與陳儀謂「已派步兵一團並派憲兵一營，限本月七日由滬啓運，勿念。」〔註55〕派兵來臺，遂成定局。

　　蔣5日決定派兵，原因之一在於陳儀請兵，依上述論證，應無疑義。〔註56〕5日陳儀尚請派運輸機一、兩架飛臺候用，蔣同意派三架前往，6日，空軍

然何氏云陳儀2日請兵事則屬事實。黃彰健、傅玉能認為，二二八事件爆發後，3月1日至5日陳儀未向蔣請兵，以未悉史料，說法不確。參見黃彰健，《二二八事件眞相考證稿》，頁209～218。傅玉能，〈「二二八」事件中國民政府派兵問題再探討〉，頁43～45。
〔註52〕　〈陳儀呈蔣主席三月六日函〉，《檔案彙編（十七）》，頁122。
〔註53〕　鄧孔昭，〈從電文往來看「二二八事件」中的陳儀和蔣介石〉，頁75。
〔註54〕　時在臺軍隊有憲四團（欠一營）、特務營、二十一師獨立團、二十一師工兵營。參見〈陳誠呈蔣主席三月十日簽呈〉，《檔案彙編（十七）》，頁211～212。
〔註55〕　〈蔣主席致陳儀三月微電〉，《檔案彙編（十七）》，頁115～116。
〔註56〕　臺灣警備總司令部少將副參謀長范誦堯謂：「至於三月五日中央政府決定派兵來臺，係由陳儀所要求，這件事警總高級人員及我都知道。」參見魏永竹、李宣鋒主編，《二二八事件文獻補錄》，頁116。

副總司令兼參謀長王叔銘派機三架赴臺。〔註57〕然對於派兵之時間點，史料呈現並不一致。奉派來臺的整編第二十一師師長劉雨卿回憶：「三十六年三月五日在滬郊之崑山軍次，接奉國防部長長途電話指示：『師屬各部應立即準備赴台。』旋余又奉國民政府主席 蔣公于電話中指示：『即刻來京聆訓，何時到達何時請見？』」〔註58〕該師參謀長江崇林日後接受採訪時謂：「民國三十六年三月五日，師部接奉國防部長途電話指示：『師屬各部應立即準備赴臺』；旋又奉國民政府主席 蔣公於電話中指示：『師長劉雨卿即刻來京聆訊，何時到達，何時請見？』」〔註59〕皆肯定蔣 5 日有派兵的動作。然時任整編第二十一師副官處長之何聘儒回憶謂：

> 一九四七年三月三日早飯後……參謀長江崇林叫我馬上到軍長辦公室去開會。〔按：1946 年底，陸軍第二十一軍改制為陸軍整編第二十一師，何氏照舊，仍以「軍」稱其所任職之部隊〕……軍長手裏拿著一張電稿紙，對大家宣讀：『奉蔣主席令！……（一）臺灣亂民暴動；（二）該軍全部開臺平亂；（三）軍部及直屬連和一四六師即日在吳淞上船直開基隆，一四五師在連雲港集結候輪船開高雄，并限三月八日以前到達；（四）該軍到臺後歸陳長官（儀）指揮。』隨後參謀長也宣讀了軍直、一四五師、一四六師的行軍命令及細則規定。至此，大家才知道臺灣的『暴動』已發展到極其嚴重的程度。先是三月一日，軍部收到駐臺灣獨立團急電，大意是『臺民發生暴動，情況緊急，除遵陳長官命令行動外，請團長即日返臺（團長何軍章時在軍部彙報工作）』。那時軍部認為是臺灣少數搗亂分子興風作浪，不足介意。〔註60〕

何氏還回憶軍隊是 5 日以來陸續啟程赴臺，5 日且「行動倉促……秩序混亂」。

〔註57〕《王叔銘將軍日記 2》，1947 年 3 月 5 日，檔案編號：6301001002。

〔註58〕張炎憲、李筱峰編，《二二八事件回憶集》（臺北：稻鄉出版社，1989），頁 171。或逕見劉雨卿，《恥廬雜記》（臺北：川康渝文物館，1982），頁 110。

〔註59〕臺灣省文獻委員會、二二八事件文獻輯錄專案小組編校，《二二八事件文獻輯錄》（臺中：臺灣省文獻委員會，1995 修訂版），頁 607。江崇林用詞和劉雨卿極度相近，其或參考過劉雨卿的回憶錄。

〔註60〕何聘儒，〈蔣軍鎮壓臺灣人民起義紀實〉，收入中國人民政治協商會議全國委員會文史資料研究委員會編，《文史資料選輯》（北京：中華書局，1961），第 18 輯，頁 76～85。按語參考自臺灣省文獻委員會、二二八事件文獻輯錄專案小組編校，《二二八事件文獻輯錄》，頁 609。

〔註61〕若何氏回憶眞確，蔣中正 3 日已下令派兵，且是調全師援臺。深入分析何氏回憶，可知陳述前後矛盾。若蔣下令「即日」（3 日）上船赴臺，何以延至 5 日才啓程？若師部 3 日便接獲命令，準備時間尚屬充裕，何以 5 日仍「行動倉促……秩序混亂」？又，時任參謀總長之陳誠，5 日方呈報蔣派兵赴臺情形；〔註62〕招商局總經理徐學禹致陳儀之密電亦謂 5 日才「奉令由局派海辰及（103）登陸艇裝在滬廿一師師部及兵一團共四千人約佳〔9 日〕到基」；〔註63〕又〈陸軍整編二十一師對台灣事變戡亂概要〉有謂：「師遵主席蔣寅微創畏耳電，即率一四六旅四三八團開赴基隆」。〔註64〕「寅微」便是 3 月 5 日。即史料明確指出蔣中正是 5 日下令整編第二十一師的一個團赴台。配合師長劉雨卿、參謀長江崇林二人之回憶，知何聘儒所述有誤；3 日蔣應認爲事件尚未到極嚴重之地步，無派全師赴臺之舉動。然臺灣方面請團長返臺之事或爲屬實，或因此何氏將蔣下令調兵之時間回憶錯置而提前。蔣中正在另一時間點派兵之史料，爲中央通訊社臺北分社向南京總社報告之密電，此臺北三日參電（3 月 3 日）有云：

> 又據已由官方證實之消息稱，自閩省增援之憲兵一營，今已到達基隆。此乃首批增援部隊，雖兵額不多，外省人心稍振。反之，台人大感恐怖。〔註65〕

陳芳明乃因之謂 3 月 3 日抵達的軍隊，必然在 3 月 1 日就出發了，蔣中正派兵之決定必在 2 月 28 日。〔註66〕依照前文論證，蔣 2 月 28 日尚不知事變爆發，不可能做出派兵決定。那這個 3 月 3 日抵臺之軍隊究竟何時接獲命令？何時出發？實則，3 月 3 日駐閩之憲兵一營根本沒有調動，遑論於臺灣基隆登陸。據參謀總長陳誠 5 日向蔣報告的派兵赴臺情形，明確指出憲兵第四團駐福州之第三營「即〔5 日〕開臺歸制」，10 日報告則指出此營軍隊「由福州開臺，齊日〔8 日〕到達」。〔註67〕是時也沒有任何史料證實軍隊抵臺。可知此

〔註61〕何聘儒，〈蔣軍鎮壓臺灣人民起義紀實〉，頁 76～85。
〔註62〕魏永竹主編，《二二八事件文獻續錄》，頁 35～36。
〔註63〕陳興唐主編，《南京・中國第二歷史檔案館藏：台灣「二二八」事件檔案史料》，上，頁 165。
〔註64〕〈陸軍整編二十一師對台灣事變戡亂概要〉，收入中央研究院近代史研究所編，《二二八事件資料選輯》（臺北：中央研究院近代史研究所，1992），冊一，頁 195、208。
〔註65〕林德隆，《二二八官方機密史料》（臺北：自立晚報社文化出版部，1992），頁 31。
〔註66〕林德隆，《二二八官方機密史料》，導讀，頁 13～14。
〔註67〕〈陳誠呈蔣主席三月五日代電〉、〈陳誠呈蔣主席三月十日簽呈〉，《檔案彙編

中央社所謂「官方證實之消息」，全屬虛妄。〔註68〕

  3月6日召開的國防最高委員會第二二四次常務會議，會議紀錄記載：

臺灣事變問題：

李委員敬齋：昨天大家談到臺灣事變問題，請主席〔按蔣中正未出席，以孫科代理主席〕將會場意見報告委員長，不知有沒有報告？

吳文官長鼎昌：昨天報告了〔蔣〕主席，主席說他猜想這件事並不大，他已經知道這件事，陳公洽〔按即陳儀〕一日已有來電報告主席。

姚委員大海：文官長報告主席後，主席推測問題不會很嚴重。主席是根據陳公俠同志的報告而來的，昨天聽到各位同志的報告，都覺得問題相當嚴重，是否再報告總裁，請總裁勿過於看得太輕。〔註69〕

從吳鼎昌的報告可知，蔣中正5日時認為事情並不嚴重，〔註70〕曾閱讀《蔣中正日記》的黃清龍，亦認為「在三月的第一個星期裡，蔣還沒有注意到事件的嚴重。」〔註71〕然先前中統局曾報蔣事件已經擴大，為何5日時蔣認定事情「並不大」？筆者推論3月4日陳儀寅支電的報告「兩日來秩序漸較安定……交通亦漸次恢復」當令蔣較為寬心（此電蔣5日才看到），故5日蔣推測「這件事並不大」。而既然蔣認為事件不嚴重，何以會同意派兵赴臺？

  明瞭蔣中正將臺變視為共黨作亂來處理，應有助於理解蔣緣何在5日便做出派兵的決定。在蔣看來，二二八事件是陳儀所述的共黨人士造成，其當想趁事變未燎原之前予以弭平。何況蔣接收到的資訊是事件尚未平息，派兵來臺防備可說是頗符蔣意之決策。〔註72〕前引蔣中正日記云：「〔二二八事件

（十七）》，頁120～121、211～212。

〔註68〕 整編第二十一師赴臺之經過，可參見楊晨光，〈二二八事件期間整編廿一師主力回台經過〉，《海峽評論》207期（2008，臺北），頁57～61。

〔註69〕 〈國防最高委員會第二二四次會議紀錄〉（臺北：中央研究院近代史研究所檔案館藏），1947年3月6日，檔號228G：1～1。

〔註70〕 《事略稿本》，1947年3月2日條摘抄蔣中正日記「上星期反省錄」謂蔣「聞〔事變〕已逐漸擴大，殊以為慮」。這麼說來，蔣在2日對事件感到憂慮，卻對吳鼎昌表示問題不會很嚴重，豈不矛盾？依前註推論，此條蔣之日記為事略稿本編者分拆蔣他日日記之文，再行組合編成。黃清龍赴美親見蔣之日記並無此言。推知「殊以為慮」一句為稿本編者所加，毋須納入本書論證。

〔註71〕 黃清龍，〈老蔣228日記曝光 三批陳儀無能〉。

〔註72〕 傅玉能〈「二二八」事件中國民政府派兵問題再探討〉亦肯定蔣中正5日之調兵赴臺，防範作用大於鎮壓。參見傅玉能，〈「二二八」事件中國民政府派兵問題再探討〉，頁48。賴澤涵主筆的《二二八事件研究報告》，以及吳文星撰

所以發生〕以軍隊調離台灣是亦一重要原因也」，既然對蔣來說，臺變發生主因在軍隊被調走，則將軍隊調回便可將事件發生原因消滅。又，前引蔣中正丑蒸電（2 月 10 日）曾命令陳儀謂：「據報共黨份子已潛入台灣漸起作用，此事應嚴加防制，勿令其有一個細胞遺禍將來。」知即便事件不嚴重，蔣都希望陳儀能澈底清除共黨，連一個細胞都不可殘留；蔣之派兵，便是希望以一定兵力，進行肅奸工作。鄧孔昭亦謂：「儘管陳儀在『二二八事件』過程中對臺灣的局勢始終認為沒有多麼嚴重，但他也始終把『二二八事件』和『奸黨』聯繫在一起。給『二二八事件』加上『奸黨煽動』的罪名，是造成事件嚴重後果的重要原因。」〔註 73〕蔣做出派兵決定，從共黨作亂的思想脈絡來看，是可以理解的。〔註 74〕

　　蔣中正在事件初期所能得知的二二八事件資訊，除相關軍政機關的報告外，報紙亦為資訊來源之一。蘇瑤崇指出，大溪檔案收有監察院長于右任 4 月 24 日上呈蔣中正之二二八事件調查報告，報告（由監察使楊亮功及監察委員何漢文所撰）開頭指出：「案奉　鈞座寅支電〔3 月 4 日〕開：『報載台北人民發生紛擾，死傷三、四千人，事態嚴重，盼迅速赴台查辦，並隨時具

<hr>

寫的〈「二二八事件」期間國民政府的因應與決策之探討〉，認為陳儀求援過程是漸進的，並非自始即準備動用大軍鎮壓。參見二二八事件研究小組，《二二八事件研究報告》，頁 202～203。吳文星，〈「二二八事件」期間國民政府的因應與決策之探討〉，頁 114～115。陳翠蓮批駁陳儀初始請兵「防範作用大於鎮壓」的說法，認為陳儀自始至終皆欲鎮壓臺民。參見陳翠蓮，《派系鬥爭與權謀政治：二二八悲劇的另一面相》，頁 343。筆者肯定陳氏說法，據臺變在陳儀左右的四弟陳公銓 3 月 29 日致五弟陳公亮的一封家信指出：「旋參議會等負責人要求解嚴，不追究肇事者，法辦查緝員，均予允准。滿以為可以告一段落，孰知三月一日夜戒嚴令解除後，亂暴更甚……自三月一日至八日，此八日間，二爺以次均成為空城記中人物……二爺因兵未到，不得不虛與委蛇。」參見李敖，《李敖大全集》（臺北：成陽出版公司，1999），第 27 冊，另一面的二二八，頁 90。可以注意到，陳儀當時請兵，的確是要用來直接平亂，非僅預備。然而，蔣中正並非陳儀，雙方對事變初期情勢的認知有所落差。陳儀懼怕事變消息過於驚動中央，乃在前幾封呈蔣電文中，陳述事情並不嚴重，謂其請兵只是為了防備、肅奸。陳儀上報如此，當在某種程度上影響蔣對事件初期的認知。

〔註73〕鄧孔昭，〈從電文往來看「二二八事件」中的陳儀和蔣介石〉，頁 75。
〔註74〕陳翠蓮即謂：「刻正在大陸與中共全面決戰、一生強烈反共的蔣介石，若是基於保有台灣免淪於中共掌中的顧應，而作出派兵平亂的決定，也是甚可理解的事。」參見陳翠蓮，《派系鬥爭與權謀政治：二二八悲劇的另一面相》，頁 351～352。

報』等由。〔監察委員楊〕亮功當遵於三月七日偕調查員……馳赴台北。」乃由此進一步論證中國大陸報紙聳動不實的報導，對蔣舉措產生「決定性」的影響。〔註75〕報紙資訊對蔣有所影響無疑，然筆者以爲「決定性影響」之說或可商榷。據曾任蔣中正侍從達 43 年的翁元回憶，蔣當時是概略瀏覽報紙大標題，遇有興趣的新聞交待文書秘書勾起，於吃早飯時唸給他聽，其中各報社論爲餐桌上主要的讀報內容。〔註76〕筆者推論是時蔣應會看重要大報，但不可能讀遍國內外所有報紙，地方性報紙更難爲蔣所注意。相關人員或會剪報上呈，〔註77〕然吾人難以確知其當時所讀報紙爲何。蔣不是歷史學者，不會投入大量時間遍覽各報標題、內容、社論，並予以比較分析；可以相信，蔣從報紙所獲資訊應是片斷不全的。曾兼任新聞秘書的蔣中正私人醫生熊丸便謂：「他〔蔣中正〕那樣看報紙有時心裡還想旁的事，也許也不知道哪些消息重要，而哪些不重要。」〔註78〕一個人時間、精力、認知程度有限，當蔣必須專注於處理事件中軍政機關的大量報告、電文時，必定會壓縮讀報時間及減弱報刊對其之影響；又蔣當時不是只處理二二八事件，國共內戰爲其最爲關懷的課題。是以相較於軍政人員大量、集中又連續的報告，報紙資訊應不致對蔣有「決定性」的影響。〔註79〕陳芳明謂：「在台灣能夠影

〔註75〕 蘇瑤崇，〈中國報紙有關二二八事件報導之研究——以南京上海爲例〉，收入高雄市文獻委員會，《紀念二二八事件 60 週年學術研討會論文集》（高雄：高雄市文獻委員會，2008），頁 55～115。

〔註76〕 參見翁元口述，王丰筆錄，《我在蔣介石父子身邊的日子》，頁 73～75。亦可參見曾任蔣中正醫官 30 多年的熊丸的回憶：陳三井訪問，李郁青紀錄，《熊丸先生訪問紀錄》，頁 85～86；以及擔任蔣警衛二十載的葉邦宗的著作：葉邦宗，《蔣介石秘史》（臺北：四方書城有限公司，2002），頁 46。

〔註77〕 例見《檔案彙編（十七）》，頁 241。

〔註78〕 翁元口述，王丰筆錄，《我在蔣介石父子身邊的日子》，頁 69～70。

〔註79〕 蘇瑤崇對上海、南京有刊載二二八事件的報紙做一比較研究，整理清楚，脈絡分明，值得一讀，然對報紙資訊影響蔣之處理二二八事件恐過於高估。如其爲文「第一個刊出有關二二八事件報導的中國報紙是《大公報》。它引述中央社 2 月 28 日電訊，在 3 月 1 日第三版中以『顯著標題』……報導」。實則是日《大公報》對二二八事件的報導在第三版左下角一欄，與其他新聞相比，看不出有特別顯著之處。是日最爲顯著的新聞，是「長春外圍收復農安」、「濟南緩和魯東轉緊」（第二版）等國共內戰新聞（二二八事件期間，最「顯著」的新聞，往往是國共內戰及政府改組）。更重要的是，蘇文論證出發點的監察院呈蔣報告之「鈞座」是指監察院長于右任，並非蔣中正。蓋此報告原是呈送給監察院長，報告文末謂：「右報告謹呈　院長于」，已清晰可見。參見〈于右任呈蔣主席四月二十四日呈〉，《檔案彙編（十七）》，頁 446～497。是以受

響蔣介石動武的權力人物，自然是以陳儀、柯遠芬為主。不過，在提供消息方面，台北『中央社』也扮演了極具關鍵性的角色。在此並不強調，是這些電文促使蔣介石用兵的直接因素；但是，可以推斷的，蔣介石在醞釀動武決策時，『中央社』傳自台灣的消息〔誇大事件的「暴亂」真相〕，無疑產生了推波助瀾的作用。」〔註80〕陳芳明看法真確，3 月 5 日國防最高委員會召開的第 223 次會議，委員賴璉便提到他參考了「中央社」的消息，可知中央社對政府高層有其影響。〔註81〕要之，報刊資料對蔣中正的影響，很難評估，但應不大；不過，即便報紙對蔣無決定性影響，也多少可促使蔣做出派兵決定。〔註82〕

　　蔣中正於事件初期的主要訊息來源，是中統局與陳儀。中統局方面，如前所述，指出事變已經擴大。〔註83〕陳儀方面，言及臺灣秩序已逐漸好轉，但不斷強調「奸黨」在其中的作用，並以兩電（寅冬、寅支）向蔣請兵以澈底解決問題。報紙資訊，也對蔣做出派兵之決定，有推波助瀾的效果。以蔣中正將此事視做共黨作亂來處理，為維護以其為首的政權，會做出派兵決定，並不讓人意外。蔣的派兵決策日後為多人所詬病，身在歷史當下，其恐怕不

　　　　到報紙影響的是于右任，不是蔣中正，蘇瑤崇論文基點可再商榷。同時間蔣
　　　　中正亦可透過廣播電臺獲得相關訊息，或可對此做進一步研究，然對蔣之影
　　　　響，亦不容高估。
〔註80〕林德隆，《二二八官方機密史料》，導讀，頁 7。雙引號為筆者所加。
〔註81〕參見中央研究院近代史研究所檔案館藏，〈國防最高委員會第二二三次會議紀
　　　　錄〉，1947 年 3 月 5 日，檔號 228G：1～1。
〔註82〕關於當時報刊資料之內容，可參見李祖基編，《「二‧二八」事件報刊資料彙
　　　　編》（臺北：海峽學術出版社，2007）。在蘇瑤崇之前，大陸學者汪朝光對二
　　　　二八事件時中國大陸報紙的資訊也做了探討。相較蘇氏將焦點集中於國民黨
　　　　對輿論之控制，汪氏論述角度更多。參見汪朝光，〈風潮中的民聲與官聲——
　　　　「二二八」事件發生後大陸新聞媒體之所見所論〉，《社會科學研究》2 期
　　　　（2006，成都），頁 129～138。在汪氏的基礎上，褚靜濤也做了相關研究。
　　　　參見褚靜濤，〈全國媒體對臺灣二二八事件的反應〉，《南京社會科學》2 期
　　　　（2008，南京），頁 52～59。蘇瑤崇其後將〈中國報紙有關二二八事件報導
　　　　之研究——以南京上海為例〉一文蔣中正對新聞控制的部分刪削，全文並
　　　　稍做修改，重新發表。參見蘇瑤崇，〈二二八事件中的媒體宣傳戰〉，《臺灣
　　　　文獻》第 59 卷第 4 期（2008，南投），頁 353～400。
〔註83〕學者侯坤宏肯定情治單位的報告，深刻影響南京中央派兵臺灣的決定。參見侯
　　　　坤宏，〈情治單位在二二八事件中的角色〉，收入李旺台總編輯，《二二八事件
　　　　新史料學術論文集》，頁 18～52。另見侯坤宏，《研究二二八》（臺北：博揚文
　　　　化事業公司，2011），第肆章：情治單位在二二八事件中的角色，頁 101～159。

知正處於歷史關鍵點上，只是做出他認為妥適的決策。

第三節　蔣與反對派兵言論

3月5日，蔣中正派兵前後，海軍總司令桂永清曾將2月25日巡視臺灣時，左營中學校長王貴友及當地士紳所提意見轉呈蔣，內容如下：

> 一、台胞決無獨立思想，前中央日報所載台人有獨立企圖，完全無
> 稽。
> 二、從速改善外省人和台人間之誤會。
> 三、台胞對中樞誠心崇敬，但以前來台軍隊予人民印象確屬太壞，
> 以後駐台軍隊，希望派遣紀律嚴明者。
> 四、從速解決失業問題。
> 五、希望對過去接收期間諸不法官吏，分別懲治。〔註84〕

桂永清此簽呈除轉達臺人意見之外，因此文為二二八事件爆發後撰寫，文中亦寫到桂氏推論的事件發生原因：

> 此次騷動，係台省地方人士憲政座談會到處派人演講，促進憲法
> 提早實行之鼓動，及台灣浪人遣散返省，無所事事，加之米荒。
> 復以政府通令拍賣人民及公務員已經佔住之房屋，所引起理合陳
> 請。〔註85〕

陳儀深引用桂永清明確指出二二八事件是「理合陳請」的這段史料，認為桂氏傳達的訊息，不但否認臺人有獨立的企圖，且對事件的原因分析有導向自我反省、自我檢討的意味。〔註86〕陳氏的看法真確，如此一來，蔣是否應採納桂氏說法，將臺變重新定性？

蔣中正看到此簽呈的同時，陳儀、中統的電文亦不斷上呈，蔣似沒有理由全信桂永清的說法而置陳儀、中統報告於不顧。且陳儀為臺灣行政首長，從蔣角度來說，陳儀對事變掌握理應較桂永清為清楚。再說，桂氏未提及此事發生和共黨毫無關係，故蔣中正當時應仍視事件發生的原因在於共黨煽

〔註84〕中央研究院近代史研究所編，《二二八事件資料選輯（二）》（臺北：中央研究院近代史研究所，1992），臺灣二二八事件：大溪檔案，頁65。以下概以《資料選輯（二）》簡稱之。
〔註85〕前揭書，頁65～66。
〔註86〕張炎憲等執筆，《二二八事件責任歸屬研究報告》，頁150。此章由陳儀深撰寫。

惑，而下令軍隊赴臺防備、肅奸。又，由原檔可見蔣之簽閱，註明「12/3」，
或許此簽蔣 3 月 12 日才看到，乃不足以影響其派兵決策。〔註87〕

　　同日（3 月 5 日），憲兵司令張鎮呈蔣中正的報告指出：

> 台灣暴亂形勢益趨嚴重……此次台灣暴亂，其性質已演變爲叛國奪
> 取政權之階段……地方政府完全失卻統馭能力，一切由民衆控制，
> 暴民要求不准軍隊調動、軍隊帶槍，並在各處劫奪倉庫槍械，及繳
> 收軍警武器，總數在四千枝以上……台中憲兵被繳械，官兵被囚禁，
> 並有械彈庫兩個被劫。嘉義憲兵被暴民包圍，無法援救……〔二二
> 八事件處理委員會〕電告省參議員王添灯轉告公署，勿派兵前往，
> 否則以武力對付。〔註88〕

檔案原件右下角寫有「職　俞濟時　呈　三十六年三月六日」，可知侍衛長俞
濟時 3 月 6 日才呈給蔣中正此篇報告，蔣 6 日才知道這則訊息。〔註89〕張鎮
報告所描寫的臺灣局勢極爲緊張，事件性質已演變爲「叛國奪取政權之階
段」。此報告除了加強蔣對陳儀共黨煽亂說法之信任，而將桂永清所言聊備一
格之外，當使其確信派兵決定是正確的；此時派兵不僅備用，且應迅速參與
平亂。

　　3 月 6 日，中統局呈蔣中正的情報指出：

> 參加暴動者多屬前日軍徵用之海外回來浪人（以海南島回者爲甚），
> 全省計十二萬人，投機者蔣渭川、王添灯（均爲參議員）等主張大
> 台灣主義，不斷煽動宣傳。二二八事變處理委員會已密電中央，請
> 撤調陳長官，及取銷專賣、貿易、糧食各局，並改組長官公署。如
> 三月十日前中央無答覆，決定十一日再舉更大暴動。〔註90〕

此報告和張鎮報告撰於相同文件，蔣當是同時看到。如同張鎮報告，中統局
呈現臺灣局勢的不穩，二二八事件處理委員會威脅中央其將「再舉更大暴
動」，想必此點將益爲加強蔣派兵之態度。

　　《蔣檔》收了 3 月 6 日陳儀呈蔣信函（後文將提及），並夾帶一「附件」，

〔註87〕〈桂永清呈蔣主席三月五日簽呈〉，《檔案彙編（十七）》，頁 117。
〔註88〕《資料選輯（二）》，頁 67。
〔註89〕《事略稿本》編者將張鎮報告置於 3 月 5 日條目之下，依上文論述，知編者
　　　　不確。黃彰健以爲 5 日蔣中正已看到這則消息，因所載情況危急，乃有派兵
　　　　之舉，此說恐怕有誤。參見黃彰健，《二二八事件眞相考證稿》，頁 209～218。
〔註90〕《資料選輯（二）》，頁 68。

題名為「台民暴動經過及其原因之分析」。細查內文，對陳儀有毫無保留的批評，知絕非陳儀呈蔣信函之附件。由關防寫明：「中國國民黨中央執行委員會調查統計局印」，知此為中統局之報告。又，其文意和前引文（3月6日中統局呈蔣中正的情報）相近，推知此文為中統局情報之附件。附件除對事變過程有清楚的描述之外，並分析事件發生之遠因和近因。遠因方面，有物價飛漲、語言隔閡、經濟為政府壟斷、行政人員貪污，及陳儀對左傾分子不加阻止等。近因則為臺省糧荒嚴重，民眾陷於饑饉，陳儀又施政不當，民眾乃藉此次查緝私烟案，宣洩對政府的不滿。附件直指陳儀的不是，對長官公署施政多所批評。然蔣看到此則報告，會因為知道是施政不當造成事變，而將派兵命令收回嗎？既然附件中不斷提及「暴動」、「暴徒」及野心家之策動，且描述之情勢並無和緩跡象，此報告恐怕不足以讓蔣收回成令。

　　同日（6日），臺灣省參議會議長黃朝琴呈蔣中正的寅魚電指出：

> 台北民眾暴動實緣省署施政有失民心積怨所致……問題若不及時解決，普遍暴動隨時有發生之可能。外傳託治及獨立，並非事實，擁護中央熱誠如故，對陳長官個人感情尚佳。發事之初，民眾實激於公憤，作無計畫之暴動。現已組織化，萬一再受煽動，或對政治要求不能如願，將不可收拾……速決治台方針，簡派大員來台處理，以免事件擴大，貽笑外人。〔註91〕

此電文指出臺灣秩序已漸漸恢復，臺省人民無叛亂事實，要求簡派大員處理政府失政問題。蔣看到這則訊息，配合上述中統局的報告，或應對臺變發生原因再作思考，深思事件究竟是政府失政抑或共黨作亂造成，且反思派兵是否必要。然而，見此檔案原件，右下角寫明「吳鼎昌呈　三十六年三月十二日」，〔註92〕即軍隊開抵臺灣之前（9日），國民政府文官長吳鼎昌還沒有將此訊息呈送給蔣；蔣當天（6日）根本沒看到這則電文，遑論以此改變派兵決定。由此例可知，其他團體在蔣氏派兵以前上呈給蔣的電文、請願書，蔣能否看到，都值得討論。蔣身為國家最高領導人，每天要處理的事務繁多，可以相信最為要緊的資訊可以在當天或翌日聞知（如陳儀的丑儉電、外國大使來電），其他訊息便很難說。國軍的軍事行動便是如此，一位當年的國軍將領對此曾有生動的描述：

〔註91〕《資料選輯（二）》，頁89。
〔註92〕《資料選輯（二）》，頁89。

無線電的操作有一定時間的。師長得到一個情況後，再由參謀長作

報告，也要一天。擬電報、譯電報，再去拍，拍到侍從室再譯給蔣

委員長看，已經過了幾天了。加上又逢委員長休息、開會啦。〔註93〕

情況緊急的軍事行動已是如此，其他民間的電報沒有理由能夠很快讓蔣中正

知悉。3月3日上午，二二八事件處理委員會議決上電蔣中正報告事件真相，

旋於下午以臺灣省民眾大會之名義上電，控訴長官公署，籲請中央速派大員

進行調處。同日，臺灣旅滬同鄉會理事長李偉光也上書蔣，請求徹查慘案真

相，澄清吏治。李筱峰以這些當時的報紙資訊，批評蔣對於民間的聲音置若

罔聞。〔註94〕由上述黃朝琴電文遲了 6 天才呈給蔣可知，這些電文皆難以在

蔣做出調派軍隊決定前（5 日）給蔣過目，甚至來不及在軍隊登陸臺灣時（9

日）讓蔣知曉，進而使其撤回軍隊。而即便這些資訊能讓蔣在派兵之前知道，

只要共產黨有奪權的可能，蔣都不可能不立刻採取行動。

　　事實上，國民政府文書處理有一定流程，要跑完這些流程，並經篩選，

最高領導人蔣中正才有可能知曉這些民間上呈的函電。隨著蔣權力的上升，

要處理的公文愈來愈多，下屬原先將呈蔣文電一律上報，卻遭蔣嚴屬申斥。

蔣謂：

> 對於此種簽閱，如不設法改正，則各位在職何為？豈以中正尚不耐
> 煩而乃特以此試難之；使中正腦煩，反致批答不正，而屬下稱事即
> 可從中舞弊乎？此種辦法值當中正為字紙籮，使無法批閱也！以後
> 公事應各處負責主管分別處理，而且每冊呈閱重要公件不得過十件
> 以上為要。此呈閱必由機要科彙呈，盍不先交秘書長〔按南昌行營
> 秘書長楊永泰〕與晏主任〔按南昌行營第一廳第二處主任晏勛甫〕
> 核辦，而使中正為此煩難！若果由毛科長〔按南昌行營機要課毛慶
> 祥〕呈閱，則該科長應不遵手續，屢戒不聽，着即記大過一次，并
> 將此件轉楊秘書長、晏主任、陳主任同閱。〔註95〕

〔註93〕張朋園等訪問，張俊宏紀錄，《于達先生訪問紀錄》（臺北：中央研究院近代
　　　　史研究所，1989），頁 121～122。
〔註94〕李筱峰，〈蔣介石與二二八事件──兼論其責任問題〉，頁 461。
〔註95〕《蔣中正總統文物‧籌筆》（臺北：國史館藏），典藏號：002010200105024。
　　　　以下概以《籌筆》簡稱之。按語參考謝藻生，〈我所知道的南昌行營〉，《世紀
　　　　行》第 1 期（1995，武漢），頁 36～39；謝藻生，〈我所知道的南昌行營〉，《世
　　　　紀行》第 2 期（1995，武漢），頁 40～45。謝藻生為南昌行營審核處秘書。

此為蔣中正在軍事委員會委員長南昌行營辦公時（1934年2月18日），對下屬楊永泰等的訓誡。蔣指出將文電一律上呈是把他當作「字紙籃」（廢紙垃圾桶），弄得他煩惱亂批之後，屬下便可從中舞弊。蔣對此情甚怒，要求以後各個單位主管應先行處理，最重要的公文再行上呈。1937年1月18日，蔣復對此問題下達指示：

> 為何公文仍直接呈閱，而不交朱主任〔軍事委員會辦公廳主任朱培德〕代批？以後應皆以此為例，除朱主任呈該之公文及緊要戰報之外，皆不得直接呈報閱。〔註96〕

蔣除了要求庶務交下屬代辦之外，亦要求上呈給他的公文必須簡單明瞭。〔註97〕其後，蔣尚數次指示下屬，要求遵行，如1938年4月19日電侍從室主任林蔚、陳布雷，要求公文應簡潔，而不重要者和各部核辦文件直接批發；〔註98〕1938年12月電軍委會辦公廳主任賀耀組：「每日呈閱公文，至多為十件，其餘應分別發交主管長官負責處理，各級照此實施」；〔註99〕1939年1月13日再電賀耀組：「每日呈閱之情報，應選擇其最關緊要者十項為最多……其餘應由各處主任負責處理……以後呈閱公事，當照此處理，以節省批閱時間也。」〔註100〕在分層負責的要求下，蔣所能看到的資訊愈為簡要，也愈經篩選。

民間上呈蔣的資訊，除了會被政府機關「篩選」掉之外；公文處理，亦會延滯。抗戰前的軍事委員會便已發生這種問題。1936年1月13日，蔣中正電朱培德謂：

> 軍事委員會各處公事，往往延緩至兩三月以上之久。以後凡有公事，無論調查審計各手續，凡文到半月內必須批簽。如有到期調查審計手續未完，須再展期時，亦必須先行批覆，明定展限日期，至多以半月為限，屆期不得再延。否則即將各該處主管長官以有意延宕妨礙公務論罪，并准呈該機關直接報告於本委員長。〔註101〕

不過，這個問題到戰後都未能解決。1948年8月29日，蔣中正電國防部長何應欽及參謀總長顧祝同謂：

〔註96〕《籌筆》，典藏號：002010200171014。
〔註97〕《籌筆》，典藏號：002010200152067。
〔註98〕《籌筆》，典藏號：002010300011056。
〔註99〕《籌筆》，典藏號：002010300018043。
〔註100〕《籌筆》，典藏號：002010300019021。
〔註101〕《籌筆》，典藏號：002010200150011。

近查國防部公文無論距離遠近皆用代電或文書往來，因之每一公文
在平京公事各機關部隊公事之來往，有延宕一月以上而尚未能解
決。如此貽笑中外，誠為我軍人之恥。以後應另定辦法，每一公事，
同在平京之機關，必須在一星期內澈底解決，并應多用電話或面商。
如〔？〕十分重要事，不得多用公文，專做官樣文章，重蹈舊日衙
門官僚之覆轍。〔註102〕

觀上述史料，復可推知在二二八事件初期，民間電文、陳情書實難以為蔣獲
悉。二二八事件中民間電文（陳情書）的傳遞過程，應是民間人士將上電稿
擬就後，交相關人員拍發，南京方面收到後，交由譯電員譯出，譯出後交相
關局處處理（如軍務局或政務局）。〔註103〕若此資訊為情報，則由相關人員擬
定摘要；若須進一步處理，局處人員將草擬擬辦意見，〔註104〕經層層審核、
分層負責後，繕擬於一定格式之表格。〔註105〕最後上述這些文件，再交文官
長、侍衛長等相關人員上呈。〔註106〕而若蔣剛巧開會、飛前線指揮軍隊或回
鄉掃墓等，上呈時間又會遷延時日。是以我們不能因為看到臺灣方面有不少
人士於軍隊登陸前上電蔣，便認為蔣可以馬上聞知，而對事變性質做出正確
認知，進而緩派軍隊。

　　國民政府文書處理系統跑完各個流程之後，由相關人員繕擬上呈的文

〔註102〕《籌筆》，典藏號：002010400040008。
〔註103〕打電報過程，可參見林英豪譯述，《電話、電報與無線電》（臺北：廣文書局，
　　　　1967），三、如何打電報，頁66～75。
〔註104〕擬辦草稿例見侯坤宏主編，《國史館藏二二八檔案史料》（臺北：國史館，
　　　　1997），上冊，頁77～80、84～88。
〔註105〕里凡，〈國民黨政府軍事委員會委員長侍從室沿革和文檔處理述略〉，《軍事歷
　　　　史研究》3期（2002，上海），頁69～76。
〔註106〕陳三井訪問，李郁青紀錄，《熊丸先生訪問紀錄》，頁55。其實際過程，如南
　　　　昌行營的文書處理：「收發室收發員將文電點收登記編號後，將收到文電送與
　　　　廳辦公室參謀，參謀除特別文電隨時呈送廳長之外，參照職掌表，依其性質
　　　　分送第一、二處，再由各處交各課擬辦。處長、課長能處理之公文，逕行發
　　　　辦，較重要者則上呈廳長。廳長核定之文電，摘記後送辦公廳主任室轉呈委
　　　　員長。委員長批回之文電，辦公室參謀呈廳長閱後，分發與第一、第二兩處
　　　　擬稿；委員長判行之文電，除電報逕送電務股譯發外，其他文件校對、登記
　　　　後，於辦公廳文書課用印發回封發。」參見〈國民政府軍事委員會委員長南
　　　　昌行營第一廳辦事細則〉，第二章：處理公文程序。收入立法院編譯處編，《中
　　　　華民國法規彙編：廿三年輯》（上海：中華書局，1934），第三編：服務法，
　　　　頁115。或參見《蔣中正總統文物‧特交檔案》（臺北：國史館藏），典藏號：
　　　　002080200116066。

書，現已收入《蔣中正總統檔案》。查考《蔣檔》以及和蔣有接觸人士的回憶，可以發現 5 日以來蔣獲知的訊息，是共黨做亂、臺民有叛亂情事，事變且亦趨嚴重，其中絲毫未見民間向蔣的呼籲、上電。此非民間是時沒有向蔣陳情，3 月 5 日臺灣旅滬六團體向新聞界報告慘案發生經過，並發表告全國同胞書；3 月 6 日，臺灣省旅平同鄉會、旅平同學會召開聯席會議，議決「致電蔣」，並發表告同胞書，向各界報告慘案真相；3 月 9 日，臺灣旅滬六團體進京請願，提出五項要求，臺灣旅滬同鄉會理事長李偉光則發表談話，力阻中央派軍隊赴臺。〔註107〕這些臺民無叛亂情事之資訊，無法第一時間讓蔣獲知。受限於國民政府文書處理程序，上電給蔣的陳情，在軍隊登陸之後才讓蔣知悉。查考 3 月 9 日以後的檔案，可以發現 3 月 6 日旅平同鄉同學會呈蔣的電文，3 月 15 日才得以發出，而 3 月 17 日始「譯出」，〔註108〕蔣當是 3 月 17 日以後才能獲知。其他民間陳情，尚有 3 月 8 日臺灣中部自治青年同盟黃光衛呈蔣的寅齊電，此電 3 月 18 日才譯出，〔註109〕蔣當是此時點後方纔獲知。在民間電文為國民政府體制運作過濾、延滯的情狀之下，蔣是時接收到的資訊，大多是軍政機關指出臺民叛亂之信息。〔註110〕

　　或謂臺省團體是時在京、滬、平、津都有活動，蔣氏豈可不知？豈可推說文電尚未收到？實則臺省團體若沒有請託可與國家最高領導人接觸的人士發聲，〔註111〕其要求難以「上達天聽」；蔣只可藉由文電、報紙、廣播或軍政機關的情報得知他們的請求。電文稽遲，軍政機關情報又隻字未提，蔣可以獲知民間資訊的管道只有報紙或廣播。〔註112〕然而，如前文論證，報紙、廣播對蔣影響有限。又，在中國大陸較具代表性，且最有可能為蔣閱覽的《大

〔註107〕旅平同鄉會等，〈二二八大慘案日誌〉，收入鄧孔昭，《二二八事件資料集》，頁 247～248。

〔註108〕〈台灣旅平同鄉同學會呈蔣主席三月十五日電〉，《檔案彙編（十七）》，頁 283。

〔註109〕〈黃光衛呈蔣主席寅齊電〉，《檔案彙編（十七）》，頁 311。

〔註110〕資料尚可見臺灣省全體參政員請中央社轉給蔣中正的電報（確切時間不詳，應為軍隊登陸之前），提出九點要求，請中央速派大員來臺處理，勿用武力彈壓，以免事態擴大，最後並請蔣示覆。參見〈台灣省全體參政員給蔣介石的電報〉，收入鄧孔昭，《二二八事件資料集》，頁 301。《蔣檔》沒有收入相關訊息，也沒看到蔣有回覆此電，推知這個電報未轉或未上呈；民間資訊再度受制於行政體系，無法「上達天聽」。

〔註111〕如 3 月 11 日白崇禧之接見臺灣省京滬七團體。

〔註112〕當時沒有網路、衛星、電視，吾人不可以今視昔，認定蔣氏應可迅速掌握事件一切資訊。

公報》、《中央日報》、《申報》、《文匯報》、《解放日報》，〔註113〕此間對臺灣民間的聲音所述不多。統計上述報刊 3 月 5 日至 9 日的新聞報導，足以一提的只有 7 日《解放日報》報導「臺灣抗蔣運動普及全島，要求建立人民自治政府」，以及各報 8 日刊登處委會發表的《告全國同胞書》（《中央日報》、《解放日報》沒有報導）。社論方面，有 5 日《文匯報》對陳儀施政的嚴厲指責；有 6 日《申報》指出臺省當局處置失當，要求當局妥爲善後，依然不可謂多。而五種報紙都沒有對中央是否應該派兵有所著墨。〔註114〕

　　在此不是說蔣中正絲毫不知陳儀治臺有舛誤之處，透過報刊、中統局、李翼中、國防最高委員會，〔註115〕或事件前之種種資訊，蔣當已知曉臺省失政；也不是說蔣沒有耳聞反對派兵言論，美國大使館致蔣電（詳見下文），或軍政人員的轉述，當可讓蔣對此略有所悉。關鍵在於民間請願書、電文被過濾及延滯，讓蔣當下接收到的信息主要是軍政機關指稱臺民因政府失政，而受共黨煽惑，造反作亂。〔註116〕在這種片面之詞大量充斥的狀況下，配合蔣對共產黨特別敏感的個性，蔣或因此將事件定性爲共黨煽亂，做出其認爲正確的派兵「平變」決策。〔註117〕

〔註113〕《事略稿本》，1947 年 2 月 14 日條謂蔣「閱上海大公報社論。其詆毀政府，偏袒『中共』，靡有紀極。而值此經濟紊亂，物價騰漲之際，尤足以煽惑人心，搖撼國本」。確知蔣會看《大公報》。

〔註114〕參見汪朝光，〈風潮中的民聲與官聲——「二二八」事件發生後大陸新聞媒體之所見所論〉，頁 131、137。褚靜濤，〈全國媒體對臺灣二二八事件的反應〉，頁 57。

〔註115〕文官長吳鼎昌，曾於 3 月 5 日向蔣中正報告國防最高委員會同仁「對陳長官都不滿意」。參見〈國防最高委員會第二二三次會議紀錄〉（臺北：中央研究院近代史研究所檔案館藏），1947 年 3 月 5 日，檔號 228G：1-1。

〔註116〕中共中央 3 月 8 日向臺灣廣播，呼應臺灣人民的要求，鼓勵臺省自治。若蔣有所聽聞，應會益加相信臺變爲共黨煽惑導致。廣播內容其後刊登於 3 月 20 日《解放日報》之社論，全文參見鄧孔昭，《二二八事件資料集》，頁 309～313。

〔註117〕論者或將全國各地各種報刊（尤其是臺灣當地報刊）關於二二八事件之民間呼籲集中起來，指責蔣中正只聽信軍政報告，將這些大量民間輿論置若罔聞。然吾人豈可將蔣視作歷史學家，要求其將所有記有二二八事件的報紙資訊通盤掌握？若上述 5 種代表性報紙蔣都曾閱讀，對二二八事件本質的掌控仍然極度不足，更何況身爲政府機關首要的蔣，接收到最大量的資訊來源就是軍政機關的報告。一個人時間、精力有限，要蔣在注意力集中於他處（如國共內戰、軍政報告）的同時，又要看超過 5 種以上的報紙，並將報紙所有關於臺變的資訊全部予以放大，恐怕非常人所能爲。

第四節　派兵平變之確定

　　既然派兵決策已成事實，而民間信息受限於軍政機關的運作，傳遞延滯，接下來乃必須考量此間軍政機關上報或轉呈蔣氏的訊息，是否足以使其收回派兵成令。依前文論證，3 月 5 日蔣氏尚認為事件並不嚴重，其派兵為應陳儀所請，著重防備亂事擴大、待機肅奸。3 月 6 日張鎮、中統的報告，已顯示臺變益趨嚴重，派兵性質轉為直接投入平亂。3 月 7 日，蔣有三電致陳儀，第一為寅虞辰電，於 8 時 30 分發出，謂：

> 據美使館接其臺灣領事來電稱，請美使即派飛機到臺灣接其眷屬離臺，以為今後臺灣形勢恐更惡化云，美使以此息告余，一面緩派飛機，一面覆電問其領事究竟為何云。又，接臺灣政治建設促進會由外國領事館轉余一電，其間有請勿派兵來臺，否則情勢必更嚴重云。余置之不理，此必反動分子在外國領館製造恐怖所演成。近情為何，盼立復。〔註118〕

此電內含兩則訊息，一為美國使館云臺灣局勢將更為惡化，另一為臺灣政治建設促進會請蔣勿派兵來臺，否則情勢必更為嚴重。蔣將這些訊息定調為「反動分子在外國領館製造恐怖所演成」，透露蔣當時心態，已相信反動分子（當指共黨人士、流氓等）為事件製造者，反動分子且威脅（「製造恐怖」）外國領事館，要求政府不要派兵來臺。蔣對勿派兵的請求「置之不理」，顯示派兵決心已定，若無更多更重要的反對派兵信息，其決心不容動搖。蔣發電日期為 3 月 7 日辰時（上午 7～9 時），推知獲悉美國大使館及臺灣政治建設促進會之資訊當在前一日（6 日）。6 日，蔣乃於日記中謂「美國人員浮躁輕薄，好為反動派利用，使中國增加困難與恥辱，悲痛之極。」〔註119〕7 日傍晚，陳儀以寅虞西電回覆蔣之寅虞辰電，電文有云：

> 此次事件有美國人參與，反動分子時與美領事館往來，美領事已發表種種無理由的反對政府言論。反動分子目前最大詭計，是使臺灣

〔註118〕《檔案彙編（十七）》，頁 136。
〔註119〕黃清龍，〈老蔣 228 日記曝光　三批陳儀無能〉。資料中另有美國外交官於 1947 年 3 月 7 日電蔣的訊息，此美國駐華大使司徒雷登呈給國務卿的報告提到：「蔣主席閣下：台灣省人民的騷動完全是因為抗議腐敗官僚的壓迫，要求政治改革，別無其他目的。我們懇求你不要派軍隊到台灣來，以免更加刺激人民。我們也誠意的求你立即派遣一位高級官員來處理這個事件以謀全國之福。」參見鄧孔昭，《二二八事件資料集》，頁 436。

> 兵力愈單薄愈好……台灣目前情形，表面似係政治問題，寔際是反
> 動分子正在利用政府武力單薄之時機，加緊準備寔力，一有機會，
> 隨時暴發，造成恐怖局面。如無強大武力鎮壓制裁，事變之演成，
> 未可逆料，仍乞照前電所請，除第廿一師全部開來外，至少再加派
> 一旅來台。〔註120〕

此電應是 8 日才呈送蔣過目。陳儀於此電呼應蔣看法，認爲要求中央勿派兵
來臺之言論，爲「反動分子目前最大詭計」，將局勢描述得極爲緊張。看到此
電文的蔣中正，必益加認定請其勿派兵的輿論是共產黨（「反動分子」）製造，
其目的在於日後的大舉叛亂；派兵決心已不容動搖。文末提到「乞照前電所
請……至少再加派一旅來台」，此「前電」是指當日（7 日）下午陳儀發與蔣
的寅陽申電。是電回覆蔣寅微電（蔣告陳已派步兵一團、憲兵一營來台），電
文謂：

> 惟照目前形勢，奸匪到處搜繳武裝及交通工具，少數日本御用紳士，
> 利用機會煽動，並集合退伍軍人反對政府，公然發表叛亂言詞，並
> 以暴行威脅公正之參議員及地方人士，使其不敢說話。職因兵力太
> 少，深恐一發難收，明知長此下去，暴徒勢燄日盛，再不敢以強力
> 即予制止……職意一團兵力不敷戡亂之用，擬請除廿一師全部開來
> 外，再加開一師至少一旅，並派湯恩伯來台指揮，在最短期間予以
> 徹底肅清。〔註121〕

在此電文之中，陳儀指出 5 日調派的軍隊僅一團不敷戡亂，除向蔣要求整編
第二十一師全部開來外，再請加開一師或至少一旅來臺徹底肅清「暴徒」。

蔣中正 3 月 7 日致陳儀的第二電爲寅虞未電，告陳儀中央已增派部隊，
此電於 14 時發出，內容謂：

> 廿一師師部、直屬部隊，與第一個團，本日正午由滬出發，約十日
> 晨可抵基隆。據報鐵路與電廠皆已爲台民盤據把佔確否？果爾，則
> 部隊到基隆登陸後之行動，應先有切實之準備。近情究竟如何，應
> 有最妥最後之方案。希立即詳報。〔註122〕

〔註120〕寅虞西電於 19 時 30 分發出，南京方面 20 時 30 分收到，並於 23 時 40 分譯
　　　　出。參見《檔案彙編（十七）》，頁 142～144。
〔註121〕寅陽申電於 15 時 50 分發出，南京方面 17 時 40 分收到，並於 19 時 45 分譯
　　　　出。參見前揭書，頁 138～139。
〔註122〕〈蔣主席致陳儀三月虞電〉，《檔案彙編（十七）》，頁 147～148。

第三為寅陽電，於 14 時 30 分發出，內容有云：

> 台灣近情究竟如何，鐵路與電力廠是否已為反動暴民把持？善後辦
> 法如何，希詳商後速報……今日已先派海軍一艘由滬出發，來基隆
> 歸陳長官指揮。〔註 123〕

陳儀當夜以寅陽亥電回覆蔣寅虞未、寅陽兩電。此電 3 月 8 日 1 時 30 分發出，
南京方面 8 時 35 分收到，並於 10 時譯出。電報韻目「虞」代指 7 日，「亥」
指晚間 9 時至 11 時，知此電陳儀 7 日晚上便已擬好，只是發出時間稍晚，延
至隔天凌晨才送出，電文有云：

> 鐵路與電力公司多數員工均係台民，現雖照常工作，但一有事故，
> 即可為暴徒支配，決不能為我所用。部隊到基隆之行動，已在準備
> 中，惟叛亂情勢已極顯著……我目前因限於武力，十分容忍，若第
> 二十一師全部能迅速開到，當收斧亂之效，否則時間一久，收拾頗
> 難，因奸黨造作種種謠言，煽動民眾，準備全面做亂。〔註 124〕

7 日蔣中正與陳儀往來的電報，並未顯示情勢已經好轉，反而益為糟心，陳儀
甚至要求中央加派軍隊。蔣 3 月 7 日之日記謂陳儀「不事先預防，又不實報，
及至事態燎原，乃始求援，可歎！」〔註 125〕雖陳儀請兵甚早（詳前文論證），
但初始所述臺省情勢尚可控制，6、7 日以來卻報蔣情勢極為敗壞，甚至要求
加派援軍，或乃有蔣氏此嘆。陳儀所述臺灣情狀如此，也應當使蔣不致有任
何收回派兵命令之想。

　　同日（7 日），國民黨臺灣省黨部主任委員李翼中攜帶陳儀呈蔣信函（6
日寫就）抵達南京，晚 6 時面見蔣於官邸。〔註 126〕陳儀信函詳述了二二八事
件經過情形、原因分析，以及處置態度。在原因分析方面，陳儀指出事變發
生原因相當複雜，條列第一是共產黨的破壞，所述如下：

〔註 123〕前揭書，頁 137。二二八事件時海軍之調動，參見黃富三，《二二八事件的鎮
　　　　壓與救卹 —— 二二八事件檔案專題選輯》，頁 22～23。
〔註 124〕前揭書，頁 160～161。
〔註 125〕《蔣中正日記》，1947 年 3 月 7 日「雪恥」。
〔註 126〕《事略稿本》謂 3 月 6 日「台灣陳儀長官暨黃朝琴議長分別電報『二二八』
　　　　台北事變發生經過情形」。事實上，當天陳儀是請李翼中親送「信函」給蔣，
　　　　不是拍發電報，且李翼中翌日才抵南京，《事略稿本》編者有誤。編者見信函
　　　　末註明之日期（陳儀於 3 月 6 日寫就），便直接將此事置於 3 月 6 日條目之下，
　　　　未考慮蔣中正究竟是何時獲悉此一訊息；黃朝琴的電文亦然，雖《事略稿本》
　　　　編者將此電置於 3 月 6 日條目之下，依前文論證，蔣並非當天得知此訊。

去年從海南島歸來台僑中，因海南島曾有共黨，有不少奸黨分子。內地奸黨，亦有潛來台灣省。彼等目的，在隨時找尋機會，奪取武器，破壞秩序，造成恐怖局面……自二月二十七日事情發生，奸黨御用紳士等即乘機鼓動排斥外省人反抗政府……毀壞公私器物，毆打外省人（此次外省公教人員吃虧甚大），散布謠言，奪取槍械，包圍縣市政府，可知其決非普通民眾運動可比，顯係有計畫有組織的叛亂行為。〔註127〕

陳儀信函雖也指出該事件發生之其他原因，但明顯將共產黨煽動視為最重要因素。蔣中正收到這則訊息，應會意識到所面對的是在整個中國大陸和其大打內戰、奸猾詭詐的共產黨，而非臺灣手無寸鐵的平民。是時李翼中尚面告臺灣之情勢，蔣詢問事件發起者為何人？李答道：

起事始於流氓，響應者為日人征調作戰近始回台之青年，此輩青年聞不少曾受共黨秘密訓練而皆閒散無業……聞台北之亂不期而合，初非先有密謀聯絡，惟共黨潛台活動近漸顯著，難保不已乘機操縱。

〔註128〕

李翼中所述之事件發生原因和陳儀略有不同。陳儀認為共黨煽惑為事發主因，李氏卻認為流氓才是帶頭起事者，而獲從征返臺青年之響應，共產黨「初非先有密謀聯絡」。但李氏仍認為共產黨影響力漸大，不容忽視。其後，蔣問到「地方父老及處理委員會豈無識大體明大義者，亦皆對政府不滿而不為助手，情勢叵測，宜及早處理，汝有何意見？」李答以臺灣省行政長官公署之種種失政，謂「政府對此現狀並未盡疏導之力，而日人所以馴擾台民之良規美制又一舉而變更之……台灣一亂至此，其故非一偶然也」，並向蔣建議：「台灣兵力薄弱，似非加派勁旅不足以資鎮攝」。蔣乃要李翼中與國民黨中央組織部部長陳立夫擬具處理辦法，於明日中午12時送來。〔註129〕蔣從李翼中獲得的事變資訊十分詳細，由此知曉臺灣民眾對政府之不滿及其緣由，並得知日人教育造成臺灣青年「不知為黃農華冑者比比也」；〔註130〕事件所以擴大，在於流氓起事後，失業青年響應之，配合對政府失政不滿之人，而一發不可收拾。共黨且在其中漸起作用。這些資訊應使蔣深信非派兵難以迅速平亂，派

〔註127〕《資料選輯（二）》，頁74～76。
〔註128〕李翼中，〈帽簷述事〉，收入《資料選輯（二）》，頁383。
〔註129〕出處同上，頁383～384。引文「攝」當作「懾」，原文如此，暫不改動。
〔註130〕出處同上，頁384。

兵不是為了鎮壓人民，而是震懾起事流氓、響應之青年，及漸起作用之共黨。是日，蔣之日記云：

> 本日全為台灣暴動自上月廿八日起，由台北延至全台各縣市，對中央及外省人員與商民一律毆擊，死傷已知者達數百人之眾。陳公俠不事先預防，又不實報，乃至事態燎原，乃始求援，可歎！特派海陸軍赴台增強兵力。此時共匪組織尚未深入，或易為力，惟無精兵可派，甚為顧慮。善後方策尚未決定，現時惟有懷柔。此種台民初附，久受日寇奴化，遺忘祖國，故皆畏威而不懷德也。〔註131〕

蔣提到日人奴化臺民，及共黨組織尚未深入，可知已接受李翼中對事件之看法。〔註132〕所謂「共匪組織尚未深入或易為力」，非指事件與共產黨無關，而應是謂共黨煽動人民導致事件爆發，但其在臺灣力量尚未達到不可收拾之地步。從日記可以看到蔣想趁共黨尚未深入至事件擴大到無法處理之前，迅速派兵平亂，故為無法抽調中央精銳軍隊，只得派川軍系統的劉雨卿師赴臺，感到十分憂慮。

3月8日早，蔣考慮臺灣問題，並召見整編第二十一師師長劉雨卿，指示對臺灣應注意各點。正午約見李翼中等，對談處理臺灣事件之具體方案。晚間，蔣與國防部長白崇禧談臺灣事。〔註133〕

同日，蔣中正有兩電致陳儀，第一電為寅庚電，於12時30分發出，謂：

> 今日情勢如何，無時不念每日詳報。李主委昨已請見，現正研究處理方案。前已派海軍兩艘來基隆，約九、十各日分期到達。廿一師第二個團其拟九日由滬出發……〔註134〕

看來蔣一面和李翼中等研究臺灣事件處理辦法，一面發電告陳儀派兵赴臺情形。陳儀以寅庚電回覆蔣，向其報告臺灣現況，其中有云：「昨〔7日〕午後

〔註131〕《蔣中正日記》，1947年3月7日「雪恥」。

〔註132〕國民黨臺灣省黨部在二二八事件之作用，可參見褚靜濤，〈國民黨台灣省黨部與「二二八」事件〉，《南京社會科學》2期（2007，南京），頁62～69。

〔註133〕李翼中，〈帽簷述事〉，頁384。《蔣中正日記》，1947年3月8日，是日日記記云：「朝課後考慮臺灣問題，與對延安方略，召見劉雨卿等，指示對臺灣注意各點。召見永霓，夢麃，處理經濟與行政要務畢，見皮爾頓顧問。正午約李冀〔翼〕中等對臺灣處理具體方案。下午研究魯中作戰計畫，召見財政顧問白蘭思、福特，慰留之。晡，巡視市區，晚課後批閱急務，與健生〔按白崇禧字健生〕談臺灣事。」

〔註134〕〈蔣主席致陳儀三月庚電〉，《檔案彙編（十七）》，頁168～169。

七時（二二八事件處理委員會）代表十五人來見，欲提出政府各地武裝同志應交出武器，警備司令部須撤銷，陸海空軍人員一律用本省人，由處理委員會接收長官公署等四項要求。職不與討論，即嚴詞訓斥……〔軍隊〕開到台北，即擬著手清除奸匪叛徒，決不容其遷延坐大」。〔註135〕

蔣是日第二則致陳儀電報為寅薺戌電。此電發出於 21 時 25 分，詢問臺灣各倉庫所存械彈，並請陳儀做好軍隊登陸之準備。〔註136〕

同日，中統局、張鎮呈給蔣中正「台省近日情勢」情報，所述臺省情勢極度混亂，甚至有云：「如中央對台灣使用武力，台灣可立刻組成大軍抵抗」、「新竹、台南、彰化、花蓮、台東各地，仍極混亂」。〔註137〕蔣乃於是日日記中謂：

> 台灣暴動形勢已擴張至全台各城市，嚴重已極，公俠未能及時報告，粉飾太平，及至禍延燎原，乃方求援，可痛！華北延安共禍正熾而又加此不測之變，苦心焦慮，不知其極，故本周多為處理台變忙碌也。〔註138〕

3月9日下午，劉雨卿率領的整編第二十一師四三八團到達基隆；軍隊抵臺，派兵決定成為事實。〔註139〕同日，陳儀呈蔣寅佳午、寅佳未、寅佳申、寅佳、寅青等電，向蔣報告臺灣最新情況（蔣皆於 10 日才收到）。〔註140〕寅佳午電且謂：「本公署及總司令部亦〔為暴徒〕偷襲，經還擊驅散。市內街路

〔註135〕此電發出於 3 月 8 日 18 時 50 分，南京方面 21 時 40 分收到，並於 22 時 30 分譯出。參見《檔案彙編（十七）》，頁 159。侍衛長余濟時 9 日才呈給蔣中正，蔣氏應是當日才知悉陳儀報告之情況。見《資料選輯（二）》，頁 110。

〔註136〕〈蔣主席致陳儀三月齊電〉，《檔案彙編（十七）》，頁 172～173。

〔註137〕〈中統局及張鎮呈蔣主席三月八日情報〉，《檔案彙編（十七）》，頁 177。

〔註138〕《蔣中正日記》，1947 年 3 月 8 日「上星期反省錄」。

〔註139〕此時軍隊「正式」登陸。實昨夜（8 日晚）已有憲兵兩營於基隆登陸。參見陳儀呈蔣寅庚電、國防部保密局局長鄭介民呈蔣情報。《檔案彙編（十七）》，頁 175、181、212。其中鄭介民情報清楚指出，憲四團之一營以及憲二十一團之一營，由福州開臺，齊日（8 日）到達。

〔註140〕3 月 9 日陳儀呈蔣的 5 則電文，其內容所示撰寫時間和檔案註記的發出時間不同，5 電且集中於晚間拍發。陳儀應隨時寫下電文內容交下屬拍發，相關人員卻集中一次發出，先後順序甚至顛倒。以致於寅佳午電陳儀應中午便擬就，遲至晚間 9 時 40 分才發出，發出時間甚至比陳儀稍後擬就的寅佳申電還晚。因 9 日陳儀電文延遲發出，譯出又須費時，全部電文蔣於 10 日早上 10 時以後方才得以閱覽。蔣氏 10 日早上 9 時 15 分以寅蒸電致陳儀謂：「聞廿一師第一個團已到台北，未接報告，甚念」，時陳儀早已將相關情報發出，蔣有此說，蓋電文發出、譯出有所遲滯也。

均有騷動。」寅青電則謂：「台北亂黨尚在企圖暴動，並煽動民眾。」〔註141〕
是日晚間，蔣復與白崇禧談臺灣情勢。〔註142〕

　　劉雨卿出發前（9日上午9時。劉下午2時飛抵臺北），蔣託其交一函給
陳儀，〔註143〕此信函透露了蔣是時認知的臺灣境況，並可以此窺見蔣決定派
兵的背景：

　　公俠長官勛鑒

　　台灣暴動蔓延，至此其勢歛且兇，不能不謀根本辦法以求解決。但於
　　我兵力未集中以前，對於政治與經濟上，自可儘量放寬，如兄之廣播
　　所述者。惟國防與軍事以及交通，決不能放棄，如其提出軍事上之任
　　何要求，則不可有任何之諾言，并此必須請示於中央之意答之，以期
　　和緩時間。第一個團到達基隆以後，應先鞏固基隆之防務，其次為加
　　強松山機場之守備，一俟第二個團到達以後（十二日可到），再觀形
　　勢決定第二步之行動。現擬派白部長前來視察，屆時再宣布中央處理
　　方鍼，與兄洽商後發表。海軍除調太康伏波二艘外，另調廣東方面登
　　陸艇二艘（仍星期三日可到），可供基隆與高雄等各港口聯絡運輸之
　　用。如果我軍隊運輸艦到基隆不能登陸，或登陸後在台北仍有無理要
　　脅或暴動，則可斷然戒嚴，制止動亂。惟其對於政治與經濟上有所要
　　求，為能使軍隊順利集中，則應予開誠相見，不可吝惜。張學良住地
　　未知可為暴徒襲劫否？應加注意。對美領事，務須確實聯繫，勿生惡
　　感。美大使已訓令其改變態度與方鍼，勿袒護暴徒矣。此時惟有先圖
　　鞏固台與基隆區域之守衛，尤應注重港口碼頭機場之切實掌握，其次
　　為該區內鐵路與公路之維持，則情勢雖甚險惡，自不難漸次恢復。惟
　　應堅定忍耐，勿急勿餒，靜鎮慎守，則幾矣。所有各地武器，應即準
　　備燬滅，萬勿為暴徒奪取，徒貽後患。台北附近如有存砲，應即撥交
　　第廿一師特務營與憲兵營編組砲兵使用。凡在台北基隆公務員，均應
　　集中編隊與裝備以應急，務求自衛也。餘屬劉師長轉〔按原字模糊不
　　清，或為「轉」字〕達勿贅　順頌戒祉　中　手啟　九時〔註144〕

〔註141〕《資料選輯（二）》，頁113、125～128。
〔註142〕《蔣中正日記》，1947年3月9日記云：「晚與健生談臺灣與華北情形。」
〔註143〕《蔣中正日記》，1947年3月9日記云：「朝課後寫公俠信，召見劉雨卿等指
　　　　　示到臺灣後之方針與部署畢。」另見《事略稿本》，1947年3月9日條。
〔註144〕此信函未收入現今出版的任何一種二二八事件檔案史料彙編，乃筆者由《蔣
　　　　　中正總統文物‧特交檔案》中的《手令登記簿》蒐得。參見《蔣中正總統文

於此信函，我們可以看到蔣中正認知的二二八事件有多麼嚴重，情勢非常險惡，不派兵不能有根本解決。蔣如臨大敵地向陳儀指示處理辦法，要陳儀「堅定忍耐，勿急勿餒，靜鎮慎守」。函中亦可看到蔣關懷美國駐臺領事之觀感，推知美國態度亦對蔣派兵有一定影響。〔註145〕

　　3月10日一早，蔣中正獲報，得知增援臺灣之先遣部隊已由基隆登陸調運臺北，「可知鐵路尚能掌握也」。〔註146〕其後蔣於南京舉行的總理紀念週，首次公開發表關於二二八事件的談話。〔註147〕此「即席宣示」的談話內容，〔註148〕多少透露決定派兵來臺的心路歷程：

> 去年收復臺灣以後，中央以臺灣地方秩序良好，故未多派正規軍隊
> 駐紮，地方治安悉由憲警維持……惟最近竟有昔被日本徵兵調往南
> 洋一帶作戰之臺人，其中一部分為共產黨員，乃藉此次專賣局取締
> 攤販乘機煽惑，造成暴動，並提出改革政治之要求……陳儀長官秉
> 承中央指示，已公開宣布定期改設省政府，取消長官公署，並允於
> 一定期限內，實施縣長民選，臺省同胞對此皆表示歡欣，故此次不
> 幸事件，本已可告一段落。不料上星期五（七日）該省所謂「二二
> 八事件處理委員會」突提出無理要求，有取消臺灣警備司令部，繳

物・特交檔案》，典藏號：002080200587001。

〔註145〕關於國際勢力對蔣中正處置二二八事件之影響，限於篇幅，筆者暫不詳論。相關研究可參見陳翠蓮，《派系鬥爭與權謀政治：二二八悲劇的另一面相》，第6章：外國勢力與二二八事件，頁391～441；戚嘉林，《台灣二二八大揭秘》（臺北：海峽學術出版社，2007），第八章：日人設陷世紀糧荒陰謀與美國特務顛覆，頁225～254。朱浤源、黃文範，〈葛超智在二二八事件中的角色〉，收入許雪姬主編，《二二八事件60週年紀念論文集》（臺北：臺北市政府文化局、臺北二二八紀念館，2008），頁423～462；王呈祥，〈揭開葛超智與二二八事件之謎（上）〉，《海峽評論》119期（2009，臺北），頁53～57；王呈祥，〈揭開葛超智與二二八事件之謎（下）〉，《海峽評論》120期（2009，臺北），頁58～60。

〔註146〕《蔣中正日記》，1947年3月10日。

〔註147〕時任臺北美國領事館副領事之葛超智（George Kerr）謂此段蔣氏聲明其後印製成傳單，於3月12日空投臺灣各主要城市。參見葛超智著，陳榮成譯，《被出賣的臺灣》（臺北：前衛出版社，2007），頁302。空投發送文告之事亦可見〈臺灣旅京滬七團體請願代表團呈立法院陳情書〉，《立法院檔案》，收入侯坤宏、許進發編，《二二八事件檔案彙編（一）——立法院、國家安全局檔案》（臺北：國史館，2002），頁31。

〔註148〕《事略稿本》編者謂此談話為蔣中正主持中樞擴大紀念週之「即席宣示」。參見《事略稿本》，1947年3月10日條。

卸武器由該會保管、並要求臺灣陸海軍皆由臺灣人充任，此種要求
已逾越地方政治之範圍，中央自不能承認，而且日昨〔3月9日〕
又有襲擊機關等不法行動相繼發生，故中央已決派軍隊赴臺，維持
當地治安。〔註149〕

配合上文整理的蔣中正所見資訊，可知蔣於此文告將所認知的二二八事件性
質，做出坦白簡略之表示，非僅虛偽之官樣文章。其認定的事件發生原因，
在共黨煽惑；而派遣軍隊之原因，一為二二八事件處理委員會之無理要求，
另一為攻擊政府機關之行動又相繼發生。論者謂二二八事件處理委員會只是
提出「要求」，中央儘可不予答應，何以逕將「要求」視作「叛亂」？且蔣
「日昨又有襲擊機關等不法行動相繼發生」之說極為荒唐，蓋派兵在先（蔣
氏5日已派兵）而襲擊機關事（9日）在後，後事豈可成為前事之因？〔註150〕
事實上，蔣不僅是因二二八事件處理委員會之三項不合理要求而派兵，時情
報顯示「如中央對台灣使用武力，台灣可立刻組成大軍抵抗」等混亂情況。
〔註151〕亦即，蔣獲得的資訊意含著中央若不答應臺灣方面的提議，更大規
模的暴動將會發生。對蔣來說，處委會此舉已不僅僅為「要求」，而是以暴
力脅迫中央，故視之為「叛亂」。而「日昨又有襲擊機關等不法行動相繼發
生」之說是否荒唐，為蔣鎮壓人民之藉口？9日陳儀呈蔣之寅佳午電，謂是
日政府機關為暴徒襲擊，乃有蔣之此說。而蔣是否將後事逕作前事之因？細
察蔣氏語意，他是說「日昨『又有』襲擊機關等不法行動相繼發生」，亦即
渠派兵不僅僅是因為9日之襲擊，而是事變以來臺灣情勢仍未穩定，故必須
派兵增援。原本在蔣看來，事件已漸平息（5日前，詳前文論證），乃有蔣之
談話「故此次不幸事件，本已可告一段落」之說。而今事件的確擴大（6日
以來之情報，讓蔣有如是認定），〔註152〕蔣乃謂「日昨〔3月9日〕『又有』
襲擊機關等不法行動相繼發生，故中央已決派軍隊赴臺」，派兵性質轉為積

〔註149〕《大公報》，1947年3月11日，第2版。蔣3月10日的發言稿在當晚有做
　　　　過修改，吾人所見應為修改稿。《蔣中正日記》，1947年3月10日記云：「到
　　　　紀念周後指示臺灣現狀與政府方針。召見十人，回寓記事。晚課後修正講稿。」
〔註150〕李筱峰，〈蔣介石與二二八事件──兼論其責任問題〉，頁464。
〔註151〕見前引〈中統局及張鎮呈蔣主席三月八日情報〉，《檔案彙編（十七）》，頁177。
〔註152〕時任陸軍大學校長的徐永昌，3月11日日記有云：「台灣事件平靜五日後，
　　　　八日下午又死灰復燃」，亦認為二二八事件有所轉折。參見中央研究院近代史
　　　　研究所編，《徐永昌日記》（臺北：中央研究院近代史研究所，1991），冊八，
　　　　頁391。

極投入平亂。5 日之派兵（步兵一團、憲兵一營），〔註153〕與其後之增援（7日增至整編第二十一師師部、直屬部隊，與第一個團），〔註154〕性質並不相同；前者重防亂、肅奸，後者重平變。蔣中正發言於總理紀念週的這段談話，著重在將近一、二日所獲知的情報做一簡單陳述，應未想要將派兵時的心路歷程做一既精確又詳細之交代，也非宣讀研究論著，〔註155〕故略去先前所獲知的訊息、所思慮的想法。其說或過於強調近日之思想、情報，或疏漏而不完整。〔註156〕未料日後史家竟以放大鏡檢視這一段「即席宣示」，以其中不詳盡之言語判其不合邏輯，視為荒唐。

第五節　小　結

在二二八事件發生前，蔣中正面臨的政治情勢是共黨勢張，國軍在國共內戰中失利，以及金融紊亂，政府因之改組的情況。事件發生之後，陳儀指出此事為共黨煽惑導致，遂成為蔣處理此事之基調。既然蔣認為事件和共產黨有關，要面對的假想敵便是能和其在整個中國大陸分庭抗禮的強大勢力，蔣當希望在事件無法收拾之前，迅速消滅共黨，而即便不動用軍隊，先遣軍隊赴臺防備，待機肅奸，不失為一合理選擇。於是在中統局報告事件擴大及

〔註153〕〈蔣主席致陳儀三月微電〉，《檔案彙編（十七）》，頁 115～116。
〔註154〕〈蔣主席致陳儀三月虞電〉，《檔案彙編（十七）》，頁 147～148。至 3 月 10日，合計增援憲四團之一營、憲二十一團之一營、二十一師師部、二十一師一四六旅（以上參謀總長陳誠稱為「一次增援」）、憲兵一營、二十一師一四五旅（以上為「二次增援」）。其後蔣尚欲增調駐曲江之二〇五師，3 月 13 日陳儀以駐臺兵力已敷使用，為免影響國內軍事，請部隊免調臺灣。參見《檔案彙編（十七）》，頁 212、250。
〔註155〕蔣中正的演講有秘書人員幫忙寫稿，據曾任蔣貼身醫官的熊丸回憶：「委員長〔蔣中正〕要對外發表演講或文章，習慣上都先把布雷先生〔按，蔣的文膽陳布雷〕叫進去，給他一些小條子，上頭寫的都是委員長所『想表達的意思』，加以解釋後便交由布雷先生將其寫成文章。」參見陳三井訪問，李郁青紀錄，《熊丸先生訪問紀錄》，頁 57。可由此知曉蔣演說稿撰成的過程，亦可知蔣只想說他「想表達的意思」，而非欲宣讀前後連貫、論證詳密的研究論著。
〔註156〕陳儀寅庚電（3 月 8 日）謂：「昨〔7〕日午後七時（二二八事件處理委員會）代表十五人來見，欲提出政府各地武裝同志應交出武器，警備司令部須撤銷，陸海空軍人員一律用本省人，由處理委員會接收長官公署等『四項』要求。職不與討論，即嚴詞訓斥……〔軍隊〕開到台北，即擬著手清除奸匪判徒，決不容其遷延坐大」，提及「四項」要求，而蔣之談話僅提及「三項」要求，顯示蔣談話之不完整。參見《檔案彙編（十七）》，頁 175。

陳儀兩次請兵之後，有 3 月 5 日的派兵之舉。

　　蔣中正在決定派兵（5 日）到軍隊抵臺（9 日）之間所獲得的資訊，仍多是共產黨作亂，不同於前的（5 日之前），是臺灣局勢愈趨緊張。今日研究已明確指出，甫建立不滿一年的中共臺灣地下黨，黨員數極少，缺乏社會基礎。亦即，共產黨煽動並非二二八事件發生的主因。〔註157〕但蔣所獲得的情報卻不是如此，臺灣省行政長官陳儀和中統局、李翼中等的報告，都足以使蔣認定二二八事件是「奸黨」（中共）在作亂。臺變爆發原因之一在行政失當，透過中統局、李翼中、國防最高委員會等的報告，蔣可以聞知，但資訊呈現的是「奸黨」煽動那些因行政失當而不滿政府的人民，使事件擴大。蔣以是不可能因為知道事發原由在政府失政而停止派兵，反倒該加速派兵，以徹底肅清煽動作亂的「反動分子」，讓變亂早日平息。

　　本章之論證重點在何以在反對派兵的輿論之下，蔣中正仍執意派兵？原因在於反對派兵的種種言論，在國民政府體制制約之下，於事件初期能令蔣聞知的並不多；所謂「蔣介石掌握事變中的各種資訊」即便真確，〔註158〕軍政機關支持派兵的資訊與民間反對派兵的言論也不成比例。或謂在 5 日時，臺灣各地秩序已漸漸恢復，「蔣介石卻聽信陳儀及在台情治人員的一面之詞，貿然派兵來臺」。〔註159〕從本章的討論來看，蔣的資訊來源最主要就是陳儀以及在臺情治人員，在「大部分」只能接受到「一面之詞」的情況下，以為共黨居間作用，為免情勢更加危急，「貿然派兵來台」恐怕是有心維護政權的執政者都會做出的決定。而即便蔣能知道更多和陳儀、中統局等所言不同的消

〔註157〕 戴國煇、葉芸芸，《愛憎二・二八——神話與史實：解開歷史之謎》（臺北：遠流出版事業股份有限公司，1992），頁 261～262。當時和臺共謝雪紅有接觸的古瑞雲曾回憶到：「說共產黨發動二二八，無此可能。因那時共產黨很被動，未準備，事情發生後，要武裝起義皆來不及。所以在事件發生後，才派人祕密連絡。」時為新聞記者的吳克泰云：「我可以肯定，中共事先並不知道要發生二二八，事先沒有任何佈置，直到事件發生後兩天都未能聯繫上。」參見魏永竹、李宣鋒主編，《二二八事件文獻補錄》，頁 49、77。「二七部隊」隊長鍾逸人則謂：「事先沒有任何計劃，是被環境所迫，否則二月二十七日事件已發生，為何延至三月四日才成立二七部隊？」參見許雪姬訪問、紀錄，〈鍾逸人先生訪問記錄〉，《口述歷史》3 期（1992，臺北），頁 46。或參見鍾逸人，《辛酸六十年》（臺北：前衛出版社，1993 新增訂版），頁 461～489。其他相關回憶參見葉芸芸編，《證言二・二八》（臺北：人間出版社，1993 二版），頁 33～40、70～80、158～161。

〔註158〕 張炎憲等執筆，《二二八事件責任歸屬研究報告》，頁 149。

〔註159〕 李筱峰，〈蔣介石與二二八事件——兼論其責任問題〉，頁 461。

息，在國共內戰的局勢之中，其很難置共產黨可能在臺灣引起巨大騷亂的信息於不顧；以蔣立場言之，派兵來臺，是爲較佳選擇。至於何以蔣從軍政機關接收到的資訊會和民間訊息有如此巨大落差？陳俐甫整理、收集二二八事件史料之心得有謂：

> 以新竹市爲例，二二八事件時各地區的民眾暴動及官民衝突情形，在各級政府機關均有檔案收存。如警備總司令部有陳儀接獲的報告電文……均爲新竹市政府所發……而新竹市政府上呈的報告其實是由新竹市警察局局長陳鼐的報告修改而來的，而新竹市警局局長的報告又是其下屬文案所擬的，根據各地區、各單位之回報而成的……此報告內容經層層上轉，多次修改，不只是語氣愈是上呈，愈是強調民眾是窮凶惡極的暴徒，警憲人員、外省民眾的可憐和盡職，在內容中亦不斷減少民眾死傷人數。〔註160〕

可知身爲整個行政體系最頂端的蔣，接收到之訊息必定被扭曲得最爲嚴重；蔣當是在這種訊息影響之下，做出自以爲適宜的決定。

本章以蔣中正之派兵決策爲議論主軸，亦附帶處理一些事件相關問題，結論如下：

其一、查閱檔案中的電文譯出時間記錄可知，蔣中正獲知事變爆發之時間點，並非2月28日當天，應爲次日的3月1日。

其二、柯遠芬回憶蔣中正在事發當日晚間，曾空投手諭詳示臺變處理原則，筆者論證此事疑點甚多，應當存疑，不可視爲定說。

其三、關於陳儀請兵之時間點，學界出現三種說法。一說採用柯遠芬、何漢文的回憶，認爲陳儀3月2日請兵；〔註161〕一說陳儀於3月4日夜才向蔣請兵鎮壓；〔註162〕另一說查考陳儀呈蔣電文，指出蔣中正在決定派兵之前（3月5日前），陳儀皆未請兵。〔註163〕筆者深究陳儀呈蔣寅支電（3月4日）內容之後，發現陳儀先前的確以現今不存的寅冬電（3月2日）請兵；陳儀確

〔註160〕陳俐甫、夏榮和、林偉盛譯，《台灣‧中國‧二二八》（臺北：稻鄉出版社，1992），頁246。

〔註161〕如張炎憲等執筆，《二二八事件責任歸屬研究報告》，第4章：臺灣軍政層面的責任，此章由陳翠蓮執筆，頁203～204。

〔註162〕褚靜濤，《二二八事件研究》（北京：社會科學文獻出版社，2012），頁383。

〔註163〕如黃彰健，《二二八事件眞相考證稿》，頁209～218。傅玉能，〈「二二八」事件中國民政府派兵問題再探討〉，頁43～45。黃富三，《二二八事件的鎮壓與救卹——二二八事件檔案專題選輯》，頁3～4、185。

切請兵之時間點，如柯氏、何氏所言，該當為 3 月 2 日。

其四、關於蔣中正調派軍隊的時間點，學界眾說紛紜，莫衷一是。有謂事變爆發的 2 月 28 日，蔣便派兵；〔註164〕有謂 3 月 3 日蔣氏派兵；〔註165〕有謂蔣至遲在 3 月 5 日派兵。〔註166〕根據本書討論，蔣派兵之時間點，應是 3 月 5 日。

其五、陳儀 3 月 6 日呈蔣信函說事發以來發「兩電」報告，此「兩電」究竟為何？筆者推論這兩電為寅冬電（3 月 2 日）與寅支電（3 月 4 日），而報告事發的丑儉電（2 月 28 日）不計。

分析蔣中正的派兵決策，吾人或可指責蔣政權是時以國共內戰中殲滅共黨為最大的目標，國利民生、人民哀願為其次要考量；二二八事件之派兵為一例，戰後蔣氏主持國共內戰，致使大量軍民死傷，並造成嚴重通貨膨脹，民不聊生，〔註167〕為另一顯例；對蔣知之甚深的張學良，亦指責蔣只想保全他的政權。〔註168〕不過，站在蔣或是國家最高領導人的角度來說，維護政權本是天經地義的事。以此立場言之，派兵決策毋須苛責，也不可稱率爾、魯莽；蓋臺省若真有共黨煽惑導致暴亂，延遲派出軍隊，事變必益加嚴重，甚至到無法收拾之地步。吾人亦可從中指責蔣聽信軍政機關一面之辭，置民間信息於不顧，聽聞騷動發生便斷定幕後必有中共在背後蠱惑、操縱；蔣對二二八性質之認知為一例，戰後處置此起彼伏的學生運動為另一顯例。〔註169〕不過，軍隊登陸前，由於政府文書有其處理時間、程序，請願文電發生延遲上呈或下級代辦的情形。蔣若欲接收民間訊息，只能透過報刊、廣播，或軍政人員轉述。在此情狀之下，軍政機關資訊與民間消息不成比例，蔣便

〔註164〕林德隆，《二二八官方機密史料》，導讀，陳芳明執筆，頁 13～14。

〔註165〕二二八事件研究小組，《二二八事件研究報告》，頁 203～204。

〔註166〕陳儀深，〈豈只是「維持治安」而已——論蔣介石與台省軍政首長對二二八事件的處置〉，頁 152～153。陳儀深此文對蔣派兵時間點之各種說法，有極為明晰的整理。

〔註167〕如大陸學者金冲及便提到蔣發動內戰造成嚴重的通貨膨脹，參見金冲及，《轉折年代——中國的 1947 年》（北京：三聯書店，2002），頁 178。

〔註168〕張學良口述歷史說到：「在蔣先生心理，他〔的〕第一敵人是共產黨……能保持他〔的〕政權，他什麼都……所以他的最大的敵人是共產黨，只有共產黨能把他弄倒。」參見林博文，《張學良、宋子文檔案大揭秘》（臺北：時報文化出版公司，2007），頁 27。張學良對蔣其他評述，參見張學良口述，唐德剛撰寫，《張學良口述歷史》（北京：中國檔案出版社，2007），頁 123。

〔註169〕如 1945 年 12 月 1 日發生在雲南昆明的「一二·一慘案」。參見楊奎松，《國民黨的聯共與反共》（北京：社會科學文獻出版社，2008），頁 550～580。

依所知信息做出其認爲合宜的處置；此情不可謂蔣偏狹，而可謂受環境制約。〔註 170〕

　　對於二二八事件蔣中正的派兵決策，站在受害臺民立場，蔣之措置眞可謂倒行逆施，事變元凶；站在政府最高領導人立場，則可稱維護政權，謬在時勢。二二八事件已過去一甲子，對蔣的派兵決策，吾人不可歌功頌德，也不可一味指責其失。要之，蔣當時面對的是整個中國紛亂的局勢，只能依其較可掌握的情報來源（軍政人員、情治單位等），受其導引，在有限時間內做出決策。此決策因著環境，深陷於國共內戰的框架之中；蔣便在他難以突破的歷史限制（包括其對中共特別敏感的性格）之下，做出了派兵決策。

〔註 170〕誠然，吾人尚可指責蔣氏「獨裁專制」，導致高高在上，下情無法上達。然蔣個人獨裁除導因於主觀意志之外，亦有處理危局之政治需求、行政系統之不完整、中央黨部權威缺失等等客觀因素，不宜一味以蔣嗜權攻訐。參見劉大禹，〈論蔣介石個人權威形成的制度因素（1931～1935）——從責任內閣制到集權政治〉，《社會科學輯刊》1 期（2009，瀋陽），頁 112～118。傅春楊，《民國時期政體研究（1925～1947）》（北京：法律出版社，2007），第四章：政體蛻變——國民黨黨國體制的衰落，頁 175～209。

第三章　縱容屠殺？

　　關於二二八事件中的傷亡人數，當時的官方正式報告與各界估計差距甚大，已有多位學者投入研究，但至今仍眾說紛紜，莫衷一是。﹝註1﹞既然二二八事件對臺灣社會造成長期傷痛，影響不小，依此推測傷亡人數不會太少；﹝註2﹞亦即，恐有規模或大或小的屠殺、濫殺情事。﹝註3﹞本章非欲探索二二八事件傷亡人數究竟為幾何，而欲處理其中的蔣中正縱容屠殺問題，即欲嘗試解決蔣是否「默許」或「暗中指使」軍政人員任意逮捕，槍殺無辜？

　　李筱峰深論後之結語謂：「這些不勝枚舉的台灣各地的社會菁英，幾乎在3月9日以後一個月中被捕遇害。他們絕大部分都未涉及暴動，但卻無故遇害……顯然這些人不是被誤殺的，因為不可能在幾乎相同的時間裏有那麼多社會菁英人士會如此「巧合」被誤殺，足見那是一場有計畫的謀殺。問題是，誰有那麼大的權力和膽量敢決定這種大規模的政治謀殺與整肅？」李氏續稱，蔣雖曾嚴令禁止軍政人員施行報復，但「沒有人因濫捕、濫殺、施行報復而遭追訴」。乃直指蔣就是幕後指使者，其「縱容地方上的軍憲特務，濫捕濫殺；而於血腥整肅之後，不但沒有懲凶糾謬，反而獎惡賞瀆」。﹝註4﹞張炎

﹝註1﹞參見二二八事件研究小組，《二二八事件研究報告》（臺北：時報文化出版公司，1994），頁259～363。

﹝註2﹞近來學者朱浤源提出二二八事件傷亡人數為673人，此數字較過去學者提出的低很多，然事變有數百人被殺，嚴重性仍不容忽視。朱浤源，〈二二八事件真相還原〉，《海峽評論》206期（2008，臺北），頁55～57。

﹝註3﹞例見陳儀深，〈族群衝突、官逼民反與報復屠殺──論二二八事件的性質定位〉，收入二二八事件紀念基金會主編，《二二八事件60週年國際學術研討會：人權與轉型正義》（臺北：二二八事件紀念基金會，2007），頁8-15～8-20。

﹝註4﹞李筱峰，〈蔣介石與二二八事件──兼論其責任問題〉，收入張炎憲等編，《二

憲則謂：「蔣介石擔任國民政府主席，是國家最高領導人，掌握黨政軍特大權……唯有他的默許，軍隊才敢任意逮捕，不經審判，槍殺無辜；且事件之後，軍政首長無一受到懲處，反而擢升。因此，蔣介石是事件元凶，應負最大責任。」〔註5〕依照二位方家及其他持相似看法學者的見解，許多臺灣菁英在二二八事件中付出生命財產的代價，實為蔣有意為之。〔註6〕業餘歷史學者武之璋則抱持相反看法，他指出：「以目前的資料，以及蔣的性格作風，都不能證明蔣曾下令或縱容大屠殺。……二二八結束以後沒有處分任何官員等，都屬於歷史解釋的問題。」〔註7〕武氏引用檔案史料而有此說，惜未做更深入的論證。翻閱相關研究，究竟孰是孰非，仍未有定論；兩造說法皆依據史料做為佐證，益難辨是非。

關於蔣中正是否縱容屠殺的問題，如上所述，有多位學者投入分析，但卻未見以此為題的研究論文。研究者或將這個課題視作二二八事件研究之旁支，將相關軍政人員之舉措一律歸於蔣之指示；或將此作為蔣與二二八事件研究的一部分，附帶提及。本章欲以此為題，將焦點集中於蔣本身，在其面臨的政治情勢之下，深入分析蔣所能獲知的資訊及所下的指令，探索蔣可能的心理狀態，再討論其是否縱容屠殺？若然，緣故為何？其中和相關軍政人員之獎懲是否有所聯繫？

第一節　事件期間蔣面臨的政治情勢

可以肯定，蔣中正在二二八事件發生 5 日之後，已將極大注意力投注於此，然絕不可忽略當下之政治情勢對其處理事變之影響。本節欲以此為中心，探索事件期間的時事、對蔣的影響，以進一步推斷蔣對臺變之態度。

蔣中正於 1947 年 3 月杪之「本月反省錄」記云：

一、本月軍事、外交、經濟、政治各重要問題，叢集紛乘，實為最

二八事件研究論文集》（臺北：財團法人吳三連臺灣史料基金會，1998），頁466～467。

〔註5〕張炎憲等執筆，《二二八事件責任歸屬研究報告》（臺北：財團法人二二八事件紀念基金會，2006），頁476～477。

〔註6〕曾慶國引用檔案史料，亦認定蔣中正密令屠殺。參見曾慶國，《二二八現場：劫後餘生》（臺北：臺灣書房出版有限公司，2008），頁207～219。

〔註7〕武之璋，《一甲子迷障：二二八真相解密》（臺北：風雲時代出版公司，2007），頁70～71。

危急之一月，幸皆安然渡過。此雖由於余竭盡心力有以使然，
如非仰賴彼蒼護持，實亦未易致此也。

二、奸黨之老巢延安，固世界所視爲赤都者，而竟於其謀叛二十週
年之前夕，爲我胡宗南部克復，亦云幸矣。

三、台灣全省各縣市爲暴徒、奸黨脅制叛亂，情勢嚴重已極，幸能
如期處理，次第平復。東北戰事雖屢瀕於危，茲亦勉強恢復原
有態勢。俄共以襲陷我長春，爲其外長會議期間干涉我內政之
陰謀，完全粉碎矣。

四、莫斯科美英法俄外長會議，俄共首提中國問題列入議事程序，
情勢已相當險惡。幸美國馬歇爾國務卿能實踐諾言，不爲所動，
致俄共原視爲導致國際干涉中國之良機，以遂行其支持奸黨奪
取政權之詭計者，茲已成爲泡影矣。

五、子文辭去行政院長，職務由余暫行兼攝，經濟政策亦澈底改正，
美金公債如期發行，此乃穩定政治經濟之重要步驟也。

六、三中全會如期舉行，會議之始，雖同志間意見紛歧，然結果則
尚屬圓滿。國府設副主席案，亦已通過矣。

七、各黨派對參加政府事，因波折迭生，仍未達成協議，引以爲
恨。然本相忍爲國之義，當繼續折衝之也。〔註8〕

其第一項發表 3 月以來之感想，指出月來國政上遭逢種種困難，幸皆安然度
過。第二、三、四項皆和共產黨有關。第五、六、七項則涉及政府改組事宜。
可知當時蔣中正最爲關懷之事，一爲國共內戰問題，另一爲政府改組事宜，
茲分述如下：

一、國共內戰

3 月的第一個星期，蔣於「上週反省錄」謂：

華北延安共禍正熾……東北戰局勝利，雖暫獲轉危爲安，但其他經
濟、政治、外交問題，皆未能如期解決，亦無進步，時有一蟻潰堤
之虞……對收復延安與泰安之計畫，則已決矣……俄國對旅大事，
雖在美國壓力下，形式上已不能不交還我國，但在接收上將又增加

〔註8〕　《蔣中正總統文物・事略稿本》（臺北：國史館藏），1947 年 3 月 31 日條。以
下概以《事略稿本》簡稱之。

我政府之困難矣。〔註9〕

可以看到，蔣正爲中國共產黨和蘇聯所擾。既然蘇聯有「干涉我內政之陰謀」，意欲「遂行其支持奸黨〔中共〕奪取政權之詭計」，〔註10〕對蔣來說，蘇聯在東北局勢之影響、外交舞臺的運作，和中共息息相關。亦即，蔣處理國共內戰，實包括兩個層面，一爲蘇聯在外交、東北支持中共，另一爲中國共產黨在國內奪權。

（一）和蘇聯的交涉

外交方面，時美國、英國、法國、蘇聯在莫斯科召開四國外長會議，蘇聯外長莫洛托夫（Vyacheslav Mikhailovich Molotov）於 1947 年 3 月 11 日建議將中國問題列入議程。蔣中正堅決反對此議，認爲此乃俄共干涉中國內政，以扶植中國共產黨之陰謀，遂指示外交部發表聲明，嚴正反對。幸其後美國國務卿馬歇爾（George Catlett Marshall）發表聲明，拒絕蘇聯之建議，方令蔣鬆了一口氣。〔註11〕月底，美國代表在外長會議提議，中國應以外長會議會員國之資格參與召集對德和會，爲蘇聯外長反對。4 月初，蘇聯莫洛托夫致函美國馬歇爾，要求美軍自中國撤退，意欲削弱美國在華勢力。〔註12〕

蘇聯在中國東北局勢的影響方面，二戰結束以來，蘇聯軍隊仍然占有旅順、大連。美國於 1947 年 1 月 4 日照會蘇聯，促其將大連交還中國。〔註13〕外交部長王世杰則於 1 月 26 日，和蘇聯大使彼得羅夫（Apollon Petrov）談判「中長鐵路及大連接收案」。3 月 7 日，蔣中正乃召見王世杰，商談收復旅順、大連事宜。〔註14〕3 月 25 日，參謀總長陳誠呈蔣一簽呈，研判蘇聯故做撤退姿態，實暗中做長期佔領之部署，結論謂：「大連之接收，尚非指顧間事也。」

〔註9〕 《事略稿本》，1947 年 3 月 9 日條。

〔註10〕 見前引蔣中正「本月〔3 月〕反省錄」。

〔註11〕 《事略稿本》，1947 年 3 月 11、12、14、17 日條。秦孝儀等編，《總統蔣公大事長編初稿》（臺北：中正文教基金會，1978），卷六，下冊，頁 401～403、405～406。以下概以《長編初稿》簡稱之。外交部長王世杰當時對四國外長會議之判斷、折衝，參見中央研究院近代史研究所編，《王世杰日記——手稿本》（臺北：中央研究院近代史研究所，1990），冊六，頁 7～8、23～24、41～44。

〔註12〕 《長編初稿》，頁 426～429。

〔註13〕 外交部長王世杰乃於 2 月 5 日答覆美方，告以中國政府將奮力排除「事實的障礙」以完成接收工作。參見中央研究院近代史研究所編，《王世杰日記——手稿本》，冊六，頁 19。

〔註14〕 《事略稿本》，1947 年 3 月 7 日條。

〔註15〕3 月 30 日，蔣召見東北保安司令長官部參謀長趙家驤，指示接收旅大準備事宜。〔註16〕4 月 10 日，蘇聯藉口「在對日作戰時，大連受旅順軍區之統制」，而拒絕中國軍隊接收旅大，並對其他相關事宜多所限制。王世杰因之發表聲明，嚴正駁斥。〔註17〕

（二）和中共的對決

　　時國共內戰愈益激烈，在中原、東北、西北皆開闢戰場。

　　中原地區方面，2 月底山東萊蕪戰役國軍失利以後，蔣中正於 2 月 28 日接見參謀總長陳誠、陸軍總司令顧祝同，研討撤銷徐州、鄭州兩綏靖公署及澈底肅清魯中共軍之計畫。〔註18〕3 月 3 日，蔣決定調整戰鬥序列，撤銷徐州綏靖公署，以陸軍總司令部分設徐州司令部及鄭州指揮所，由陸軍總司令顧祝同統一指揮。〔註19〕3 月 13 日，因共軍陳毅、劉伯承部正用兵於山東戰場，賀龍部亦作戰他處，蔣指示北平行轅主任李宗仁、保定綏靖公署主任孫連仲，配合新抵戰場的傅作義部，索求擊殲孤立於平、津、保、綏的聶榮臻部。〔註20〕3 月 14 至 31 日，蔣連電顧祝同等將領，指示戰機。〔註21〕至 4 月 1 日，國軍克復泰安，打通津浦鐵路。〔註22〕4 月 3 日，國軍於豫北擊退共軍劉伯承部。〔註23〕

　　東北方面，2 月 26 日蔣中正得報，東北共軍發動大規模攻勢。蔣認為共軍於此時發動攻擊，有其陰謀，自記曰：「在魯戰如此危急之際，東北頑『共』復突向長春傾巢來犯，此顯係與俄共合力通謀，企圖在三月十日莫斯科四國外長會議以前，侵佔長春、吉林，以為其提倡各國共同干涉中國內政之張本。」〔註24〕此後蔣雖曾獲國軍捷報，然東北局勢仍未穩定。3 月 15 日，蔣於日記云：「東北之共匪自八日起又向小松花江南岸回竄，可知其主力尚在西，未擊

〔註15〕　《蔣中正總統文物‧革命文獻》（臺北：國史館藏），典藏號：002020400002104。
　　　　　以下概以《革命文獻》簡稱之。
〔註16〕　《長編初稿》，頁 423。
〔註17〕　《革命文獻》，典藏號：002020400002108。
〔註18〕　《長編初稿》，頁 395。
〔註19〕　《長編初稿》，頁 397。
〔註20〕　《革命文獻》，典藏號：002020400017002。
〔註21〕　《革命文獻》，典藏號：002020400021018、002020400021022、002020400021023、
　　　　　002020400021025、002020400021028。
〔註22〕　《長編初稿》，頁 424～425。
〔註23〕　《長編初稿》，頁 426。
〔註24〕　《長編初稿》，頁 395～396。

破。上周所報大捷完全為前方之妄報也。」〔註25〕3月22日，蔣謂：「東北農安解圍，小松花江之敵，亦被擊退；唯輯安失陷，通化告急。東北軍事局勢，仍未安定也。」〔註26〕

　　西北方面，3月1日蔣中正接見第一戰區司令長官胡宗南，研討攻取延安計畫。時延安為中共首邑，蔣乃謂：「此時行之，對政署、對外交，皆有最大意義也。」〔註27〕蔣所言對政略之意義，在於政府即將改組，包容社會各派，攻陷「赤都」可收極大宣傳之效；蔣所云對外交之意義，如前文所述，蘇聯在外交戰場上屢次為難中國，收復延安可使全球共產勢力為之一挫。3月3日，蔣於日記謂：「剿討延安時機已熟，不能再緩。」〔註28〕3月12日，蔣則謂：「美國在延安人員已於本日下午撤盡，則進剿延安乃可如期實施矣！」〔註29〕3月19日，蔣接獲胡宗南部克復延安城區之報，為之大慰，〔註30〕是日日記遂記曰：「本日十時半國軍克復延安城區，十一年來共匪禍國殃民之根深蒂固老巢剷除於一旦，為國為黨雪恥復仇之願已償其半矣。此後，國內共匪已失憑藉，所有戰略與政略據點皆已剷除淨盡矣，感謝上帝，洪恩保佑中華！」〔註31〕蔣對此「大捷」之喜悅，躍然紙上。其後蔣電胡宗南迅即恢復地方秩序，撫慰民眾。〔註32〕

　　時國軍雖有西北胡宗南部克復延安之「大捷」，然華北、華中、東北等地戰局，仍未明朗。4月19日，蔣記曰：「軍事上，石家莊形勢漸穩，而豫北又遭挫折……此均應特加注意者也。」〔註33〕4月26日，蔣謂：「蒙陰新泰未能如期克復，而泰安失陷，晉南永濟又復情況不明，各方軍事進展如此，殊足憂慮也。」〔註34〕國共內戰對蔣之深刻影響可見，蔣在此思想脈絡之下，亦認定臺灣二二八事件和共產黨不脫關係。其於「本月〔3月〕反省錄」（詳前）謂：「台灣全省各縣市為暴徒、『奸黨』脅制叛亂，情勢嚴重已極，幸能如期

〔註25〕《蔣中正日記》，1947年3月15日「上星期反省錄」。
〔註26〕《事略稿本》，1947年3月22日條。
〔註27〕《事略稿本》，1947年3月1日條。
〔註28〕黃清龍，〈老蔣228日記曝光　三批陳儀無能〉，《中國時報》，2008年7月21日，A6版。
〔註29〕黃清龍，〈老蔣228日記曝光　三批陳儀無能〉。
〔註30〕《事略稿本》，1947年3月19日條。
〔註31〕黃清龍，〈老蔣228日記曝光　三批陳儀無能〉。
〔註32〕《事略稿本》，1947年3月21日條。
〔註33〕《事略稿本》，1947年3月19日條。
〔註34〕《事略稿本》，1947年3月26日條。

處理，次第平復。」〔註35〕可以看到，即便到了 3 月底，蔣仍認定二二八事件為共產黨造成。或謂蔣自記及臺變中往來電文所言「奸黨」不一定指共產黨。查蔣自記謂「台灣全省各縣市為暴徒、『奸黨』脅制叛亂……俄共原視為導致國際干涉中國之良機，以遂行其支持『奸黨』奪取政權之詭計」，引文第二個「奸黨」確為中共，同一則自記兩個相同詞彙「奸黨」連用，知第一個「奸黨」亦指中共無疑。3 月 10 日，蔣在南京總理紀念週首次公開發表關於二二八事件的談話，亦直指共產黨員藉專賣局取締攤販，乘機煽惑，造成暴亂。〔註36〕確知蔣始終將二二八事件視作共黨作亂，也因之影響其對事件之態度、處置。

二、政府改組

　　1947 年 3 月 1 日，行政院長宋子文以金融問題辭職，院長職由蔣中正暫兼。時中華民國憲法已於是年元旦公布，預計 12 月 25 日實施。在此行憲過渡期間，政府為推進憲政實施之準備工作，乃增設民意代表機關（立法院、監察院、國民參政會）之員額，欲延攬各黨各派、社會賢達共同參與之。國民政府委員會、行政院等行政機關，亦積極辦理改組事宜。〔註37〕3 月 4 日，行政會議議決最高經濟委員會改為全國經濟委員會，以蔣中正兼任委員長。〔註38〕5 日，蔣邀約民社黨人士張君勱、徐傅霖及青年黨人士左舜生、余家菊等交換政府改組意見。〔註39〕15 日，中國國民黨第六屆中央執行委員會第三次全體會議於南京陵園開議，蔣於會中致詞，表示這次會議之目的在討論結束訓政，促進憲政。〔註40〕16 日，蔣記曰：「改組政府與行政院事，因民青兩黨猶在徘徊瞻顧中，未得具體結果也。」〔註41〕知政府改組事宜不甚順利。改組政府事宜有所周折，六屆三中全會開會過程亦然，蔣謂：「三中全會意見，錯綜紛紜，其涉意氣者，唯有置之已。」〔註42〕21 日，蔣召見陳布雷，研商民社、青年兩黨參加政府之基本原則。次日，陳布雷代表政府，與

〔註35〕　《事略稿本》，1947 年 3 月 31 日條。引號為筆者所加。
〔註36〕　《大公報》，1947 年 3 月 11 日，第 2 版。
〔註37〕　《長編初稿》，頁 396～397。
〔註38〕　《長編初稿》，頁 398。
〔註39〕　《長編初稿》，頁 398。
〔註40〕　《事略稿本》，1947 年 3 月 15 日條。《長編初稿》，頁 406。
〔註41〕　《事略稿本》，1947 年 3 月 16 日條。
〔註42〕　《事略稿本》，1947 年 3 月 22 日條，蔣中正自記「上週反省錄」。

民、青兩黨代表磋商政府改組後之施政綱領。〔註43〕24日，國民黨六屆三中全會閉幕。〔註44〕

　　蔣對邀請各黨各派參與政府，頗為積極，然時至3月底，事仍無所成。3月29日蔣自記曰：「民青兩黨以為美國希望我政府能於本月杪改組之故，至今尚未提出參加府院名單，殊非始料所及也。」〔註45〕可見蔣對此事之重視及憂慮。4月2日，蔣回鄉掃墓，其意不僅慎終追遠，亦有其他考慮。蔣謂：「民青兩黨至週末猶未提出參加政府名單，余此次回鄉掃墓，亦願其有從容考慮餘地也。」〔註46〕14日，蔣返抵南京。〔註47〕15日，蔣接見張羣、王世杰、陳布雷，垂詢與各黨派接洽改組政府之經過。16日，中國國民黨與青年黨、民主社會黨及社會賢達代表，簽訂共同施政綱領，蔣並接受民、青兩黨所提的國民政府委員名單。〔註48〕次日，國民黨中央常務委員會與國防最高委員會舉行聯席會議，選出新任中央行政長官，並修改國民政府組織法。〔註49〕18日，國民政府正式宣布政府改組結果。〔註50〕19日，蔣記曰：「各黨派府委名單提出、本黨府委與國府副主席、五院院長，半年來考慮未決之重要問題，亦已照所提名單通過。國防會之取消、政治會之成立，以及國府顧問名單之發表，政治又進入一新階段矣。」〔註51〕延宕許久的政府改組事宜，終於圓滿結束。

　　政府改組之事，時間和二二八事件相當，對蔣處理事變當有一定影響。是時蔣必須獲得社會上各黨各派之信任，這些「黨外人士」才可能應蔣之邀參加政府。無論是否出於真誠，蔣於此一時期對社會菁英意見應更為傾聽，展現親民形象，以獲取他黨支持。是以臺變發生以來，蔣或不致對臺灣民間的聲音視而不察，置若罔聞，更不至於參與對臺灣社會菁英之捕殺計畫。若當時蔣中正下令進行大規模政治謀殺與整肅行動，形跡敗露之後，其費盡心力的改組政府事宜便頓成泡影；若蔣真有意「屠殺」，應不至於此時點為之。〔註52〕

〔註43〕《長編初稿》，頁409～410。
〔註44〕《長編初稿》，頁411～421。
〔註45〕《事略稿本》，1947年3月29日條。
〔註46〕《事略稿本》，1947年4月6日條，蔣中正自記「上週反省錄」。
〔註47〕《事略稿本》，1947年4月14日條。
〔註48〕《長編初稿》，頁431、432。
〔註49〕《事略稿本》，1947年4月17日條。《長編初稿》，頁434。
〔註50〕《事略稿本》，1947年4月18日條。《長編初稿》，頁434～438。
〔註51〕《事略稿本》，1947年4月19日條。
〔註52〕或謂蔣中正亦曾不懼輿論，派遣特務暗殺當時的民主人士李公樸、聞一多。

第二節 事件中期蔣所獲資訊及其因應

臺灣省警備總司令部所著之〈臺灣省「二二八」事變記事〉，將事件爆發（2 月 28 日）至軍隊登陸前後（3 月 9 日）稱作「事變初期」；將軍隊登陸以至於全省秩序完全恢復（3 月 20 日）稱爲「事變中期」。〔註53〕本節以警總之時限區分爲準，仍以蔣中正爲核心，分析事件中期其所能獲知的資訊，並對其心態、決策做一探討。

一、民間請願資訊

在軍隊登陸前的這一段時間，許多臺灣相關人士上電蔣中正，指出二二八事件是陳儀失政，臺民反抗政府暴力所致；臺民無叛亂意圖，勿派大軍前來。這些民間請願資訊，無法第一時間讓蔣獲悉，〔註54〕直至 3 月 10 日以後，相關函電才呈給蔣知曉。檔案可見的民間上電，筆者整理如下。

3 月 9 日，臺中地區時局處理委員會呈蔣中正的寅佳電有云：

> 二二八事件省民同憤，各地發生衝突……查緝烟係一導因，實爲不滿政府而起。台民守法且具擁護中央之至誠，絕無排外心理，請速飭警備司令部停止行動，并速派大員來台處理。〔註55〕

可以看到，臺中地區時局處理委員會應已得知軍隊登陸臺灣，憂慮警總以之嚴厲處置臺民，乃呈蔣此電表達意見。此電延後二日才譯出，蔣應於 3 月 11 日以後才知曉。3 月 10 日，廈門臺灣同鄉會理事長廖崑維呈蔣的寅灰電有云：

> 台灣淪敵垂五十載，台胞無時不在擁護祖國。抗戰勝利，台省重光，詎料執行省政者施行失當，致有二二八慘案。台胞絕對擁護國府澄

聞一多的孫子聞黎明研究「李聞案」多年，指出蔣並非此案的真凶。參見國立西南聯合大學網站：施律，〈李聞兩公遭暗害 30 年後揪出主謀〉，http://www.luobinghui.com/ld/zx/wyd/jn/200607/14413.html, access 2012/12/12。此案實爲雲南警備總司令霍揆彰欲討好蔣中正，弄巧成拙所致。參見沈醉，《軍統內幕》（北京：文史資料出版社，1984），頁 341～344。

〔註53〕臺灣省警備總司令部，〈臺灣省「二二八」事變記事〉，收入魏永竹主編，《二二八事件文獻續錄》（南投：臺灣省文獻委員會，1995 修訂版），頁 414～417。

〔註54〕參見本書第二章的論證。

〔註55〕侯坤宏編輯，《二二八事件檔案彙編（十七）——檔案彙編（十七）》（臺北：國史館，2008），頁 227。以下筆者引用此書，編者省略，並概以《檔案彙編（十七）》簡稱之。

　　清吏治，伏乞鑒諒。〔註56〕

此則電文亦延了兩天才譯出，蔣應於 3 月 12 日之後獲悉。該電文向蔣道出二二八事件起因在行政失當，乞求中央澄清吏治。雖未明言，似有擔憂國軍登陸後會過於嚴厲處置臺胞之意。3 月 6 日，臺灣省參議會議長黃朝琴呈給蔣的寅魚電有云：

> 台北民眾暴動，實緣省署施政有失民心，積怨所致……外傳託治及獨立，並非事實，擁護中央熱誠如故……發事之初，民眾實激於公憤，作無計劃之暴動，現已組織化，萬一再受煽動，或對政治要求不能如願，將不可收拾……速決治台方針，簡派大員來台處理，以免事件擴大，貽笑外人。〔註57〕

此電延後了 6 天，文官長吳鼎昌才上呈蔣（3 月 12 日）。前述民間兩電僅延二日，何以議長黃朝琴的電文延滯更久？實則黃朝琴寅魚電之 12 日為「上呈」時間，而臺中地區時局處理委員會之 11 日、廖崑維之 12 日為電文「譯出」時間。電文若非被判緊急，則先交付相關人員擬定處理辦法後繕寫，〔註58〕再呈送給蔣批示，此間必將遷延數日，是以臺中處委會及廖崑維之電文，能否各於 11、12 日當天給蔣一覽，尚未可知，只能推論蔣應於這些日期「之後」過目。黃朝琴寅魚電明確指出，二二八事件是「省署施政有失民心，積怨所致」，要求中央儘速改革政治，以免事態擴大。3 月 15 日，臺灣旅平同鄉同學會呈蔣的電報有云：

> 請鈞座秉愛民之旨，萬不可以武力鎮壓台變。順從民意，從寬處理，釋放被捕台胞，圖事件之圓滿解決。台民實已不堪陳儀苛政，應將其撤職查辦，以謝台胞。民等誠不願故鄉變成焦土，臨電依依，伏乞鑒核。台灣省旅平同鄉會、台灣省旅平同學會，泣血頓首。〔註59〕

此電遲兩天譯出，蔣應是 3 月 17 日以後才看到。臺灣旅平同鄉同學會極力要求蔣不可以武力鎮壓臺胞，事件實導因於臺民反抗陳儀苛政；亦即，從事政治方面之革新，臺變便可圓滿落幕，毋須動用軍隊。電文末尾呈現旅平同鄉

〔註56〕《檔案彙編（十七）》，頁 244。
〔註57〕〈黃朝琴呈蔣主席三月魚電〉，《檔案彙編（十七）》，頁 247。
〔註58〕里凡，〈國民黨政府軍事委員會委員長侍從室沿革和文檔處理述略〉，《軍事歷史研究》3 期（2002，上海），頁 69～76。陳三井訪問，李郁青紀錄，《熊丸先生訪問紀錄》（臺北：中央研究院近代史研究所，1998），頁 55。
〔註59〕〈台灣旅平同鄉同學會呈蔣主席三月十五日電〉，《檔案彙編（十七）》，頁 283。

同學會之乞哀告憐，希冀蔣可以聽進去他們卑微合理的請求。3 月 8 日，臺灣中部自治青年同盟的黃光衛呈蔣寅齊電，電文有云：

> 吾省此次治安逾恒，深蒙遠注，慚感交集，惟其動機純出乎愛國之熱情，絕對擁護中央，建設高度自治，完成真正民主，別無希冀。〔註60〕

此電遲了 10 天，3 月 18 日才譯出。電文指出二二八事件動機出於愛國，臺民欲完成民主改革，無其他野心、企圖。

以上為是時呈蔣的電文被收進檔案者，其間尚有許多臺籍人士以進京請願或透過新聞媒體等方式，向中央報告事件真相，蔣當多少可從中獲知事件實情。這些團體的運作，有 3 月 10 日臺灣省旅京滬七團體於南京新街口召開的二二八慘案報告會，請求中央以寬大和平之政治方式解決事件；有 3 月 11 日臺灣省旅京滬七團體續向中央請願以和平處理臺變，及臺灣省旅平同鄉同學會、天津市臺灣同鄉會在北平、天津向報社之籲請；有 3 月 13 日臺灣省旅平同鄉同學會、天津市臺灣同鄉會在天津召開聯合記者會，報告慘案真相，並致電蔣中正、白崇禧；以及臺灣省旅滬六團體在南京再度召開記者會，報告赴臺經過，指稱陳儀施行恐怖政策；〔註61〕有 3 月 14 日臺灣省旅京滬七團體之向立法院請願。〔註62〕

蔣中正既收到上述改革政治、臺灣人民無叛亂情事等電文，是否應親自蒞臺坐鎮，撫慰民心，如時任臺灣鐵路管理委員徐鄂雲於事後說的：「中央既已決派軍隊來台，以身兼黨政領袖老蔣先生的雄威，何不抽暇三天，親駕蒞台，首先把陳儀撤職法辦，平息民怨。隨即分別派員下各縣市，向地方人士，包括肇事人等，連撫帶訓，把人心及政務納入常規，然後責成各級政府改行

〔註60〕〈黃光衛呈蔣主席寅齊電〉，《檔案彙編（十七）》，頁 311。

〔註61〕臺灣省旅滬人士慰問團於 3 月 11 日乘國防部專機赴臺，因臺省戒嚴，該團為陳儀監視，無法活動，被迫於次日乘原機返京。參見李翼中，〈帽簷述事〉，收入中央研究院近代史研究所編，《二二八事件資料選輯》（臺北：中央研究院近代史研究所，1992），冊二，頁 390。亦可參見慰問團記者，〈台灣十小時〉，收入鄧孔昭編，《二二八事件資料集》（臺北：稻鄉出版社，1991），頁 197～203。

〔註62〕以上臺省民間向中央請願經過，引用自旅平同鄉會等，〈二二八大慘案日誌〉，收入鄧孔昭編，《二二八事件資料集》，頁 249～250。3 月 10 至 17 日，報紙報導臺變相關消息較事變前 10 天多了不少，參見蘇瑤崇，〈中國報紙有關二二八事件報導之研究——以南京上海為例〉，附錄一：南京上海主要各報紙 3 月與 4 月有關台灣報導的標題表，收入高雄市文獻委員會，《紀念二二八事件 60 週年學術研討會論文集》（高雄：高雄市文獻委員會，2008），頁 99～112。

法治，台人將懽威戴德之不暇，何致於強加民怨，釀製台獨於日後？」〔註63〕徐鄂雲以後見之明所提出的處理二二八事件策略，神似良方妙藥。蔣若依此而行，不但可速平臺變，甚至可消滅臺獨根源。然蔣終究不依此而行，如是看來，蔣眞成爲了十惡不赦的「獨裁者」、「獨夫」，他漠視民意，硬是要派兵鎮壓、屠殺人民。十分令人好奇，蔣身爲國家最高領導人，他到底是怎麼想的？他不知道以上的專制作爲必定激起民怨，且將在歷史上留下罵名，遺臭萬年嗎？抑或他想不到那麼多，獨裁慣了，良心建言已無法聽進去？

二、支持鎮壓說法

二二八事件中期，蔣中正除了收到先前的民間請願文電，亦從軍政機關獲知大量的支持鎮壓說法。從 3 月 10 日至 16 日，陳儀、中統局、國防部保密局（前身爲簡稱「軍統局」的軍事情報單位，全稱爲「國民政府軍事委員會調查統計局」）、劉雨卿、憲兵司令部、葛敬恩等，皆直接、間接地提出鎮壓的必要性，茲分別敍述如下。

陳儀方面，以數電及親手撰寫信函（3 月 13 日）向蔣報告臺灣情勢，〔註64〕

〔註63〕徐鄂雲，〈看台灣二二八問題在歷史的天平上〉，收入中央研究院近代史研究所編，《二二八事件資料選輯》，冊二，頁 425。

〔註64〕陳儀呈蔣中正 3 月 9 日的電文有寅佳午、寅佳未、寅佳申、寅佳、寅青等電，因電文發出、譯出遲滯，蔣中正 10 日早上才得以一覽。寅佳午電略謂有暴徒襲擊電台、長官公署、總司令部，激戰後擊退之，並謂部份憲兵已於基隆登陸，五個連開往臺北，餘留基隆。寅佳未電回應蔣致陳之寅薺戌電（3 月 8 日 19 至 21 時）。蔣在寅薺戌電詢問陳儀，臺灣各處倉庫所存械彈約有幾何，並請陳儀固守待援，陳儀乃以寅佳未電詳報械彈具體數目，並云軍械庫未被劫奪，惟由日本接收的被服糧秣及日用品倉庫被劫，損失約半數。寅佳申電陳儀報蔣監察委員楊亮公在基隆往臺北途中遭襲，幸仍安抵臺北，並謂臺灣各地秩序已漸恢復。寅佳電謂美駐臺領事館及外僑已予以保護。寅青電謂已讀悉劉雨卿攜臺之蔣手諭（手諭全文詳見本書第二章第四節），一切將遵令而行，並提及各地交通狀況。10 日陳儀呈蔣的電文有寅灰辰、寅灰未、寅灰亥電。寅灰辰電謂廿一師部分已到達基隆，現正陸續進駐臺北，並提及臺灣各地情勢。寅灰未電回覆蔣致陳之寅蒸電（3 月 10 日）。蔣於 10 日一早有致陳儀寅蒸電，略謂未接到陳儀相關報告，十分惦記。蓋陳儀 9 日電文皆延滯發出，乃有蔣此說。陳儀以寅灰未電回覆蔣，報蔣其已將相關情況電文發出，二十一師已陸續抵臺，以及其已撤銷二二八事件處理委員會。寅灰亥電蔣次日（11 日）才收到，陳儀於此訂正寅灰未電所述之部隊相關資訊。陳儀 11 至 16 日呈蔣之電文則有寅眞巳電（3 月 11 日 9 至 11 時）、寅尤午電（3 月 11 日 11 至 13 時）、寅尤電（3 月 11 日）、寅文午電（3 月 12 日 11 至 13 時）、

其 9、10 兩日給蔣的訊息，接續先前呈蔣的電文，陳述臺民叛亂新訊，提及
軍隊已經登陸，接連報告軍情。11 日以後陳儀呈蔣的電文，寅尤電（3 月 11
日）有云：「此後肅奸工作即應逐步推進……擬徹底清除奸黨、倭奴禍根」，
寅文午電（3 月 12 日 11 至 13 時）有云：「台中、嘉義、台東各縣市，尚待勘
定中」，寅元卯電（3 月 13 日 5 至 7 時）則謂：「叛徒已無抵抗之力……肅奸
工作正加緊進行」，寅元午電（3 月 12 日 11 至 13 時）稱：「台中奸匪……有
向台中西南埔里逃竄模樣……嘉義市公教人員及陸空部隊撤至飛機場後，被
奸匪壓迫民眾數萬人圍困八晝夜……該縣長〔臺東縣長〕正在查輯〔應作緝，
原文如此〕奸匪，追繳劫槍」。〔註65〕從中可見，陳儀呈蔣的電文不斷提及「奸
黨」、「奸匪」、「肅奸」。至於陳儀所指的「奸」為何？其3月6日呈蔣的信函，
對此已有說明：

> 去年從海南島歸來台僑中，因海南島曾有「共黨」，有不少奸黨分子。
> 內地奸黨，亦有潛來台灣者……「留用日人」中，亦有想乘機擾亂
> 者。此次事情發生後，日人中竟有時著和服在街上行走者，可以推
> 見其用意……「日本時代御用紳士及流氓等」，因接收後，不能遂其
> 升官發財之目的，隨時隨事攻擊政府。〔註66〕

從陳儀信函可明白看出，他所謂的「奸黨」就是「共黨」。3月13日，陳儀呈
蔣信函云：

> 三月一日以後，台北亂黨（奸匪倭悵）公然以廣播集會，煽動叛國……
> 外省籍公教人員及其眷屬，散居各區，隨時有被殺傷之虞（公教人
> 員被虐殺毆傷侮辱，其殘酷不忍問聞）……〔各地〕亦無不備受暴
> 行迫脅之害。此次事變，表面似發生於緝私傷人，但三四日間，騷
> 亂暴動，即蔓延全省，而且勢燄甚兇，奸黨之預有計畫，絕無疑義。
> 然檢討得以乘隙惑亂之原因，不外下列七端……一年以來，新聞言
> 論過於自由，反動分子得以任意詆毀政府，離間官民……台灣公營
> 制度，係實行民生主義之必要步驟，祇因商人及資本家，尚未認識

寅文未電（3 月 12 日 13 至 15 時）、寅元卯電（3 月 13 日 5 至 7 時）、寅元午
電（3 月 13 日 11 至 13 時）、寅寒午電（3 月 14 日 11 至 13 時）。上述電文引
用來源具見本書文末之附錄。

〔註65〕《檔案彙編（十七）》，頁 217～218、245、250、252。

〔註66〕〈陳儀呈蔣主席三月六日函〉，《檔案彙編（十七）》，頁 124～125。引號為筆
者所加。

清楚，以為妨害其自私之利……奸黨利用之，以助長毀壞政府之聲
勢。〔註67〕

此信函提及二二八事件為「亂黨」煽動所致，特別指出「亂黨」為「奸匪倭
悵」。對照其 3 月 6 日呈蔣之信函，知「奸匪」指共產黨，「倭悵」指「留用
日人」及「日本時代御用紳士及流氓等」。陳儀 13 日的信函，全文仍強調奸
黨之作用，明指臺變為其有計畫之暴動。對多人指稱的政府失政不予承認，
強調政府只是為所當為；批評者因對政府立意認識不清，且己方權益受損，
而遭離間煽動，以為政府有所謂行政失當情事。依照陳儀呈蔣的資訊，事變
原因及參與者固然非僅共黨，然共黨作用不容忽視，全臺已因其煽惑，導致
暴亂蔓延全省。政府當然必須派兵鎮壓，且應「調兵迅速」，愈快愈好，以免
事件「演變不堪設想」。〔註68〕

　　劉雨卿方面，數度電蔣報告軍情。〔註69〕其中 3 月 11 日的寅眞電，劉雨
卿報蔣其已於 3 月 9 日 14 時抵達臺北，並附帶呈上〈台北市二二八事件調查
概要報告〉。〔註70〕報告述及臺灣省行政長官公署之行政失當，如指明「接收
人員弊端百出，並聞有將飛機拆毀，原料盜賣情事」、「外省來人奢華靡費，
尤不注重公共衛生，不守秩序」、「公署高級人員走私舞弊者甚夥」、「軍人……
甚有汙辱貪鄙行為者」等等，〔註71〕和民間請願資訊一致。然其亦云：「國民
代表大會之後，共黨來台參入學生運動者甚多。此次暴動，中學生主張最為
激烈」，又云：「前日人統制台灣時代所放逐火燒島之浪人，光復後均能放回

〔註67〕　〈陳儀呈蔣主席三月十三日呈〉，《檔案彙編（十七）》，頁 265～270。
〔註68〕　引文出自陳儀 3 月 13 日呈蔣中正信函。全文謂：「此次事變，設非鈞座〔蔣
　　　　中正〕調兵迅速，其演變不堪設想。」〈陳儀呈蔣主席三月十三日函〉，《檔案
　　　　彙編（十七）》，頁 265。
〔註69〕　檔案所見，有寅眞電（3 月 11 日）兩通、寅眞亥電（3 月 11 日，其後重發）、
　　　　寅文亥電（3 月 12 日）、寅元電（3 月 13 日）、寅元亥電（3 月 13 日）、寅寒
　　　　亥電（3 月 14 日）、寅刪電（3 月 15 日，報軍情）、寅刪電（3 月 15 日，回蔣
　　　　電）、寅銑亥電（3 月 16 日，17 日重發）、寅篠亥電（3 月 17 日，18 日譯發）、
　　　　寅巧子電（3 月 18 日）、寅巧未電（3 月 18 日）、寅巧戌電（3 月 18 日）。參
　　　　見文末之附錄。
〔註70〕　劉雨卿報告雖寫明其發於 3 月 9 日，但其後侍衛長俞濟時上呈蔣的電文摘要
　　　　曰：「劉雨卿寅眞電（3 月 11 日）稱，職於佳（九）日十四時抵台北，餘另呈。
　　　　謹聞。」知劉雨卿報告雖寫就於 9 日，但遲至 11 日才發出。〈劉雨卿呈蔣主
　　　　席三月眞電〉、〈劉雨卿呈蔣主席三月九日報告〉，《檔案彙編（十七）》，頁 181
　　　　～189、228。
〔註71〕　〈劉雨卿呈蔣主席三月九日報告〉，《檔案彙編（十七）》，頁 181～189。

台。工作無着，舊性復萌。此次暴動中最毒最有力之份子，即係此輩。」並謂：「群眾氣忿，遂將汽車焚燬，次日十時更嘯集市民數萬，在奸黨份子煽動之下，發起暴動。」〔註72〕可以看到，劉雨卿報告相較於陳儀呈給蔣的電文，多強調了政府失政層面，然仍不脫奸黨煽惑思維。在劉雨卿的報告之中，其「奸黨」亦指共產黨；劉氏並提及日本時代遺留下來的浪人之作用，和陳儀「奸匪倭悵」說一致。劉雨卿的報告雖未提鎮壓，不過其不斷強調奸黨之作用，當在一定程度上加強蔣對二二八事件應予鎮壓之態度。

　　中統局方面，局長葉秀峰 10 日呈蔣一報告，陳述事件近情，〔註73〕其中的「現勢判斷」有云：

> 奸偽份子及日諜亟思加緊煽惑乘機操縱，前者之目的在破壞社會安
> 寧、顛覆政府基礎，後者則欲破壞臺民之內向愛國觀念。〔註74〕

可以看到，中統局稱事件為「奸偽份子」及「日諜」導致。至於其「奸偽份子」所指為何？中統局 3 月 6 日報告的附件「台民暴動經過及其原因之分析」有謂：

> 日人在台時常煽惑台胞叛亂，而共黨亦加緊活動。陳長官〔陳儀〕
> 平時任由台省思想左傾份子遍地作反政府之宣傳，不加阻止。而台
> 胞中有政治欲望之人士，高唱大台灣主義，冀達台人治台之目的，
> 彼等組有台灣政治建設協會、民眾協會、革新同志會等，處處做反
> 政府之宣傳。而台灣流氓浪人，向又異常活動，在無固定職業之情
> 形下，日以尋釁茲事為務。〔註75〕

可以推知，中統局所稱「日人在台時常煽惑台胞叛亂」即 10 日報告所指的「日諜」，「奸偽份子」應指共產黨、倡大臺灣主義而反政府之臺人，以及流氓、浪人之集合。總結說來，中統局二二八事件以來上呈蔣中正之報告甚為詳密（見第二章第三節），對事件背景的分析尤其深刻，關於陳儀失政，有一針見血、刀刀見骨之評析；然仍跳脫不了奸黨煽惑之脈絡，當在某種程度上加深蔣奸黨作用導致事變爆發之認知。10 日中統局的報告，有提供中央應

〔註72〕〈劉雨卿呈蔣主席三月九日報告〉，《檔案彙編（十七）》，頁 183～184。
〔註73〕〈葉秀峰呈蔣主席三月十日報告〉、〈葉秀峰張鎮呈蔣主席三月十日報告〉，《檔案彙編（十七）》，頁 208～210、212～213。
〔註74〕〈葉秀峰呈蔣主席三月十日報告〉，《檔案彙編（十七）》，頁 209。
〔註75〕〈中統局呈蔣主席三月六日情報〉、〈台民暴動經過及其原因之分析〉，《檔案彙編（十七）》，頁 120、130～135。

變對策，其中謂：

> 中央適應對策，似應剛柔並濟……速派大員以查辦二二八事件名
> 義，率軍來臺鎮壓……調派部隊，至少二師……軍隊抵臺前，請中
> 央以最廣泛方法宣示對臺案態度，特別表示：一、軍隊絕不擾民，
> 但軍隊行動，是國家主權，民眾不得干涉。〔註76〕

中統局的態度強硬，要求中央藉口派大員名義，率領至少二師兵力來臺鎮壓，
雖謂中央對策應「剛柔並濟」，實以「柔」為皮相，以「剛」為根本解決辦法，
對派兵鎮壓之支持，自不待言。

國防部保密局方面，局長鄭介民派員赴臺，協助平息臺變風潮，並將在
臺情治人員傳回的信息轉呈蔣，〔註77〕其10日的報告有云：

> 台灣共黨首魁謝雪紅（女性），又名謝紅（莫斯科勞動大學畢業，現
> 為台灣共產黨首領），在台中設立指揮總部，台中全部公務人員俱被
> 拘禁集中拘押。〔註78〕

姑且不論謝雪紅的實際勢力有多大，保密局所描述的「臺共首魁」設有指揮
總部，並將臺中所有公務員予以羈押，狀似勢力不小。屢為共黨所擾的蔣中
正見此報告，恐不會坐視不管。此報告可說為「奸黨煽惑」提供一顯著證據，
當間接鼓動了蔣施行鎮壓行動。3月12日，憲兵司令部情報謂：「台中、嘉義
仍為奸偽謝雪紅、何仁棋控制，計有暴民千餘，步槍千餘支，輕機槍四挺。
高山族已二百餘人下山，並有日人三十餘名，參加『叛亂』。」〔註79〕亦提及
臺共謝雪紅的作用。3月15日，保密局呈蔣的情報有云：「省參議員郭國基等，
平日宣傳我政府腐敗，『鼓動民眾爭取台灣獨立』……發動在市區毆打市警局
秘書、專賣局長，焚燬市警察局汽車，并到處毆辱外省人士」。〔註80〕報告可
見臺民的確有「叛亂」情事，且無法平息，鎮壓行動遂必須迅疾進行。

3月12日，臺灣警備總部參謀長柯遠芬呈給國防部長白崇禧一信函，此
信函其後轉呈蔣中正一閱。信函提及的事變原因和陳儀所述一致，皆認為「奸

〔註76〕〈葉秀峰呈蔣主席三月十日報告〉，《檔案彙編（十七）》，頁209～210。
〔註77〕〈鄭介民呈蔣主席三月十日報告〉，《檔案彙編（十七）》，頁211。
〔註78〕〈保密局呈蔣主席三月十日情報〉，《檔案彙編（十七）》，頁213。
〔註79〕〈憲兵司令部呈蔣主席三月十二日情報〉，《檔案彙編（十七）》，頁231。雙引
號為筆者所加。
〔註80〕〈保密局呈蔣主席三月十五日情報〉，《檔案彙編（十七）》，頁274。雙引號為
筆者所加。

黨陰謀策動」是一重要因素，柯氏且對執行鎮壓行動頗為積極。〔註81〕

　　3月14日，蔣中正召見臺灣行政長官公署秘書長葛敬恩，請其報告事變經過。〔註82〕葛敬恩向蔣陳述之內容，無史料可供查究。由其後葛氏接受記者採訪，仍指「奸徒煽惑」為事件發生主因，中央調兵是為了「保護善良人民，免為少數暴徒所劫持」。〔註83〕知葛氏亦支持政府派兵鎮壓。

　　支持對臺派兵鎮壓的說法，一面倒地指出「奸黨煽惑」導致暴亂是二二八事件主因。因為有奸黨，所以要鎮壓；因為有叛亂，所以要派兵弭平。為蔣派兵鎮壓臺變，提供了相應理由、合法性。〔註84〕

三、蔣所認知的臺變「兩重性」

　　將支持鎮壓說法和民間請願資訊相對照，可謂人言言殊，各說各話。民間請願謂：「台民守法且具擁護中央之至誠，絕無排外心理」、「台胞無時不在擁護祖國」、「動機純出乎愛國之熱情，絕對擁護中央」；支持鎮壓者謂：「台北亂黨……煽動叛國」、「奸偽……叛亂」。民間請願謂：「外傳託治及獨立，並非事實，擁護中央熱誠如故」；支持鎮壓者謂：「省參議員郭國基等，平日宣傳我政府腐敗，『鼓動民眾爭取台灣獨立』。」民間請願謂：「發事之初，民眾實激於公憤，作無計劃之暴動」；支持鎮壓者謂：「三四日間，騷亂暴動，即蔓延全省，而且勢燄甚兇，奸黨之預有計畫，絕無疑義」、「奸黨陰謀策動」。民間請願謂：「查緝烟係一導因，實為不滿政府而起」、「執行省政者施行失當，致有二二八慘案」、「台北民眾暴動，實緣省署施政有失民心，積怨所致」、「台民實已不堪陳儀苛政」；支持鎮壓的陳儀則極力為己辯白，指出專賣制度為「實行民生主義之必要步驟」，反對公營者以自我私利而對此認識不清；陳氏並推說在臺失政之相關信息，為反動分子造謠產生，並非實情。〔註85〕

〔註81〕〈柯遠芬呈白部長三月十二日函〉，《檔案彙編（十七）》，頁234〜237。

〔註82〕《蔣中正日記》，1947年3月14日記云：「葛湛候報告臺灣事變經過詳情，乃知台呂嘉義與台東各市縣長已復職公矣。」

〔註83〕《中央日報》，1947年3月16日，第4版。

〔註84〕檔案可見3月10日至16日，蔣中正獲得來自軍政機關的事變其他資訊，尚有參謀總長陳誠報告軍隊派遣經過、海軍總司令桂永清報告軍情、國防部長白崇禧建議臺省警備總司令人選、保密局報告張學良人身安全等。參見〈陳誠呈蔣主席三月十日簽呈〉、〈桂永清呈蔣主席三月十、十一日情報〉、〈白崇禧呈蔣主席三月十三日函〉、〈保密局呈蔣主席三月十六日情報〉，《檔案彙編（十七）》，頁211〜212、228、255〜257、291。

〔註85〕以上摘引來源具見上節引文。

支持鎮壓說法和民間請願，南轅北轍，蔣中正究竟應聽信誰的話呢？史實顯示，蔣似乎不明究裡的聽信陳儀等支持派兵者的說法，出兵鎮壓、屠殺人民，其緣故究竟為何？

　　楊天石指出，二二八事件是一個具有「抗暴」與「騷亂」兩重性的事件。所謂「抗暴」，是指臺灣民眾反抗政府暴行，反對腐敗政治，有其正義、合法性。所謂「騷亂」，是指群體事件爆發，由於參加者人數眾多，成員複雜，自發、衝動性強，以致部分人士脫序演出令人髮指的暴力行為，不具任何正義性與合法性。楊氏並指出，要同時看到這兩個方面，才能正確地掌握二二八事件的性質，也才有可能正確地分析並評價它的善後處理。〔註86〕楊氏在二二八事件過後數十年，對事件整理鳥瞰，提出「兩重性」的說法。對於身在歷史當下的蔣中正，獲得的事變資訊縱深不及楊氏，蔣是否亦認知二二八事件有「兩重性」？若然，其認知的事件「兩重性」具體內涵為何？

　　蔣中正於3月10日主持中樞擴大紀念週，即席宣示臺灣事件之經過及中央處理方針時謂：

> 最近竟有昔被日本徵兵調往南洋一帶作戰之臺人，其中一部份為「共產黨員」，乃藉此次專賣局取締攤販乘機煽惑，造成暴動，並提出改革政治之要求。中央以憲政即將實施，而且臺灣行政本應早復常軌，故憲法規定地方政府應有之權限，中央儘可授予地方，提前實施，陳儀長官秉承中央指示，已公開宣布定期改設省政府，取消長官公署，並允於一定期限內，實施縣長民選，臺省同胞對此皆表示歡欣。故此次事件，本已可告一段落。不料……二二八事件處理委員會突提出無理要求……而且日昨又有襲擊機關等不法行動相繼發生，故中央已決派軍隊赴臺，維持當地治安……本人並已嚴電留臺軍政人員靜候中央派員處理，不得採取報復行動……務希臺省同胞深明大義，嚴守紀律，勿為奸黨所利用，勿為日人所竊矣。
> 〔註87〕

深入探析蔣之宣言，亦可概括其所認知的二二八事件「兩重性」：第一重為「奸黨煽惑造成暴亂」，第二重為「臺胞提出改革政治之要求」。關於改革政治，事發以後中央「儘可授予地方，提前實施」，然其後二二八事件處理委員會之

〔註86〕楊天石，〈二二八事件與蔣介石的對策——蔣介石日記解讀〉，《傳記文學》第94卷第2期，（2009，臺北），頁4～21。
〔註87〕《大公報》，1947年3月11日，第2版。

要求超過蔣的底線，蔣視應為第二重性質的處委會和第一重之暴亂合流，臺變愈益擴大，乃令原為防備、肅奸之軍隊積極投入平亂。〔註88〕

　　除了可透過蔣的宣言探知其認知的事變「兩重性」，蔣在事件中之相關措置亦可印證此種心態。3月6日，派赴臺灣的軍隊出發前夕，蔣對師長劉雨卿面授機宜，訓示「寬大處理，整飭軍紀，收攬民心」，〔註89〕便可略窺此種想法；蓋軍隊之派發為對付事變之第一重性質，指示寬大、收攬民心為妥善處理第二重。3月10日蔣的即席宣示謂：「本人並已嚴電留臺軍政人員，靜候中央派員處理，不得採取報復行動……〔臺胞〕勿為奸黨所利用」；〔註90〕17日蔣對臺灣民眾之廣播，亦謂：「其參與此次事變有關之人員，除共黨煽惑暴動者外，一律從寬免究。」〔註91〕可見蔣將煽惑暴亂的奸黨與要求政治改革的臺民做區隔，辨別事變之兩重性。同日，國防部長白崇禧上呈「處理台灣事件辦法」，〔註92〕辦法有云：

　　中央對於此次台灣事件，應迅速處理之，以免蔓延擴大，為野心者所利用。在不損害中央威信，及採納人民合理要求之原則下，決定處理辦法，交由中央所派大員宣布施行……其參與此項事件有關之人員，除共黨煽亂暴動者外，概不追究。〔註93〕

可以看到，為蔣認可的處理辦法，對改良政治方面儘量答應，甚至不追究參與者，而對共黨煽亂層面絲毫不假辭色。這麼說來，若處理辦法確實施行，前述中統局報告的事變參與者如共產黨員、倡大臺灣主義反政府之臺人、流氓浪人、日諜等等，蔣將只追究共產黨員，以此除可復見蔣對共黨問題之在乎，其認知的事件兩重性，亦昭然若揭。3月12日，憲兵司令部、中統局呈給蔣的「台灣近情續訊」有云：

〔註88〕　參見本書第二章第四節。

〔註89〕　〈劉雨卿的回憶〉，收入張炎憲、李筱峰編，《二二八事件回憶集》（臺北：稻鄉出版社，1989），頁172。

〔註90〕　《大公報》，1947年3月11日，第2版。《事略稿本》，1947年3月10日條。

〔註91〕　〈蔣主席對台灣民眾廣播詞〉，《檔案彙編（十七）》，頁277～278。

〔註92〕　先是中國國民黨臺灣省黨部主任委員李翼中，於3月7日由臺乘機赴京，面謁國民黨組織部長陳立夫、副部長余井塘，並於當晚面見蔣中正，送交陳儀呈蔣信函，談及臺變。蔣乃請李氏擬具處理辦法。李氏擬就辦法之後，請陳立夫改訂，於8日中午上呈蔣。蔣指示：「略加修改即可。」至是時，白崇禧將修改後的辦法呈送給蔣。參見李翼中，〈帽簷述事〉，頁383～388。

〔註93〕　〈處理台灣事件辦法〉，《檔案彙編（十七）》，頁202。

　　九、十兩日國軍絡續開到，警察及警備部軍士即施行報復手段，毆
　　打及拘捕暴徒，台民恐慌異常。〔註94〕

次日（13日），在臺調查事變的閩臺監察使楊亮功，注意到陳儀下令解散二二
八事件處理委員會，並廣播宣布戒嚴意旨後，警察大隊、別動隊於各地嚴密
搜索參與事變之徒，知名人士亦不得倖免。楊氏因此上電監察院長于右任曰：

　　此次二二八事變中央寬大為懷，而地方政府濫事拘捕，人心惶惶。
　　擬請轉陳中央嚴令地方政府不得採取報復行動。〔註95〕

于右任隨即電復曰：「所見極是，已面陳主席矣。」〔註96〕蔣收到這些情報，
遂於13日18時25分致電（寅元電）陳儀，囑其「負責嚴禁軍政人員施行
報復，否則以抗令論罪」。〔註97〕蔣接獲臺灣有濫行報復情事，立刻以寅元
電下令陳儀負責嚴格禁止，可見其對事變第二重性質之注重。或謂蔣此舉僅
做表面功夫，此封電文是為官樣文章，實則暗中默許臺灣當局日後實行報
復。〔註98〕查此寅元電屬「密電」，並無昭示眾人之意；亦屬「急電」，知
蔣確實關懷於此。12日憲兵司令部另有情報呈蔣，謂整編第二十一師抵臺
後，使用法幣，引起商民惡感。相關人員擬定辦法云「擬飭劉師長糾正，并
通令所屬嚴守紀律，以爭取民眾」。蔣批示：「如擬。」〔註99〕想必蔣此時
注意爭取民心，重視事件第二重性質，故極為要求軍政人員之紀律。〔註100〕

　　分析臺灣民間輿論與蔣中正措置之矛盾，仍可依事件對蔣之兩重性論

〔註94〕〈憲兵司令部、中統局呈蔣主席三月十二日情報〉，《檔案彙編（十七）》，頁
　　　231。
〔註95〕楊亮功，〈「二二八」事變奉命查辦之經過〉，收入蔣永敬等編，《楊亮功先生
　　　年譜》（臺北：聯經出版事業公司，1988），頁366。
〔註96〕楊亮功，〈「二二八」事變奉命查辦之經過〉，頁366。檔案可見之楊亮功呈于
　　　右任之建議中央寬大電文，時間為3月24日，或楊氏對此議題有兩電呈于，
　　　或其記憶時間有誤。參見魏永竹主編，《二二八事件文獻續錄》，頁113。楊氏
　　　3月10、12、13日，尚有呈于右任其他電文，報告臺省近情。參見陳芳明編，
　　　《台灣戰後史資料選──二二八事件專輯》（臺北：二二八和平日促進會，
　　　1991），頁194～196。
〔註97〕〈蔣主席致陳儀三月元電〉，《檔案彙編（十七）》，頁253～254。
〔註98〕張炎憲等執筆，《二二八事件責任歸屬研究報告》，頁120。
〔註99〕〈憲兵司令部呈蔣主席三月十二日情報〉，《檔案彙編（十七）》，頁231。
〔註100〕關於蔣中正嚴令禁止軍政人員報復，陳儀於當晚（13日）亥時（21至23時）
　　　回復寅元亥電與蔣，云「嚴禁軍政人員報復，業經通令飭遵，頃奉寅元府機
　　　電，自當再行嚴飭遵照。謹電稟復」。次日，陳儀呈蔣寅寒午電，復謂：「外
　　　省籍人員不准施行報復，業經寅元亥署機電復在案。」知陳儀已接受不可報
　　　復的指令。《檔案彙編（十七）》，頁254、263。

之。民間請願著重的是事變第二重的改革政治層面，並指出臺變並無第一重的奸黨煽惑導致暴亂，事件是人民反對政府苛政之自發行為。然蔣接收到的資訊卻不是如此，前述 3 月 10 至 16 日臺灣軍政人員給他的報告，一面倒地提到「奸黨煽惑」。不論所提及的「奸黨」是事件主因或次要原因，都強調共黨的確在事件中扮演一定角色。蔣因此不可能僅聽從民間電文便將事件第一重的奸黨煽惑層面視作「無中生有」，也因之蔣的處置看似對反對派兵輿論「充耳不聞」、「置之不理」，實則將這些言論以第二重的政治改革層面來處理；既然蔣獲知的事件第一重性質的態勢益趨嚴重，便無法置之不理，僅朝第二重（改革政治）方向努力，全然以政治方法解決。前引徐鄂雲謂蔣中正應親駕蒞臺，徹查陳儀以平息民怨，是與蔣站在不同脈絡，對蔣來說並不可行；蓋徐氏所言僅為蔣所思之事件第二重性質，但情報顯示奸黨正在臺灣釀亂，第一重性質仍在，乃非親自出馬宣撫可予底定。〔註101〕在蔣認知的事件兩重性之中，其最在乎的當為第一重之共黨煽惑造成暴亂層面，對於第二重改革政治的部份，則儘量予以同意，留心民心向背。故蔣在整個事件中的措置，有處理事變第一層面（奸黨煽惑暴亂）的派兵赴臺鎮壓，也有訓令軍隊嚴守紀律、派令白崇禧赴臺宣慰，以及其後長官公署的組織調整。〔註102〕

　　正如楊天石說的，只有掌握事件的兩重性，「才有可能正確地分析並評價它的善後處理」，〔註103〕筆者十分肯定楊氏說法；而對當時政府最高領導人的蔣中正之處理臺變，應掌握「蔣認知的」事件「兩重性」，才可以真正理解蔣對二二八事件之相關措置。

第三節　奸黨煽惑暴亂之確定

　　若蔣中正認定二二八事件具有「奸黨煽惑暴亂」以及「臺民提出改革政治之要求」的兩重性，其措置便不會僅從改良政治下手。尤其一旦蔣認定共

〔註101〕3 月 5 日國防最高委員會召開的第 223 次會議談到要派大員赴臺撫慰，委員田崑山便說：「現在台灣長官公署不能控制，派人去不等於送命？」參見〈國防最高委員會第二二三次會議紀錄〉（臺北：中央研究院近代史研究所檔案館藏），1947 年 3 月 5 日，檔號 228G：1～1。

〔註102〕國防最高委員會召開的第 223 次會議談到臺變，委員谷正綱便說：「台灣事變處理，一方面要鎮攝，一方面要安撫；鎮攝是鎮攝暴力，安撫是安撫人心。」和蔣中正日後措置一致。全上檔。

〔註103〕楊天石，〈二二八事件與蔣介石的對策——蔣介石日記解讀〉，頁 7。

黨威脅存在，以過去歷史來看，為避免遺患未來，其處置手段是極度嚴厲苛酷的。如 1931 年蔣指揮第三次圍剿江西中央蘇區之軍事行動，8 月 16 日致軍長趙觀濤、衛立煌的電文謂：

> 務照昨電將黃坡、小布及附近大小村莊，全部燒毀勿遺，免多費兵力分防。〔註 104〕

8 月 21 日致江西省政府主席熊式輝的電文云：

> 對匪巢只有焚燒乃能解決，請派飛機設法暫停轟炸，而專用火油在欲燒之區域內，使皮帶或分水壺分布火油，如此分割區域，每區□焚三日，使匪恐怖不能立足，并請即令各部準備焚燒。〔註 105〕

8 月 24 日致軍長蔡廷鍇、陳誠、趙觀濤的電文則云：

> 凡匪化最深鄉村……須將其附近村落焚毀淨盡。所有糧秣搬運至集積地點，有餘則亦燒毀之，萬不可姑息，免貽匪患。如欲使匪恐怖，以斷其回巢之路，并免我將士東西奔逐之勞，惟有此焚燒平毀之一法也。〔註 106〕

可知蔣處理共黨問題，極端冷酷無情，必置之死地，全部毀燒。〔註 107〕二二八事件若被視為奸黨煽惑所致，綏靖、清鄉等武力肅奸行動必將隨之而來。〔註 108〕白崇禧來臺宣慰期間及之後，蔣將獲得其他的資訊，本節將考察這些資訊加強或減弱蔣對事變兩重性的認知，分析「奸黨煽惑暴亂」是否仍被蔣認定為事件主因之一，並附帶對蔣當時之措置，做一評析。

二二八事件爆發以來，不論民間、政府皆不斷有人建請中央派大員來臺宣撫。3 月 6 日，國防最高委員會第二百二十四次常務會議，便議決「政府應

〔註 104〕 《蔣中正總統文物・籌筆》（臺北：國史館藏），典藏號：002010200060033。以下概以《籌筆》簡稱之。

〔註 105〕 《籌筆》，典藏號：002010200060038。

〔註 106〕 《籌筆》，典藏號：002010200060040。

〔註 107〕 曾參與豫鄂皖三省「剿匪」工作的萬耀煌，亦曾向蔣建議「竭澤而漁」的方式，說這種策略「也許是一種苛政，但剿匪卻非此不可」。時為師長的湯恩伯之清剿作風，則是「士兵一手拿槍，一手持火把，見房即燒，遇匪即殺……地方的塗炭真是不忍卒睹」。參見沈雲龍訪問，賈廷詩等紀錄，《萬耀煌先生訪問紀錄》（臺北：中央研究院近代史研究所，1993），頁 332。

〔註 108〕 二二八事件中的綏靖、清鄉二者有別，不可混為一談。參見陳儀深，〈秋後算帳——二二八事件中的「綏靖」與「清鄉」〉，收入楊振隆總編輯，《大國霸權 or 小國人權：二二八事件 61 週年國際學術研討會學術論文集》（臺北：財團法人二二八事件紀念基金會，2009），頁 841～872。

派大員前往該省宣慰。」〔註109〕8 日，蔣批覆國防最高委員會的決議謂：「已
照決議三項原則進行〔其中一項便為請派大員宣慰臺灣〕」。〔註110〕9 日，蔣
已內定國防部長白崇禧赴臺宣慰，白氏遂與李翼中、陳立夫商討處理辦法，
預定日後由國防部布告。〔註111〕當晚，蔣中正與白崇禧談臺灣情形。〔註112〕
10 日，白崇禧上呈蔣「處理臺灣事件辦法」，蔣批示「交行政院照此原則研究
具體實施辦法可也」。〔註113〕是日，蔣向臺灣民眾廣播，首度宣布將派白崇禧
赴臺處理善後，〔註114〕當晚，蔣復與白談處理臺灣事件方針。〔註115〕11 日，
國民政府正式下令：「特派國防部部長白崇禧，前往臺灣宣慰，並着對此次紛擾
事件，查明實際情形，權宜處理。」〔註116〕當晚，陳儀致函白崇禧謂：「一俟
廿一師全師到達，秩序大致恢復後，隨即電請大駕蒞臨，宣達德意。」〔註117〕
次日何孝元、張亮祖將信函手交白崇禧，白氏遂決定暫緩赴臺。12 日晚間，
蔣再度召見白崇禧，白乃將其延遲赴臺決定告蔣，是日，蔣乃於日記謂：「彼
〔白崇禧〕決暫緩行，以待時局略定也。」〔註118〕

〔註109〕〈王寵惠呈蔣委員長三月八日報告〉，《檔案彙編（十七）》，頁 164。
〔註110〕〈王寵惠呈蔣委員長三月八日報告〉，《檔案彙編（十七）》，頁 164。
〔註111〕李翼中，〈帽簷述事〉，頁 388。
〔註112〕《蔣中正日記》，1947 年 3 月 9 日。
〔註113〕細閱此檔，除有蔣批示之外，相關人員亦寫有「閱了 13/3」，而行政院 3 月
　　　　25 日的呈復謂：「鈞座三十六年三月十四日府交字第……」，推論蔣應是 3
　　　　月 13 日才閱覽此文，相關人員乃於翌日交辦。參見〈白崇禧呈蔣主席三月十日
　　　　簽呈〉、〈蔣夢麟呈蔣主席三月二十五日簽呈〉，《檔案彙編（十七）》，頁 201、
　　　　343～344。
〔註114〕陳三井，〈白崇禧與二二八事件〉，收入魏永竹、李宣鋒主編，《二二八事件文
　　　　獻補錄》（南投：臺灣省文獻委員會，1995 修訂版），頁 809。林啓旭謂 10
　　　　日蔣的對臺廣播內容是當日在國父紀念週的演講。參見林啓旭，《台灣二二八
　　　　事件綜合研究》（紐約長島市：台灣公論報社，1984），頁 138。
〔註115〕《蔣中正日記》，1947 年 3 月 10 日。
〔註116〕《國民政府公報》，第貳柒柒壹號，1947 年 3 月 12 日。引用自國民政府文官
　　　　處印鑄局印行，《國民政府公報》（臺北：成文出版社影印，1972）。
〔註117〕〈陳儀致白部長函〉，《檔案彙編（十七）》，頁 240。
〔註118〕黃清龍，〈老蔣 228 日記曝光　三批陳儀無能〉。疑者或曰白崇禧從奉命來臺
　　　　到實際抵臺，相差幾近一星期，中間是否另有隱情？陳三井，〈白崇禧與二二
　　　　八事件〉，頁 810。此隱情或如楊逸舟說的，中央若欲宣撫臺灣島民，應於
　　　　3 月 8 日便令白氏飛臺制止陳儀的無益屠殺，其拖延至 3 月 17 日，直至陳儀
　　　　血染臺灣後，才姍姍遲來宣撫一番，可見宣撫這個「馬後砲」，只是國民黨屠
　　　　殺手無寸鐵的平民之虛偽言行。楊逸舟著，張良澤譯，《二二八民變——臺
　　　　灣與蔣介石》（臺北：前衛出版社，1991），頁 120。經過上文論述，似可推

　　3月 15 日，蔣中正於日記提醒自己「預定：七、臺灣派員處理善後之時機」。〔註 119〕同日日記載上星期反省錄謂：「臺灣事變自軍隊運到後已大部敉平，然亦未曾根本解決也，可知新複之地與邊省全靠兵力維持也。」〔註 120〕16 日下午（未時，13 時至 15 時），蔣與白崇禧商談臺灣善後要點。〔註 121〕17日上午 9 時 40 分，白與蔣經國、李翼中等同機赴臺。〔註 122〕下午抵達臺北松山機場，與陳儀晤談。〔註 123〕午後（申時，即 15 至 17 時間），白氏呈蔣寅篠申電謂：

> 全台秩序大致恢復，尚有少數奸黨與武裝暴徒合流，刻正追剿，詳
> 情再報。〔註 124〕

白氏此電，仍不脫奸黨煽惑暴亂脈絡。當晚 6 時，白崇禧對全臺廣播，並將預先印就之布告遍貼全臺。〔註 125〕此國防部宣字第壹號布告內容有云：

> 參與此次事變或與此次事變有關之人員，除煽惑暴動之共產黨外，
> 一律從寬免究。〔註 126〕

依舊視「奸黨煽惑暴亂」爲事變主要原因。傍晚（酉時，即 17 至 19 時），白

　　　論白氏延遲赴臺，並非國民黨中央有何「屠殺」臺民之「陰謀」，而是爲了「待時局略定也」。

〔註 119〕《蔣中正日記》，1947 年 3 月 15 日「雪恥」。

〔註 120〕《蔣中正日記》，1947 年 3 月 15 日「上星期反省錄」。

〔註 121〕《蔣中正日記》，1947 年 3 月 16 日。

〔註 122〕李翼中，〈帽簷述事〉，頁 390。同日，蔣中正再度對臺灣民眾廣播演講，宣示臺灣事件處理方針。參見楊亮功，〈「二二八」事變奉命查辦之經過〉，頁 368。講詞全文見〈蔣主席對台灣民眾廣播詞〉，《檔案彙編（十七）》，頁 276～278。蔣經國所以同機來臺，應是爲調整臺灣三民主義青年團之組織（二二八事件前，蔣已收到三青團有不穩的情資，見〈保密局呈蔣主席二月二十六日情報〉，《檔案彙編（十七）》，頁 109），以及代爲轉達蔣中正所囑各事給陳儀。參見《蔣中正總統文物‧特交檔案》（臺北：國史館藏），典藏號：002080200626057。以下概以《特交檔案》簡稱之；《蔣中正總統文物‧蔣經國家書》（臺北：國史館藏），典藏號：002040700003012。當時蔣經國爲三青團的領導幹部，關於蔣經國與三青團，可參見馬烈，〈三青團與蔣經國〉，《江蘇教育學院學報》4 期（1996，南京），頁 76～79。

〔註 123〕賈廷詩等訪問兼紀錄，《白崇禧先生訪問紀錄》（臺北：中央研究院近代史研究所，1984），下冊，頁 558～559。

〔註 124〕〈白崇禧呈蔣主席三月篠電〉，《檔案彙編（十七）》，頁 292。

〔註 125〕李翼中，〈帽簷述事〉，頁 388。賈廷詩等訪問兼紀錄，《白崇禧先生訪問紀錄》，下冊，頁 559。

〔註 126〕布告全文參見〈國防部佈告（宣字第壹號）〉，《檔案彙編（十七）》，頁 279～282。

崇禧呈蔣寅篠酉電，請免調援軍第二零五師，電文提及：「台灣暴徒及少數奸匪，現約二千人左右，散往各處」，〔註127〕仍然關注「奸匪」之作用。19日，白崇禧託蔣經國回南京時，附帶面呈給蔣的信函謂：

> 臺灣事變起自倉卒，幸陳長官公俠先生處置敏捷，秩序上大致恢復，尚有少數暴徒受「奸黨煽惑」，仍散處新竹、台中、嘉義等市之山地、總數不及二千人、刻正分別勦撫。〔註128〕

再次強調「奸黨煽惑」。同日，蔣致白氏電文有云：

> 據劉師長電稱，我軍一營追擊至塔里〔應爲埔里〕地方，被匪包圍激戰中云。此應特別注意對殘匪之肅清，切不可孟浪從事，稍有損失，以漲匪燄；尤應特別注重軍紀，萬不可拾取民間一草一木，故軍隊補給必須充分周到，勿使官兵藉口敗壞紀律。〔註129〕

蔣中正所謂「據劉師長電稱」是指16日劉雨卿呈蔣的寅銑電，電文稱：「四三六團派向埔里進擊之第二營主力……被匪包圍，整日激戰中」。〔註130〕此電17日重發，至是時（19日）蔣才看到。〔註131〕實則18日劉雨卿呈蔣寅巧電已云：「埔里、日月潭方面匪徒，被我完全擊潰」。〔註132〕亦即，所謂「被匪包圍激戰中」之戰況已經解除，然蔣所獲資訊延遲甚久，尚不知最新情況，乃以此電致白氏注意戰況。從蔣致白氏此電，可略窺蔣當時心繫於共黨問題，最爲注意「殘匪之肅清」，亦可視作其對事件第一重性質之關懷；而電文不但要白氏注意戰局，且要求「注重軍紀，萬不可拾取民間一草一木」，可視爲蔣對事件第二重性質之在意。

　　3月20日，臺灣「全省始秩序完全恢復」，爲澈底肅清共黨，防患於未來，臺灣省警備總司令部調整部署，分區清鄉。〔註133〕21日，臺灣警總將

〔註127〕〈白崇禧呈蔣主席三月篠電〉，《檔案彙編（十七）》，頁296。
〔註128〕信件全文見〈白崇禧呈蔣主席三月十九日函〉，《檔案彙編（十七）》，頁318～321。引文之引號爲筆者所加。蔣經國係19日離臺返京，參見楊亮功，〈「二二八」事變奉命查辦之經過〉，頁370。
〔註129〕〈蔣主席致白崇禧三月十九日電〉，《檔案彙編（十七）》，頁322～324。
〔註130〕《檔案彙編（十七）》，頁298～299。
〔註131〕此電譯出時間爲3月17日23時05分，不知爲何，次日並未立刻上呈蔣中正，及至19日蔣才知悉。從此例復可知，蔣實難第一時間掌握所有資訊。又，劉雨卿電文相較於陳儀、白崇禧電，延滯時間更久，甚至屢有重發之舉。或因劉處戰地，電文發出不易。蔣資訊獲得之延滯，對其處理事變必有不小影響，值得研究者留意。
〔註132〕《檔案彙編（十七）》，頁315。蔣當時應尚未得知此訊。
〔註133〕臺灣省警備總司令部，〈臺灣省「二二八」事變記事〉，頁417、421～422。

清鄉事宜布告全臺，〔註134〕並開始清查戶口、辦理連保，澈底肅奸。〔註135〕
22 日，視察過臺北、基隆、高雄等地的白崇禧，〔註136〕以寅養電上呈蔣中
正，報告初步調查結果，並建議日後中央應採取之對臺政策，電文有云：

> 其近因即抗戰勝利後，中共假言論自由之名，恣意詆毀本黨及政府
> 軍隊，台省一般不正確之報章輿論，亦同出一轍。醞釀既久，台人
> 有政治野心者，乘機操縱，俟機爆發，故最近以台專賣局緝私事件，
> 藉題發揮。因少數共黨份子及日軍投降後自海南島遣回之台籍退伍
> 軍人，與地方莠民勾結煽惑叛亂……其企圖不僅如在京所聞，係出
> 於不滿現狀，自有關文件中獲悉，彼輩所謂高度自治及所提無理要
> 求，則直欲奪取政權已無疑義。現事變雖已大致平息，惟於事變中
> 被共匪暴徒劫奪之槍械、彈藥、被服等，爲數甚多。共匪叛徒分竄
> 山嶽地帶隱藏或散伏民間，刻警備總部已決定分區清剿，限令收繳
> 槍械、彈藥、被服，澈底肅清叛亂份子，以安地方……台灣事變係
> 野心者有計畫的暴動，希圖奪取政權，非少數奸黨所能全面鼓惑，
> 不過利用台人排外心理，推波助瀾而已。今後治臺方針……確有修
> 改之必要。〔註137〕

白崇禧寅養電所述事件發生原因，仍不脫奸黨煽惑暴亂脈絡，指出臺民不滿
現狀之種種說法非僅只要求改良政治，其中有奪取政權之陰謀。事件所以擴
大，在於臺省居民對政府不滿，共黨乃因勢利導，「推波助瀾」，事變遂沸沸
揚揚，驚動各界。電文亦報蔣爲「澈底肅清叛亂份子，以安地方」，臺省已決
定實施清鄉。徐鄂雲謂國民黨政府派兵鎮壓之後，開始「清洗地方活動分子，
展開特務與戶警的聯合工作。凡對可疑地區，挨戶搜捕，以至搜山禁海，各
地晝夜失蹤者不計其數……蓋所謂秋後算帳，本是中國歷史所恆見」。〔註138〕
或許臺省軍政人員的確有於清鄉時期進行「秋後算帳」（此不在本書討論範
圍），然本書論述至此，完全看不到蔣中正有「秋後算帳」於臺省菁英之態度
和措置。若硬要說蔣有「秋後算帳」之意，那也是針對共產黨員。

〔註134〕李翼中，〈帽簷述事〉，頁391。

〔註135〕白崇禧，〈宣慰台灣報告書〉，《檔案彙編（十七）》，頁396。

〔註136〕白崇禧視察過程，參見賈廷詩等訪問兼紀錄，《白崇禧先生訪問紀錄》，下冊，
頁559～561。

〔註137〕《檔案彙編（十七）》，頁330～332。

〔註138〕徐鄂雲，〈看台灣二二八問題在歷史的天平上〉，頁425。

3 月 23 日，白崇禧呈蔣的寅梗電有云：

> 此次台灣事變內容並不單純，共黨暴徒操縱煽動蔓延既廣，被害復
> 大，目下對被劫之多數械彈與共黨兇犯之竄匿，正待加緊追繳、清
> 繳，一切善後尚須審慎處理。職正巡行各地，詳加調查研究中。對
> 台事決定，最好待職宣慰工作整個完成，報請鈞裁，較爲適當。近
> 閱報載國內台籍各團體人民代表僅憑風說提出種種要求，尚懇鈞座
> 勿輕許諾，以免增加善後困難。至禱。〔註 139〕

白崇禧在寅梗電再次強調共黨煽動導致暴亂蔓延，提及現正積極進行清鄉工
作。至於其謂「台灣事變內容並不單純」，所指爲何？是否意指事變另有內
幕？觀其行文，之後便將主題帶到共黨煽惑，知「不單純」指共黨煽惑問題。
時白氏巡視臺灣各地，於 22 日晚間抵達臺中，〔註 140〕有人向他報告臺共謝
雪紅其人，引起白氏興趣。〔註 141〕白氏於日後呈蔣的〈宣慰台灣報告書〉
謂：

> 少數共黨份子及野心家與暴徒浪人，藉專賣局緝私人員取締烟販作
> 導火線，煽惑脅迫……此輩反動派之野心，絕非「單純」之不滿意
> 現狀，乃欲企圖顛覆政府，奪取政權。〔註 142〕

知其所謂「台灣事變內容並不『單純』」，是指終於找到「奸黨煽惑」之證據，
臺變非一般民間輿論所謂的政府失政所致。陳儀四弟陳公銓 3 月 29 日致五弟
陳公亮的信函有云：「即白部長抵台之初，亦頗同情台人而誤解事實〔按其「事
實」指臺民有叛亂情事〕，後經各地各將領及各工作同志面報實情後，始爲恍
然也。」〔註 143〕可知是時白崇禧「恍然」明瞭奸黨煽惑的確就是事變爆發關
鍵，政府失政並非決定性因素。其後白氏呈蔣的寅宥戌電（3 月 26 日）謂：「台
灣事變眞相與在京所聞者，頗有出入」，〔註 144〕以及白氏日後的回憶錄未指出
臺省政府失政而特別強調謝雪紅的作用，益可見此情。〔註 145〕順著此思維脈

〔註 139〕《檔案彙編（十七）》，頁 340。
〔註 140〕陳三井，〈白崇禧與二二八事件〉，頁 814。
〔註 141〕白克，〈隨白部長宣慰〉，收入李敖編著，《二二八研究》（臺北：李敖出版社，
　　　　1991 三版），頁 312～313。
〔註 142〕白崇禧，〈宣慰台灣報告書〉，《檔案彙編（十七）》，頁 370～371。引號爲筆
　　　　者所加。
〔註 143〕參見李敖，《李敖大全集》（臺北：成陽出版公司，1999），第 27 冊，另一面
　　　　的二二八，頁 92。
〔註 144〕《檔案彙編（十七）》，頁 355。
〔註 145〕賈廷詩等訪問兼紀錄，《白崇禧先生訪問紀錄》，下冊，頁 558～559。

絡，白崇禧同情臺灣省行政長官公署之施政，指出近日臺籍各團體人民代表對長官公署行政失當之攻擊，以及從此而來的種種要求，係「僅憑風說」，要蔣「勿輕許諾，以免增加善後困難」。〔註146〕白氏的觀察，勢必加強蔣對二二八事件兩重性認知的奸黨煽惑層面，而減弱臺省政府失政之想法。蔣乃在白崇禧寅梗電批示曰：

> 复准待宣慰工作完成，報告到後，再定辦法。現並未有任何之許諾，陳長官查辦案亦已打銷，勿念。〔註147〕

4月1日，白崇禧宣慰臺灣之事暫告一段落，次日返京。〔註148〕4月6日，白氏上呈蔣〈宣慰台灣報告書〉；此報告書並未立即呈送與蔣閱覽，或為4月2日蔣回鄉掃墓之故。〔註149〕14日，蔣返回南京。〔註150〕至16日，文官長吳鼎昌始上呈白崇禧所列報告書簡表，並附上〈宣慰台灣報告書〉一冊，備「鈞座暇時閱覽」。〔註151〕〈宣慰台灣報告書〉所論述之二二八事件原因，仍以共黨煽惑為主，對於政府失政，則推與大環境之制約，此可視作國民政府對二二八事件性質之最終定調。數年後白崇禧接受口述歷史訪問，仍將共黨煽惑視作事件擴大主因：

> 二二八事變原來是個很小的局部事情，擴大到全省，幾乎成了全省的民變，一個檢查人員同小販私人間的爭執變成有政治意義，原來部份人民的暴動，經〔臺共〕謝雪紅操縱變成有政治意義的事變。
> 〔註152〕

國民政府高層對二二八事件之認知，可見一斑。

就在白崇禧即將結束宣慰臺灣行程，而蔣中正意欲返鄉掃墓之際，相關人員上呈包含張鎮、葉秀峰報告的「台灣近情專報」。此專報收錄最新的報告時間為3月29日，而「重要批示登記」時間為4月2日，知蔣是在此期間閱讀並批示了這份情報。〔註153〕該「台灣近情專報」首記憲兵司令張鎮的情報，

〔註146〕詳前引白呈蔣寅梗電。
〔註147〕〈白崇禧呈蔣主席三月二十三日電〉，《檔案彙編（十七）》，頁341。
〔註148〕《檔案彙編（十七）》，頁360。
〔註149〕查蔣氏《手令登記簿》，原先每日都發一則以上手令指示軍政人員辦理種種事宜。在其返鄉期間，卻一則不遺（4月3日至4月14日）。推知蔣返鄉掃墓期間，暫緩處理許多公事。參見《特交檔案》，典藏號：002080200587001。
〔註150〕《事略稿本》，1947年4月2、14日條。
〔註151〕《檔案彙編（十七）》，頁362、424。
〔註152〕賈廷詩等訪問兼紀錄，《白崇禧先生訪問紀錄》，下冊，頁558。
〔註153〕「台灣近情專報」全文參見中央研究院近代史研究所編，《二二八事件資料選

略謂臺灣三民主義青年團主任李友邦窩藏奸匪重要分子。其後記有中統局局長葉秀峰之報告，葉氏陳報陳儀弭亂失策（原報時間 3 月 27 日）謂：

> 自白部長蒞台宣慰，並揭示處理事變四項原則後，台民極為感動。惟陳長官善後處置，仍採高壓政策，凡稍涉事變嫌疑者，每加毒殺，被害者已有四五十人，對青年學生妄殺尤多，致使人心惶惑，社會亦形不安。因之奸黨暴徒裹脅青年學生，逃避山間蓄地，聚集武器糧食，伺機蠢動，隱憂堪虞。〔註 154〕

又云陳儀對中央處理臺變原則，未能誠意接受（原報時間 3 月 26 日）：

> 陳長官對白部長採取敷衍態度，對中央處理事變原則，似不樂予接受，對白部長行動力加包圍，凡有晉謁者嚴受監視。現局面仍未明朗，學生畏當局仍嚴加追捕，未敢復課。警備部竟公開組織別働隊多組，台民恐懼萬分。〔註 155〕

張鎮和中統局的報告，仍不脫奸黨煽惑造成暴亂之脈絡，值得注意的是，中統局密告蔣臺省屠殺情事已經發生。現存檔案可見蔣批「閱」，未見處理。蔣非知情而不予處置。3 月 24 日，監察使楊亮功、監察委員何漢文上電監察院長于右任謂：

> 二二八事件發生後，中央力持寬大……惟近查臺省在此戒嚴期中，各方被捕失蹤者甚多，人人均感惴惴不安……擬懇鈞座面陳主席，請即令飭地方當局一體照中央宣示，除參與此次事變之首要外，不得濫事拘捕。〔註 156〕

于右任在獲知此電後，向蔣面陳此情。〔註 157〕約同時，臺灣政治建設協會張邦傑等，向蔣投訴臺灣警備總部繼續捕殺人民，數達萬餘人。獲知這些申訴的蔣，批示查報。3 月 29 日，主管機關以寅艷電致陳儀詳查。〔註 158〕4 月 11 日，陳儀以卯真電呈復，電文有云：

輯》，冊二，頁 229〜231。

〔註 154〕〈葉秀峰呈蔣主席三月二十七日情報〉，《檔案彙編（十七）》，頁 350。

〔註 155〕〈葉秀峰呈蔣主席三月二十六日情報〉，《檔案彙編（十七）》，頁 350。

〔註 156〕陳興唐主編，《台灣「二二八」事件檔案史料》（臺北：人間出版社，1992），下冊，頁 747。

〔註 157〕魏永竹主編的《二二八事件文獻續錄》錄有監察院福建臺灣監察區監察使署檔案，亦有收楊亮功、何漢文之電報稿。其中有註明于右任覆電：「所見甚是，已面陳中樞矣。」參見頁 113。

〔註 158〕〈陳儀呈蔣主席四月真電〉，《檔案彙編（十七）》，頁 420。

台變時並無捕殺無辜情事，謹將經過事情陳請　鑒察

……

（三）台北王添燈〔灯〕、張晴川為倡動叛亂、煽惑暴動之主犯……
〔二者〕已逃避無蹤。惟王添燈有於混亂中被擊斃命消息。
各部部隊除迎擊攻擊機關要塞等暴徒外，絕無殺戮無辜之事。

（四）查自二二八事件發生起至二十五日國軍一部到達之期間內，
全省陷於混亂狀態，奸宄暴徒，仇殺狙擊，無法防止。無論
外省人及本省人，在此期內傷亡失蹤事件，迄尚無從確報。
據台北衛生院收埋不知姓名之道途遺失，計有四七人，可以
概見。

（五）自國軍到台防務加強，白部長亦於寅篠蒞台，秩序即行恢
復，所有懲捕人犯及處理情形，均經當面詳晰陳報，並承
指示辦理。原報所稱二十九日至廿一日〔二十九日當為十
九日之誤〕期間，多人被殺及不問情由槍決格殺各節，統
屬奸徒憑空捏造，希圖流惑聽聞之慣技。除發表新聞糾正
外，謹復

察核〔註159〕

在卯眞電之中，陳儀極力為己辯白，要不意指被屠殺者死有餘辜（如王添灯），
要不說國軍抵臺後全省陷入一片混亂，屠殺為奸宄暴徒之「仇殺狙擊」。最後
則說那些指稱其屠殺臺民的說法為奸徒造謠，全屬「憑空捏造」。此案之相關
承辦人員註明：「核〔陳儀的呈復〕與白部長〔白崇禧〕返京後之報告，尚屬
相符。」蔣乃批覆此文曰：「交行政院核議。」〔註160〕陳儀深謂被檢舉人的脫
罪之辭（陳儀的卯眞電），如何得以做為查報的結果或證據？〔註161〕筆者肯定
陳氏說法。蔣中正對於臺省發生屠殺情事有查辦的動作，將案件交行政院核
議，看似對此案向屬關心，有意查核實情，實則其用心恐非如表面所示。申
曉雲研究 1931 年至 1934 年間國民政府監察院對前外交部長王正廷的彈劾
案，發現案子雖然交辦，並經過一切合法程序，最終仍不了了之。進一步探
索究竟，應是蔣中正隱身幕後操作的結果。九一八事變之後，蔣對日主和，
然輿情對此不滿，蔣乃使出兩面手法，在公眾面前慷慨激昂抵制對日支持者，

〔註159〕〈陳儀呈蔣主席四月眞電〉，《檔案彙編（十七）》，頁420。
〔註160〕〈陳儀呈蔣主席四月眞電〉，《檔案彙編（十七）》，頁420。
〔註161〕張炎憲等執筆，《二二八事件責任歸屬研究報告》，頁136。

將所有導致民眾不滿的妥協日本行徑，概交由他人承擔。於是便有為蔣不抵抗政策背黑鍋之人，先有張學良，後有汪兆銘，甚至也有蔣的心腹黃郛、王正廷等。〔註162〕對於臺灣發生屠殺情事，似也可依此脈絡思考。蔣確曾下令查辦，然而中統局密報屠殺之事就是陳儀主導，蔣竟請「兇嫌」陳儀自我呈復，這樣的查辦何能期待有澄清結果？且蔣最後批覆此文交行政院核議，而當時蔣就是代理行政院長，以此知蔣並無追究之意；臺省人民遭到屠殺之查辦，就此不了了之。

何以蔣中正可以如此袒護陳儀？何以蔣可以如此「草菅人命」？我們是否能夠合理推論，陳儀在主臺以後，乃至於在二二八事件中，一直秉承蔣的指示；〔註163〕亦即，屠殺之事乃陳儀奉蔣之命為之。如上文指出，並無任何證據呈現蔣有欲屠殺臺民之意，雖說事變期間蔣與相關人員往來函電甚多，足見蔣對事件介入程度之深，干涉層面之廣，〔註164〕然硬要說蔣幕後指使屠殺，恐有過份推論之虞。這麼說來，究竟蔣何以如此輕易地相信陳儀的片面之辭？

欲理解蔣處理陳儀涉嫌屠殺情事，仍應從蔣認知的事件原因著手。依上文論證，蔣認知二二八事件有兩重性，其中「奸黨煽惑」是為事件擴大主因。以是蔣思索陳儀回報，當以「共黨問題」作為思考出發點。陳儀在卯真電謂指稱其屠殺的種種訊息，「統屬奸徒憑空捏造，希圖流惑聽聞之慣技」。此語恐深深打入蔣氏心坎。蓋是時中共在輿論界大力抨擊國民政府，並四處製造情報，其說或真或假，令蔣深受其擾。3月2日蔣自記「上星期反省錄」便有云：

> 最初情報稱，北滿共軍二十五萬人，傾巢來犯，其鋒似不可當。及審核最後情報，乃知其並未如所傳之甚。「蓋由於共軍企圖利用其宣傳威脅之慣技」，使我軍聞而忙於部屬，疲於奔馳，而彼則趁間驅策其精銳部隊，分路鑽襲長春也。〔註165〕

蔣稱「蓋由於共軍企圖利用其宣傳威脅之慣技」，和陳儀說的「統屬奸徒憑空

〔註162〕申曉雲，〈國民政府五院政體下的權力模式、領袖專權與外交制衡——對王正廷彈劾一案的史料解讀與透視〉，《民國檔案》4 期（2008，南京），頁 89～102。

〔註163〕陳儀深，〈論台灣二二八事件的原因〉，收入陳琰玉等編輯，《二二八學術研討會論文集（1991）》（臺北：二二八民間研究小組等，1992），頁 57。

〔註164〕張炎憲等執筆，《二二八事件責任歸屬研究報告》，頁 168。

〔註165〕《事略稿本》，1947 年 3 月 2 日條。引號為筆者所加。

捏造，希圖流惑聽聞之慣技」，如出一轍。3 月 22 日，蔣自記「上星期反省錄」
有云：

> 上週心神微感煩苦，然「每聞奸黨廣播，誹謗謠諑，無奇不有」。

〔註166〕

足見共黨宣傳、製造假情報，對蔣心理影響之大。3 月 27 日下午 8 時，白崇
禧於臺北向全國廣播二二八事件處理經過，亦謂：

> 光復以來，中國共產黨「在國內惡意宣傳，詆毀中國國民黨、國民
> 政府、國民革命軍」，並且稱兵造亂，破壞統一，希圖顛覆政府，奪
> 取政權，臺灣少數共產黨及野心家，亦同時「在臺顛倒是非，造謠
> 惑眾」。利用緝私案件，掀起二二八事變的暴動大風潮。〔註167〕

4 月 17 日，蔣中正對軍官訓練團第一期學員演講，說到對共戰爭中精神的影
響與心理戰的重要時謂：「〔要〕認清共軍宣傳的陰謀，心理上不受其威脅」。
〔註168〕從此脈絡觀之，蔣也許自以為自己已經「認清共軍宣傳的陰謀」，故相
信指稱陳儀屠殺臺民情事「統屬奸徒憑空捏造」。蔣欲心理「不受其〔共軍宣
傳〕威脅」，故對於屠殺臺民情事便不再深究，乃有「袒護」陳儀、「草菅人
命」的措置。又，事件發生以來，陳儀不斷指出此事是奸黨煽惑所導致，及
至軍隊登陸，陳儀不斷強調他要「清除奸匪」。蔣中正丑蒸電（2 月 10 日）曾
下命令：

> 據報共黨份子已潛入台灣漸起作用，此事應嚴加防制，勿令其有一
> 個細胞遺禍將來。台灣不比內地，軍政長官自可「權宜處置」也。

〔註169〕

蔣對於共黨問題允許陳儀「權宜處置」。對白崇禧的派臺命令亦謂：

> 特派國防部部長白崇禧，前往臺灣宣慰，並着對此次紛擾事件，查
> 明實際情形，「權宜處理」。此令〔註170〕

可以看到，蔣給予方面大員一定的權力，對地方事務可以「權宜處理」。或因

〔註166〕《事略稿本》，1947 年 3 月 22 日條。引號為筆者所加。
〔註167〕〈白崇禧對全國廣播詞〉，收入李敖編著，《二二八研究》，頁 282～283。引
　　　　號為筆者所加。
〔註168〕《事略稿本》，1947 年 4 月 17 日條。
〔註169〕〈蔣主席致陳儀二月蒸電〉，《檔案彙編（十七）》，頁 107～108。引號為筆者
　　　　所加。
〔註170〕《國民政府公報》，第貳柒柒壹號，1947 年 3 月 12 日。引號為筆者所加。

此，蔣將所謂陳儀的「屠殺」，視作「清除奸匪」的「權宜處理」，而未予以深究。

我們可以看到，蔣中正對二二八事件兩重性的認知，對其處理事變影響極大。一旦蔣認定在中國大陸和其大打內戰的共產黨煽惑臺民，導致二二八事件，對事件之處理便絕對不會手軟。臺灣的綏靖、清鄉以蔣對付共黨的脈絡觀之，為澈底清除共黨，不使貽禍將來之舉措；非意欲掩人耳目，暗中消滅臺灣菁英之行為。陳儀深認為：「既然是叛國奪取政權、是有計畫有組織的叛亂，當然只有派兵予以『消滅』，毫不留情」。〔註171〕戚嘉林也謂：「起義、民變與鎮壓是對立的，前者必然引發後者，古今中外皆然。何況，情勢惡化至此，對世界上任何政府而言，除了鎮壓平變，已別無選擇。」〔註172〕蔣中正對事變之處置，在其認知的奸黨煽惑脈絡來看，是可以理解的。

令人好奇的是，今日研究已明確指出，臺灣共產黨勢力極小，事發後才有所行動，何以身為國家最高領導人且掌控情治單位的蔣中正，會收到一面倒地認定事件為奸黨煽惑造成的資訊？蔣到底能不能探知民間疾苦？能不能如現今的研究者，較為認識二二八事件的「實情」？

從史料中，似乎可以得到這樣的認識：蔣中正其實難以探知民瘼。據曾任國民政府軍事委員會委員長侍從室參謀的朱永堃說，抗戰時兵役署掌握徵兵大權，曾發生「抓壯丁」情事。為避免這些「壯丁」逃跑，兵役署署長程澤潤將他們關押於環境惡劣之處，及至「壯丁」變成「弱丁」或「病丁」。蔣中正原對此黑幕一無所知，及至蔣緯國得知後向蔣稟告，並親自帶蔣查看後，蔣才大怒進而槍斃程澤潤。朱永堃因此謂：「蔣介石高高在上，下情不能上達，長期被蒙在鼓裡。」〔註173〕國防部長白崇禧親自巡視臺灣，便已出現這種難以探知民隱的狀況。中統報告謂：「〔陳儀〕對白部長行動力加包圍，凡有晉謁者嚴受監視。」〔註174〕當時隨行採訪的記者白克亦云：

臺灣「二二八事件」後各地均宣布戒嚴，白部長所到之處，沿途均

〔註171〕陳儀深，〈豈只是「維持治安」而已——論蔣介石與台省軍政首長對二二八事件的處置〉，收入李旺台總編輯，《二二八事件新史料學術論文集》（臺北：財團法人二二八事件紀念基金會，2003），頁147。

〔註172〕戚嘉林，〈二二八事件定性問題——起義、台獨、民變 VS.平變〉，《海峽評論》207期（2008，臺北），頁54～55。

〔註173〕朱永堃，〈我所親知的蔣介石軼事〉，《鍾山風雨》2期（2001，南京），頁34～36。

〔註174〕〈葉秀峰呈蔣主席三月二十六日情報〉，《檔案彙編（十七）》，頁350。

軍警持槍布崗，甚少老百姓通過，白部長對此頗不以爲然，曾叫當
地軍警首長解除，多讓老百姓出來……白部長很想多見到些臺灣老
百姓，但各地方當局似乎都不大瞭解這個意思，常常祇有幾位參議
員代表奉命來見，白氏因此頗有以見不到眞正民眾爲憾。〔註175〕

蔣中正掌控秘密情治機關，對事件實情應較白崇禧所知爲深，然仍有其限制。
蔣的私人醫生熊丸說得更爲明白：

當年抗戰勝利來得太快，讓他〔蔣中正〕覺得自己的堅持都是對的，
所以別人的話都聽不進去。且除了戴季陶、吳稚暉、經國先生及夫
人外，能與他講話的人也太少，加之沒人敢在他的面前有所批評，
大家在他面前都唯唯諾諾……從前可在總統身邊諫言的人太少……
雖然總統每次見客都會問一些事，但因客人往往會猜測他的心意答
話，在此情況下，「下情經常不能上達」。總統除了讀報外，每週還
有許多財經、情報、軍事等會談……所以他也有許多消息來自這些
會談……然而這種消息來源仍十分有限，許多會談與建言，總是報
喜不報憂。從前帝王時代設御史職，其任務便是冒死上諫，但現在
哪來的御史呢？……到了他們那種地位的人，已經聽不進任何不入
耳的聲音，因爲他們已經被權力沖昏了頭。權力使人腐化。〔註176〕

綜合以上資料，蔣至事變中期之時，的確可以掌握事件中的大多資訊（反對
派兵或支持鎮壓），但各個資訊比重明顯不同，深陷於國共內戰情勢中的蔣中
正，對不同資訊的重視程度也不同。可以如此推論：蔣在其性格、時代環境
及資訊結構的制約之下，認定二二八事件爲「奸黨煽惑」所導致。

　　4月11日，高雄市參議會上呈蔣中正卯眞電，表面上對蔣之平變、寬大
爲懷表達感謝之意，實則暗求蔣不要進行議會改選。電文仍指事件是「少數
奸黨煽動釀成」，〔註177〕不脫奸黨煽惑脈絡。18日，國民政府參軍處軍務局
於二二八事件期間派出的連絡參謀陳廷縝，〔註178〕將實地調查結果進行彙
整，上呈〈二二八事件之檢討〉，內容有云：

〔註175〕白克，〈隨白部長宣慰〉，頁316。
〔註176〕陳三井訪問，李郁青紀錄，《熊丸先生訪問紀錄》，頁95～96。引號爲筆者所加。
〔註177〕《檔案彙編（十七）》，頁422。
〔註178〕軍務局派出情報員之相關歷史，可參見里凡，〈國民黨政府軍事委員會委員長
　　　　侍從室沿革和文檔處理述略〉，頁71～72；翁元口述，王丰筆錄，《我在蔣介
　　　　石父子身邊的日子》（北京：中華書局，1994），頁23。

本年一月始有異黨潛入三青團把持……至於此次事變發生之前，尚無異黨預謀暴亂，以及美日俄等挑撥離間之情報……總觀事變經過，省政之不滿人意暨臨時處置失當，以及士紳派之推波助瀾，實為事件擴大之原因。至於陰謀分子及異黨之事前預謀佈置，似均為事後渲染之飾詞。〔註179〕

陳廷縉的報告推翻了陳儀指稱的「奸黨之預有計畫，絕無疑義」。〔註180〕並指明陳儀行政失當，導致事變爆發。此報告為臺變發生以來，呈送給蔣中正的最接近事件實情的官方報告。然陳廷縉報告會改變蔣對事件兩重性的認知嗎？既然蔣當時仍不斷收到奸黨煽惑造成暴亂之相關資訊（如前引高雄市議會的卯真電），且陳廷縉報告是說共黨「事先」沒有預謀，並非說共黨從頭到尾都無參與，故此報告實肯定了事件之兩重性：事件發生是由於政府失政（第二重），而後共黨趁勢煽惑（第一重），乃導致事變益趨嚴重。

4月24日，監察院長于右任將福建臺灣監察區監察使楊亮功，以及監察委員何漢文的在臺調查報告轉呈蔣中正。調查報告將事變區分為三個階段，第一階段為流氓利用民眾排外與不滿政府現況，鼓動擴大事變；第二階段為政治野心者乘機而起；第三階段為事變蔓延全省，共黨趁機滲入，實行暴動，企圖顛覆政府，而是時各地情形紊亂，無指揮全局之主動者。〔註181〕監察院的報告十分詳細，指出臺灣省行政長官公署的不少缺點，但也強調了共黨的作用。此報告甚長，以蔣對白崇禧的〈宣慰台灣報告書〉都必須看簡表，沒有摘要的監察院報告，恐怕未獲蔣氏閱覽。不過據楊亮功說，其回京後曾晉見蔣氏，面陳臺灣事變經過（時間當在蔣掃墓回京的14日至發布魏道明為臺灣省主席的22日之間）。楊氏對蔣說到：「此次事變臺灣人民對於主席寬大為懷，將長官公署改組為省政府，至為感激。」蔣乃對其加以慰勞，謂：「你這次受驚了」云云。〔註182〕由此可知，監察院的報告書蔣或無暇閱覽，仍可藉由楊氏口述獲知大要。報告書的內容，應加深蔣對二二八事件兩重性的認知，或也使蔣確認共黨並非事先有預謀，乃事發後再行「乘機煽動」。〔註183〕

〔註179〕〈俞濟時呈蔣主席四月十八日簽呈〉，《檔案彙編（十七）》，頁437。
〔註180〕〈陳儀呈蔣主席三月十三日函〉，《檔案彙編（十七）》，頁266。
〔註181〕〈于右任呈蔣主席四月二十四日呈〉，《檔案彙編（十七）》，頁446～447、473。
〔註182〕楊亮功，〈「二二八」事變奉命查辦之經過〉，頁376。
〔註183〕監察院報告全文參見〈于右任呈蔣主席四月二十四日呈〉，《檔案彙編（十七）》，頁446～497。

5月16日，新上任的臺灣省主席魏道明下令剛升任為臺灣省警備總司令的彭孟緝，於是日清晨解除戒嚴，結束清鄉。〔註184〕發生或大或小規模屠殺情事的臺灣清鄉，便在蔣認定二二八事件為「奸黨煽惑」中收場。〔註185〕

第四節 相關人員之黜陟

蔣中正對二二八事件相關人員之懲處或擢升，應和其對事變之兩重性認知不脫關係。事件爆發及至軍隊登陸以來，已有大量資訊顯示陳儀在臺行政失當。3月5日，文官長吳鼎昌向蔣中正報告國防最高委員會同仁「對陳長官都不滿意」。〔註186〕12日，蔣於日記中謂：「公俠不自知其短缺使余處理為難。」〔註187〕16日晚間，蔣召見臺灣省行政長官公署秘書長葛敬恩，「擬屬公俠辭職」。〔註188〕蔣問葛：「你可否代替公洽〔陳儀〕繼續做下去？」葛道：「我做不好，還是讓公洽維持下去，我好好幫助他，將來會有好成績的。」蔣默然不置可否，葛敬恩因此認定蔣已決定把陳儀調開。最後，葛氏向蔣說：「讓公洽維持下去，給他一個機會。」蔣回答：「再考慮吧。」〔註189〕蔣將陳儀撤職之意已甚明確。《事略稿本》記蔣是日謂：

> 陳公俠主持台灣政事，不自知其短關，而唯虛矯粉飾是尚，肇此劇變猶不引咎自責，可為太息痛恨也！〔註190〕

〔註184〕〈魏道明呈蔣主席五月十六日電〉，《檔案彙編（十七）》，頁511。
〔註185〕此「奸黨煽惑」說，乃成為日後對二二八事件起因之官方說法。參見楊家宜編製，〈「二二八」的官方說法〉，《中國論壇》第31卷5期（1991，臺北），頁45～56；陳翠蓮，〈歷史正義的困境──族群議題與二二八論述〉，《國史館學術集刊》16期（2008，臺北），貳、事件初期的族群指控，頁183～188。歐素瑛謂：「事件後，官方指二二八事件完全是共產黨煽動所致，實不無推諉卸責及誇大之嫌」，所言甚是。臺灣第一線軍政人員上報層峰，的確有推諉、誇大之嫌。做為最高領導人的蔣中正，也因之受到導引，對臺變根本原因有錯誤認知。歐素瑛，〈從二二八到白色恐怖──以李媽兜案為例〉，《臺灣史研究》第15卷第2期（2008，臺北），頁146。
〔註186〕〈國防最高委員會第二二三次會議紀錄〉（臺北：中央研究院近代史研究所檔案館藏），1947年3月5日，檔號228G：1～1。
〔註187〕黃清龍，〈老蔣228日記曝光 三批陳儀無能〉。
〔註188〕《蔣中正日記》，1947年3月16日記云：「晚與湛候〔葛敬恩〕談台事，擬屬公俠辭職。」
〔註189〕葛敬恩，〈接收臺灣紀略〉，收入王曉波編著，《陳儀與二二八事件》（臺北：海峽學術出版社，2004），頁128。
〔註190〕《事略稿本》，1947年3月16日條。

對陳儀有嚴厲指責。17日，白崇禧抵臺宣慰，陳儀呈蔣寅篠電請辭，[註191]
電文有云：

> 此次台灣變亂，仰賴鈞座德威，迅速戡定。現在秩序已復，堪紓鈞
> 念。惟職智慮短淺，不能防患於未然，深用負疚。現行政長官公署
> 改組省政府之際，謹乞鈞座念職衰老，不堪再膺繁劇，准予辭去台
> 灣省行政長官兼警備總司令本兼各職，另選賢能接替，不勝感激待
> 命之至。[註192]

次日，蔣接獲此電，以寅巧未電（3月18日13至15時）回覆陳儀，准予辭
職，電文有云：

> 陳長官篠電悉。收復台灣勞苦功高，不幸變故突起，致告倦勤，殊
> 爲遺憾。現擬勉從尊意，准先設立台灣省政府。至長官公署，須待
> 省府成立，秩序完全恢復時，准予定期取消。惟此時仍須兄負責主
> 持善後，勉爲其難也。[註193]

蔣中正對陳儀之處理臺政有所不滿，陳儀請辭，等於已「引咎自責」，蔣應不
用「太息痛恨」了，因之蔣馬上批准陳儀請辭，並在電文中禮貌一番。不過，
蔣並未馬上將陳儀撤職，是時蔣最在乎者爲共黨在臺釀成巨變，故十分關注
臺灣共黨勢力是否澈底剷除，乃要陳儀留任至「秩序完全恢復時」。蔣中正手
令「秩序完全恢復時」原是寫「綏靖完成浚畢」，其後雖塗去，已足見蔣對臺
省綏靖工作之關心。時爲監察委員的丘念台回憶稱：「中央對於陳儀長官原無
更換之意，迨白部長回京報告後，中央覺得情勢不佳，才決定換人。」[註194]
實則白崇禧於4月2日方才返京，蔣在3月16日便做出換人決定，丘氏觀察
有誤。

　　就在蔣中正做出更換陳儀決定而尚未公布的這一段時間，一些和臺灣相
關的團體以陳儀釀出巨變，可能爲中央撤職，上電蔣請願，要求讓陳儀續掌
臺政。這些電文，舉其要有臺灣省憲政協進會等團體的寅梗電（3月23日）、

[註191] 是日蔣經國與白崇禧同機抵臺，將蔣中正所囑各事及函件轉達陳儀。參見《特
　　　交檔案》，典藏號：002080200626057。筆者推論蔣中正透過蔣經國轉達他對
　　　陳儀的不滿，暗示陳儀應當下臺負責，陳儀遂於是日請辭。
[註192] 〈陳儀呈蔣主席三月篠電〉，《檔案彙編（十七）》，頁294。
[註193] 〈蔣主席致陳儀三月巧電〉，《檔案彙編（十七）》，頁300～301。
[註194] 丘念台，〈我對二二八事變的愧疚〉，收入王曉波編著，《二二八眞相》（臺北：
　　　海峽學術出版社，2002），頁355。

〔註195〕國民大會臺灣省代表的寅敬電（3 月 24 日）、〔註196〕臺灣省新竹市議會的卯東電（4 月 1 日）、〔註197〕鳳山參議會電（未註原電發送時間，4 月 13日譯出）。〔註198〕丘念台亦回憶云：

> 當時長官公署的智囊團們，在白部長尚未離台回京之前，曾經策動台籍人士聯名電呈中央，擁護陳長官出任改省後的台灣省主席。〔註199〕

中統局則密報蔣中正（3 月 26 日），這些挽留行徑，為陳儀幕後策動：

> 陳長官現策動游彌堅、劉啓光等發動聯名向中央請求挽留，但威信已失，民心難服。〔註200〕

陳儀在事變後的舉措，非本書論述主題，提出以上史料，是要強調蔣中正曾於同意陳儀去職後，收到相關挽留電文。後文將論述這些電文，是否對蔣造成影響。

　　3 月 15 日，中國國民黨第六屆中央執行委員會第三次全體會議開議，〔註201〕22 日會議，「全場贊同」監察委員劉文島等五十五人之臨時動議，〔註202〕通過將臺灣省行政長官陳儀撤職查辦，並迅速實施善後之案；〔註203〕中國國民黨中央常務委員會第六十三次會議（4 月 2 日），亦決議國民政府應迅速實施此案。〔註204〕4 月 14 日以後，此案件連同相關人員草擬的兩項辦理意見，一同呈送給蔣中正。〔註205〕這個如同選擇題的擬辦意見，一為「遵

〔註195〕〈為轉呈台灣省憲政協進會等團體挽留陳儀長官繼主台政上鈞座電報請鑒核由〉，《國民政府檔案》，收入侯坤宏主編，《國史館藏二二八檔案史料》（臺北：國史館，1997），上冊，頁 70～71。

〔註196〕〈台省民眾盼望陳長官繼續主持台政〉，《國民政府檔案》，頁 64～65。

〔註197〕〈請准陳長官繼掌台灣省政〉，《國民政府檔案》，頁 67～69。

〔註198〕《國民政府檔案》，頁 72。

〔註199〕丘念台，〈我對二二八事變的愧疚〉，頁 352。

〔註200〕〈葉秀峰呈蔣主席三月二十六日報告〉，《檔案彙編（十七）》，頁 350。

〔註201〕《事略稿本》，1947 年 3 月 15 日條。

〔註202〕中央研究院近代史研究所編，《徐永昌日記》（臺北：中央研究院近代史研究所，1991），冊八，頁 391。

〔註203〕〈三中全會決議撤查臺灣行政長官陳儀一案請由查照轉陳辦理由〉，《國民政府檔案》，頁 81。

〔註204〕〈中國國民黨第六屆中央執行委員會常務委員會第六十三次會議記錄〉，收入中國第二歷史檔案館編，《中國國民黨中央執行委員會常務委員會會議錄》（桂林：廣西師範大學出版社，2000），頁 59。

〔註205〕此案件右下角雖註明文官長「吳鼎昌　4 月 3 日呈」，但內容卻記有 4 月 10

照三中全會決議，交行政院提出繼任人選，即由府將陳長官撤職查辦」。二為「鈞座以總裁身份，行使本黨總章賦與之最後決定權，裁復該案另有辦法」。蔣最後批示：「二、照第二項辦理」，〔註206〕看似無追究之意，陳儀深因此謂：「連國防最高委員會和國民黨中央執行委員會都要求懲辦陳儀的情況下，蔣介石依然獨排眾議，無視於南京政府內部的反省聲音，而運用總裁的『最後決定權』袒護陳儀，從而整個臺灣政府事後無人負起責任，這是蔣介石應比他們負更大責任的第一個理由。」〔註207〕蔣中正3月16日意囑陳儀辭職，18日同意之，4月14日以後卻甘冒輿論壓力，不同意將陳儀撤職查辦，其緣故為何？是前述挽留陳儀的電文收效了嗎？蔣真的如陳儀深所說，運用了總裁的「最後決定權」來袒護陳儀嗎？

　　細察檔案，原先國民政府文官處草擬給蔣中正的擬辦意見是：

查中國國民黨總章第二十六條：「總理對于中央執行委員會之決議有最後決定之權。」又第二十八條「總裁代行第四章與親定總理之職權」等規定，本案呈否即照中央決議實施，鈞座有最後決定之權，茲擬具辦法三項：

一、遵照中央決議□府明令，將陳長官撤職查辦，并令行政院提出繼任人選。

二、□府明令將陳長官革職留任，仿參湖南省政府主席張治中因長沙大火案例。

三由

鈞座以總裁身份，行使黨章賦與之最後決定權，決定該案暫緩實施。

又據報□載，本月二日中常會決議：陳儀撤職查辦案應立即執行等語。究應如何辦理？轉請

核示〔註208〕

亦即，辦法原來有三項，且都是基於總裁有「最後決定之權」所擬。第一項

日臺灣省參議員呈蔣的卯灰電。卯灰電係4月11日譯出，知此案件4月11日以後蔣才得以一覽并予處理，筆者推論蔣之可能處理時間為掃墓返京之4月14日以後。

〔註206〕〈三中全會決議撤查臺灣行政長官陳儀一案請由查照轉陳辦理由〉，《國民政府檔案》，頁81。

〔註207〕張炎憲等執筆，《二二八事件責任歸屬研究報告》，頁166。

〔註208〕□為被塗去之處。見侯坤宏主編，《國史館藏二二八檔案史料》，上冊，頁78～79。

是將陳儀立即撤職查辦，第二項是將陳儀革職留任，第三項是將此議暫緩實施。其後相關人員將第二項刪去，留有第一項；原來第三項稍做潤飾後，改成「裁復該案另有辦法」，成為第二個辦法。文官處後來函復中執會（4月30日），多少透露蔣何以裁定第二項辦法：

> 關於三中全會決議撤查台灣行政長官陳儀一案，業經總裁定有辦法，並於指派大員前往台灣澈查之後，適應環境撤銷行政長官組織，改任魏道明同志為台灣省政府委員兼主席，納入通常政制矣。
> 〔註209〕

從這些史料，我們對於蔣中正何以不願「立即」將陳儀撤職查辦，可以有這樣的解釋：因為陳儀下臺已成定局，與其現在立刻讓陳儀去職，選任某人做即將改組的長官公署「看守」長官，不如先讓陳儀撤職案「暫緩實施」（後改稱「另有辦法」），留待公署改組再行撤換；此外，蔣當時始終認為奸黨煽惑是事件主因，十分在乎臺省共黨是否澈底撲滅，蔣仍需要陳儀在臺執行綏靖清鄉工作，且臺省官員之替換必須妥善交接；〔註210〕再說，時白崇禧之調查報告尚未上呈蔣（如前所述，文官長吳鼎昌4月16日才將白氏報告上呈），蔣前致白氏手令，已明確指出「复准待宣慰工作完成，『報告到後』，再定辦法。現並未有任何之許諾，陳長官查辦案亦已打銷，勿念。」〔註211〕蔣3月24日的公開發言說得更為明白：「臺變陳儀固應負責，其用人也許失當，政府已派白崇禧前往處理，於察明真相之前，三中全會遽作撤職查辦決議，未免使邊疆負責人減少責任勇氣。」〔註212〕相關人員舉措之恰當或非宜，在白崇禧報告到前尚未可知，故蔣不致接受第一項擬辦意見的「『即由』府將陳長官撤職查辦」。如是說來，蔣運用總裁的「最後決定權」不同意立刻處置陳儀，可能並非祖護陳儀或相關挽留電文收效，只是時候未到。若相關人員將原擬三個處置辦法并呈，蔣似乎極有可能選擇第二個「革職留任」選項；只是相關人員之最終擬辦意見如此，兩個答案一翻兩瞪眼（陳儀不是立刻去職就是

〔註209〕〈中國國民黨第六屆中央執行委員會常務委員會第六十八次會議記錄議事日程〉，收入中國第二歷史檔案館編，《中國國民黨中央執行委員會常務委員會會議錄》，頁370。

〔註210〕陳儀辭職至離臺期間，與蔣中正往來函電，多是談省府交接事宜。蔣對臺省交接之重視，可見一斑。

〔註211〕〈白崇禧呈蔣主席三月二十三日電〉，《檔案彙編（十七）》，頁341。雙引號為筆者所加。

〔註212〕旅平同鄉會等，〈二二八大慘案日誌〉，頁253。

留任），蔣在當時情勢之下，似也只能選擇看似袒護陳儀的決定。

　　4 月 22 日，行政院決議撤銷臺灣省行政長官公署，改組省政府，以魏道明為臺灣省主席，確定將陳儀撤職。〔註 213〕5 月 11 日，陳儀離開臺北，〔註 214〕16 日，臺灣省政府正式成立，臺灣省行政長官公署於同日撤銷，〔註 215〕陳儀結束在臺主政生涯，到上海做寓公。〔註 216〕

　　陳儀是撤職了，卻未「查辦」，甚至日後「榮升」浙江省主席，其原因為何？是否因為陳儀在事變後的清鄉工作中，遵從蔣的旨意，暗中屠殺臺民，翦除臺省菁英，遂獲蔣嘉許？〔註 217〕還是因為論罪的層級太高、數量太多，〔註 218〕蔣怕「動搖國本」，或追究到自己？如前文所述，沒有任何直接證據顯示蔣中正暗中指使屠殺臺民；反倒是蔣擔心追究政學系的陳儀將破壞派系平衡，導致政局動盪的說法不無可能。〔註 219〕然我們絕不可以蔣未追究陳儀，反而擢升，便指稱二二八事件一切負面結果都是蔣授意為之。以中原大戰（1930 年）為例，閻錫山、馮玉祥、李宗仁、汪兆銘等人，挑戰「蔣中正為首」的黨國，雙方進行了民國成立以來最大規模的內戰。死傷枕籍，消耗國家鉅大財力、人力。戰後閻、馮、李、汪不過下野，並未因其叛國並導致軍民大量傷亡而受懲處，甚至日後他們都復出擔任政府高官大吏，顯赫一時。我們能夠因為閻、馮、李、汪事後未受懲處，反而擢升，便說中原大戰是蔣中正背地裡授意他們打的嗎？恐怕不行。以中日戰爭（1937 至 1945 年）為例，曾任日本中國派遣軍總司令官的岡村寧次，戰後為上海的中國軍事法庭宣判

〔註 213〕《長編初稿》，頁 438。
〔註 214〕《檔案彙編（十七）》，頁 499。
〔註 215〕〈魏道明呈蔣主席五月銑電〉、〈陳儀呈蔣主席五月銑電〉，《檔案彙編（十七）》，頁 509、510。
〔註 216〕周一鶚，〈陳儀在台灣〉，收入王曉波編著，《陳儀與二二八事件》，頁 123。
〔註 217〕李筱峰，《解讀二二八》（臺北：玉山社出版事業股份有限公司，1998），頁 183～186。
〔註 218〕張炎憲等執筆，《二二八事件責任歸屬研究報告》，頁 120。
〔註 219〕關於這一點，限於篇幅，筆者暫不深論。相關文獻參見王又庸，〈關於新政學系〉，收入中國人民政治協商會議全國委員會文史資料研究委員會編，《文史資料選輯》（北京：中華書局，1960），第 4 輯，頁 78～97；唐德剛，〈政學系探源〉，《傳記文學》第 63 卷第 6 期（1993，臺北），頁 21～30；林天行編，〈中國政治內幕〉，收入車吉心主編，《民國野史》（濟南：泰山出版社，2000），卷 16，頁 447～449；著者不詳，〈中國內幕〉，收入車吉心主編，《民國野史》（濟南：泰山出版社，2000），卷 20，頁 17～21；翊勳，〈蔣黨真相〉，收入車吉心主編，《民國野史》，卷 20，頁 399～408。

「無罪」，〔註220〕其後甚至被國民黨請來革命實踐研究院幫忙，〔註221〕我們可以因此說國民黨總裁蔣中正暗中主使日本軍隊來打中國嗎？若然，眞荒謬至極。楊天石研究孔祥熙貪污美金公債逾千萬事件（1944年），蔣獲密報澈查之後，直指孔氏貪瀆，孔氏卻屢次矢口否認，蔣乃在日記中云：「更覺此人〔孔祥熙〕之貪劣不可救藥，因之未能午睡。」然蔣最終並未澈查孔氏，僅以撤職作爲懲處。〔註222〕我們也不能因爲孔祥熙貪污僅受撤職處分，未受其他審判，便說貪瀆是蔣指示的（蔣日記已透露此事與其無涉）。以上例子，各有其時代脈絡及特殊性，或不可全然與二二八事件之人事異動做比較，筆者僅欲強調，若以陳儀未嚴受懲處便推論蔣參與其事，則此推論似太過簡單，忽略其他可能的因素。

陳儀「撤職」未受「查辦」，或因其曾向蔣中正說：「關於臺灣治安方面以現有軍警力量足夠維持，不必再派軍隊來臺增防。」此點「頗博得蔣介石的讚許」。〔註223〕亦即，「蔣介石認爲臺灣人民之所以敢於起來暴動，是由於陳儀堅決執行了他的命令──將中央軍調出臺灣，補充進攻解放區的兵力，造成省防空虛，給臺灣民眾可乘之機」；蔣認爲陳儀此舉對他「忠誠」。〔註224〕加以觀前文敘述，二二八事件後陳儀不斷跟蔣說他會積極「肅奸」，對於善後事宜並展現萬分負責的態度，白崇禧對其事變後之評價亦頗高，這些當令蔣印象深刻；蓋當時蔣所思所想皆不離共黨問題，陳儀針對「奸黨」的綏靖、清鄉頗可爲蔣分憂解勞。3月24日，蔣在國父紀念週中講演，爲宋子文、王世杰、陳儀辯護，認爲他們「負責、守紀律、任勞怨」，十分難能可貴，並云「陳長官不能用人，幾有不愼而已」，〔註225〕可見蔣對陳儀之愛護。蔣3月23日之日記謂：「三中全會……對公俠要求撤職查辦……等不負責的挾意報復，只求逞快一時而不問是否不顧大局之行爲，不僅爲共匪稱快造機會，實

〔註220〕〔日〕稻葉正夫編，天津市政協編譯委員會譯，《岡村寧次回憶錄》（北京：中華書局，1981），頁231、247。

〔註221〕孟昭庚，〈侵華日軍總司令岡村寧次被無罪開釋內幕〉，《黨史縱橫》1期（2007，瀋陽），頁54～57。

〔註222〕參見楊天石，〈且看蔣介石如何反腐敗（上）〉，《同舟共進》8期（2008，廣州），頁38～41；楊天石，〈且看蔣介石如何反腐敗（下）〉，《同舟共進》9期（2008，廣州），頁40～43。

〔註223〕楊鵬，〈臺灣受降與「二二八」事件〉，收入李敖編著，《二二八研究三集》（臺北：李敖出版社，1989年），頁151。

〔註224〕嚴家理，〈陳儀主政見聞〉，收入李敖編著，《二二八研究三集》，頁283～284。

〔註225〕參見中央研究院近代史研究所編，《徐永昌日記》，冊八，頁393。

為毀滅本黨自身之禍因，黨德黨紀毀滅殆盡矣，可痛！」〔註 226〕不但可見蔣對共黨問題之在乎，亦可復見其對陳儀之態度。而事實上，蔣對臺變能迅速平息似頗為滿意，其於日記曰：「臺灣全省各都市為暴徒共匪牽制，情勢嚴重已極，竟能如計處理，次第平服。」〔註 227〕或因這些緣故，蔣乃對陳儀重重提起（撤職），輕輕放下（令其安做寓公），不再追究，甚至於日後再次起用（成為國民政府顧問、浙江省政府主席）。

　　從蔣中正認知的事件兩重性觀之，應更可理解蔣對陳儀及相關人員的黜陟。在蔣看來，二二八事件一來是共黨煽惑釀成，一來是臺省失政所致。事變後的獎懲，當依此思維脈絡而行。以臺省失政層面來說，蔣早就想將陳儀撤職，以示懲戒（3 月 16 日蔣自記謂：「〔陳儀〕肇此劇變猶不引咎自責」），只是仍需要陳儀在臺處理善後，故暫緩實施；以奸黨煽惑層面來說，陳儀呈蔣之辭職電文提及他是因「智慮短淺，不能防患於未然，深用負疚」而辭職。此「防患於未然」應是指蔣丑蒸電（2 月 10 日）所下的命令：「據報共黨份子已潛入台灣漸起作用，此事應嚴加防制，勿令其有一個細胞遺禍將來。」亦即，陳儀之撤職除了失政，亦導因於對共黨煽惑之事未能預先防範。

　　賡續由奸黨煽惑層面來看相關人員之黜陟。4 月 17 日，白崇禧宣慰臺灣結束返京之後，上呈蔣之簽呈有云：

> 查現任台灣警備總部參謀長柯遠芬，處事操切，濫用職權，對此次事變，舉措尤多失當，且賦性剛愎，不知悛改。擬請與撤職處分，以示懲戒，而平民怨，當否？乞
>
> 核奪〔註 228〕

白崇禧謂柯遠芬「處事操切，濫用職權」，所指為何？白氏日後接受訪問曾予以解答：

> 警總參謀長柯遠芬說，警總已令各縣鄉地方實行清鄉計劃，限期年底完成，有些地方上的暴民和土匪成羣結黨，他說此等暴徒淆亂地方，一定要懲處，寧可枉殺九十九個，只要殺死一個真的就可以，柯還引用列寧說的話，對敵人寬大，就是對同志殘酷。我糾正他，有罪者殺一懲百為適當，但古人說行一不義，殺一不辜而得天下不為，今後對於犯案人民要公開逮捕，公開審訊，公開法辦，若暗中

〔註 226〕黃清龍，〈老蔣 228 日記曝光　三批陳儀無能〉。

〔註 227〕《蔣中正日記》，1947 年 3 月 31 日「注意」。

〔註 228〕〈白崇禧呈蔣主席四月十七日簽呈〉，《檔案彙編（十七）》，頁 435。

逮捕處置，即不冤枉，也可被人民懷疑為冤枉。〔註229〕

亦即，白崇禧認為柯遠芬應受懲處是因為其曾有濫施屠殺臺民的舉動，且屢勸不聽，為了「平民忿」，乃建議蔣中正將其撤職。對此白崇禧簽呈，相關人員的擬辦意見謂：

> 據本局〔軍務局〕於台變派往台灣視察之上校參謀陳廷縝報稱，柯參謀長於二二八事變以前，對台省情況判斷錯誤，以致警備疏忽。事變既起，警察全部瓦解，實為事變擴大之主因。但此實非柯之過失，對彼未宜苛責。蓋台事文職過失多而責重，軍人僅聽命行動而已。等語謹併註陳。〔註230〕

白氏認為柯遠芬必須懲處，是針對其事變中的舉措失當，軍務局相關人員卻將重點置於事變前之未能預先防範，並將事變中的責任推諉文職人員，真可謂風馬牛不相及。然我們可以以此略窺當時中樞對於二二八事件中所謂「屠殺」情事之忽視，對於事變中之軍人，基本上視為「僅聽命行動而已」。蓋若奸黨煽惑為事件主因，責在共黨，及未能事先防範之文員，便不在奉命平亂之軍人。蔣最後批示曰：「應先調回候審。」〔註231〕離任臺灣警總參謀長的柯遠芬，日後獲派東北擔任視察組長；派赴前蔣召見柯氏謂：「你吃虧了！」〔註232〕復可見蔣對同遭共黨問題之軍人的愛護。同日，白崇禧另一簽呈謂：

> 查此次台灣事變中，高雄要塞司令彭孟緝，獨斷應變，制敵機先，俘虜滋事暴徒四百餘人。基隆要塞司令史宏熹，沉著果敢，擊破襲擊要塞之暴徒，使台北轉危為安。馬公要塞司令史文桂，先將警察繳械，防患未然。嘉義空軍地勤第二十九中隊隊長魏聚日，督率數十名士兵，與暴徒三千餘人激戰數日，終能確保機場。整二十一師獨立團團長何軍章，率領所部，防止叛亂，亦稱得力。各該員擬懇分別獎勵，以昭激勵。當否？乞核示。〔註233〕

〔註229〕賈廷詩等訪問兼紀錄，《白崇禧先生訪問紀錄》，下冊，頁567～568。
〔註230〕〈白崇禧呈蔣主席四月十七日簽呈〉，《檔案彙編（十七）》，頁435。
〔註231〕〈白崇禧呈蔣主席四月十七日簽呈〉，《檔案彙編（十七）》，頁435。
〔註232〕魏永竹主編，《二二八事件文獻續錄》，頁729。
〔註233〕〈白崇禧呈蔣主席四月十七日簽呈〉，《檔案彙編（十七）》，頁436。據彭孟緝回憶，是年4月初收到南京一位朋友來信，此友參加國防部國父紀念週時，親自聽到白崇禧對彭氏之讚譽。白氏當時謂：「高雄要塞司令彭孟緝中將在此次事變中的措施。他是真領會了『獨斷專行』的精神，把握了獨斷專行的時機，和至忠至勇的行為；最初不為人所諒解，終能擇善固執到底而削平全省

白氏提出的獎勵名單，著重是否平亂有功、是否強力鎮壓奸黨煽惑之暴亂。據丘念台回憶，其隨白崇禧從臺灣回南京之時，白氏談到臺灣善後事宜，丘坦白地提出意見：

> 與此次事變有關的在台軍政長官，都應該依據功罪調換一下，才能和緩台民的情緒，使對中央存敬畏之心。不過對於軍事長官的獎賞提升，似不宜在台灣就地升任為是，以免引起台人有不愉快的感覺。〔註234〕

這個意見，為相關人員寫入白氏簽呈（獎勵名單）之擬辦欄：

> 又台變乃為國家不幸事件，彭孟緝等處置適當，固屬有功，惟功勛之獎賞，必須公佈，但如公佈，則恐激動台人及國內反對派之反感，在給與勛賞之方式上，似應考慮行之。〔註235〕

顯然蔣中正對這個意見不夠重視，對此簽呈批示：「交國防部敘獎可也。」〔註236〕是日（4 月 17 日），蔣尚面諭白崇禧，決升任高雄要塞司令彭孟緝為臺灣警備總司令。〔註237〕4 月 23 日，蔣復對陳誠批示「決任彭孟緝為台灣警備總司令」。〔註238〕5 月 2 日，陳誠將此決定密電彭，謂：「奉核定：吾兄接任臺灣警備總司令，希密為準備。」〔註239〕這個被臺民稱為「高雄

大亂，誠功不可沒，實在是負責的軍人，說得上優秀人才，要特別提升重用才是。我已將這點意思報告了蔣主席。」參見彭孟緝，〈臺灣省二二八事件回憶錄〉，收入魏永竹主編，《二二八事件文獻續錄》，616。白崇禧呈蔣 4 月 17日簽呈，當即其說的「我已將這點意思報告了蔣主席」。

〔註234〕丘念台，〈我對二二八事變的愧疚〉，頁 355。

〔註235〕〈白崇禧呈蔣主席四月十七日簽呈〉，《檔案彙編（十七）》，頁 436。

〔註236〕〈白崇禧呈蔣主席四月十七日簽呈〉，《檔案彙編（十七）》，頁 436。

〔註237〕〈白崇禧呈蔣主席四月十七日簽呈〉，《檔案彙編（十七）》，頁 436。依照白崇禧簽呈所言，4 月 17 日蔣中正確定將彭孟緝升任警備總司令，然蔣 4 月 21日致陳儀卯馬電卻謂：「軍事人選，尚未決定，擬待省府改組完畢成後再定」，說法矛盾。細查蔣卯馬電手令原文，其一度將「尚未決定」的「尚未」改成「暫不」，其後雖塗去，知蔣其時早已胸有定見，只是要待省府改組後再行發布。參見〈蔣主席致陳儀四月馬電〉，《檔案彙編（十七）》，頁 439。

〔註238〕〈陳誠呈蔣主席四月十一日簽呈〉，《檔案彙編（十七）》，頁 421。此簽呈雖寫明上呈時間為 4 月 11 日，另件卻寫有「處理」時間為 4 月 23 日。4 月 23日陳誠又有呈蔣另一關於警總人選之簽呈，若蔣早將人選告知陳誠，陳誠應不致再做建議，故筆者推論 4 月 11 日簽呈上蔣的批示是 23 日所留。參見〈陳誠呈蔣主席四月二十三日簽呈〉，《檔案彙編（十七）》，頁 445。

〔註239〕彭孟緝，〈臺灣省二二八事件回憶錄〉，收入魏永竹主編，《二二八事件文獻續錄》，頁 618。

屠夫」的彭孟緝，被拔擢爲臺灣最高軍事首長，是否如陳翠蓮所說：「蔣介石只重視軍人對其個人效忠，而對於臺灣民眾受難卻是全然的漠視與無動於衷？」〔註 240〕蔣無疑重視軍人對其個人之效忠，然其是否「全然的漠視」臺民受難？從現有資料來看，蔣當時並沒有收到彭孟緝屠殺高雄人民的資訊，〔註 241〕反而是得知彭氏「派兵肅清」共黨煽惑的暴亂，且「繳還武砲頗多」，並「驅逐恒春暴徒」。〔註 242〕十數年後，蔣中正召見彭孟緝，尚謂彭氏「處理臺灣二二八事變，卓著功勳」。〔註 243〕從蔣認定事件是奸黨煽惑暴亂爲出發點，我們可以理解其何以對這些鎮壓得力份子積極獎賞，以至於不甚重視臺民觀感。〔註 244〕

第五節　小　結

　　二二八事件爆發以還，蔣中正最爲國共內戰及政府改組事宜所擾。在這樣的歷史背景之下，蔣認定臺變是爲共黨煽惑導致的暴亂；也在此敏感時點，蔣應不至於暗中屠殺臺籍菁英，使其費盡心力的政府改組、容納各黨各派，事成泡影。

　　蔣於二二八事件中期獲得的資訊，可概分爲反對派兵來臺及支持鎮壓臺變兩類。觀蔣言行舉措，可將其對臺變態度區分「兩重」；亦即，可視蔣認知的臺變具有「兩重性」。事件第一重性質爲奸黨煽惑暴亂，第二重爲臺民欲改革省政。事件所以擴大，在於奸黨煽動（第一重）不滿省政的臺民（第

〔註 240〕 張炎憲等執筆，《二二八事件責任歸屬研究報告》，第四章：臺灣軍政層面的責任，頁 261。本章由陳翠蓮執筆。
〔註 241〕 當時臺灣民間盡力要讓蔣中正明瞭事件真相，臺灣省旅滬六團體曾於 4 月 10 日召開記者會，發表臺灣發生大屠殺情形之報告書，主張對主持屠殺的陳儀、柯遠芬、史宏熹、彭孟緝等人依法起訴，處以極刑。參見旅平同鄉會等，〈二二八大慘案日誌〉，頁 256。報告書全文見鄧孔昭編，《二二八事件資料集》，頁 325～329。遍查檔案，軍政機關並沒有將這個訊息上呈，若蔣中正沒有看到報紙相關報導，恐難明瞭此情。
〔註 242〕 白崇禧，〈宣慰台灣報告書〉，《檔案彙編（十七）》，頁 392～393。
〔註 243〕 此爲 1965 年 7 月蔣中正召見彭孟緝面諭之話。參見彭孟緝，〈臺灣省二二八事件回憶錄〉，收入魏永竹主編，《二二八事件文獻續錄》，頁 579。
〔註 244〕 保密局 5 月 12 日情報有云：「台灣人民對政府改組該省省府，表示失望……且台民所妒恨之嚴家淦仍任財廳長，高雄要塞司令彭孟緝竟升爲警備司令。」蔣獲此資訊，仍未替換彭氏，其心態可見一斑。參見〈保密局三十六年五月十二日呈蔣主席情報〉，《檔案彙編（十七）》，頁 507。

二重），至於事件波及全省，一發不可收拾。蔣有此認知，相關處置便雙管齊下。對於第一重（奸黨煽動），派兵鎮壓；對於第二重（臺民欲改革省政），派大員赴臺宣慰，並開始革新省政。奉蔣命赴臺的白崇禧 3 月 17 日曾對整編第二十一師參謀長江崇林謂：「這是一場政治戰，若過於用武，會把人民嚇怕！」〔註 245〕用武是爲處理第一重，強調「政治戰」是關注第二重，蔣對事變之雙重處置，可由此窺探。

　　今日可見之資料已明確呈現臺共力量極小，不可能事先策劃武裝暴動。〔註 246〕然蔣中正並不能如今日的研究者，深曉臺灣的共產黨勢力極小，沒甚麼影響力；其身處的時代環境及個人性格刺激他必須要對共黨提高警覺、嚴厲處置。雖有不少資訊呈現臺灣行政失當，卻也有大量的訊息告訴他奸黨煽惑，導致暴亂。蔣於日記中謂：「台灣事變自軍隊運到後已大半敉平，然亦未曾根本解決也。可知新復之地與邊省全靠兵力維持也」，〔註 247〕其強調軍隊之重要，在奸黨煽惑暴亂之脈絡下，或可爲吾人理解。至於何以「奸黨煽惑」會成爲蔣獲知之資訊主體？丘念台謂當時的軍政負責人，「上面的人不惜誇大宣傳。說台省共黨秘密組織『新華共和國』，並已查獲旗幟和組織人名單等，力加渲染。下面的人都爲了掩飾自己的過失，惱羞成怒的製造聲勢，捏造事實來瞞騙上峰」。〔註 248〕「當局者迷」的蔣中正所接收到的資訊，乃在此層層扭曲之中，不成原樣，遂做出了其認爲合宜的措置，〔註 249〕而遭現今「旁觀者清」，可以投入大量時間專注研究這段歷史的部分研究者，視爲舉措乖謬，事件元凶。

　　二二八事件中應曾發生相當規模的屠殺情事，李翼中謂：

〔註 245〕臺灣省文獻委員會、二二八事件文獻輯錄專案小組編校，《二二八事件文獻輯錄》（臺中：臺灣省文獻委員會，1995 修訂版），頁 612〜613。

〔註 246〕張炎憲等執筆，《二二八事件責任歸屬研究報告》，頁 96。

〔註 247〕《蔣中正日記》，1947 年 3 月 15 日「上星期反省錄」。

〔註 248〕丘念台，《嶺海微飆》（臺北：海峽學術出版社，2002），頁 276。孫武亦謂：「蔣處於權力之巔峰，整日聽聞左右之阿諛，對此渾然不覺，事無巨細，均下手令，樂此不疲。」似尚可體現當時實況。參見孫武，〈蔣介石手令處理規程考略〉，《民國檔案》2 期（2004，南京），頁 136〜140。

〔註 249〕在軍事行動上也出現這樣的情狀，曾任軍團司令的萬耀煌謂：「總統〔蔣中正〕具有英雄本質，使他堅持必須親自指揮軍事……集合起來開會，他聽取每個人的報告才決定了戰略，要大家執行。問題就在各個帶兵官是否得到正確的情報？是否肯把實況報告出來？是否敢把自己的弱點宣佈出來？無疑的總統所得報告要打很大的折扣，他的決定當然成問題。」參見沈雲龍訪問，賈廷詩等紀錄，《萬耀煌先生訪問紀錄》，頁 458。

> 國軍廿一師陸續抵基隆，分別向各縣市進發，陳儀明令解散二二八
> 事件處理委員會，又廣播宣佈戒嚴意旨。于是警察大隊、別動隊于
> 各地嚴密搜索參與事變之徒，即名流碩望、青年學生亦不能倖免，
> 繫獄或逃匿者不勝算。中等以上學生，以曾參與維持治安，皆畏罪
> 逃竄山谷，家人問生死、覓屍首，奔走駭汗，啜泣閭巷。陳儀又大
> 舉清鄉，更不免株連誣告或涉嫌而遭鞫訊，被其禍者前後無慮數萬
> 人，台人均囁氣吞聲，惟恐禍之將至。〔註250〕

其敘述的屠殺情事，令人為蒙冤的受難者悲悼難過，也對家屬受到的心理壓
力感到十分不忍，我們一定要追究是誰製造這樣的慘案。這個「慘案製造者」
是蔣中正嗎？李翼中接著說：

> 主席蔣公憫台民之無知，處理一本寬大，而地方政府竟肆其殘酷如
> 此過矣。〔註251〕

李翼中將責任歸諸地方政府相關人士。時任職於糧食局的林衡道，亦指出長
官公署採用神秘失蹤、亂戴帽子的方式處理涉案人，對首要分子不聞不問，
附從者卻嚴處重罰，關於這些問題，他「一定要指出來，讓中央明瞭真相」；
〔註252〕林氏也認為地方政府導致慘案。地方人士是否該為事件負最大責任，
非本書論列範圍，〔註253〕至少依本書的認識，蔣未「默許」甚至「指使」對
臺民的「屠殺」行動，這個「慘案製造者」並非蔣。蔣中正身為國家最高領
導人，必須負其政治責任，但不宜將一切過錯推究給他。蔣在事變中、後
期之明顯失誤，在於對臺省曾有屠殺情事的資訊不夠留意，至於草率調查，不
了了之；我們可以對此嚴屬指責。然而，我們似不可忽視當時蔣的限制。臺
省發生屠殺的訊息，蔣知道的並不多，又其煩擾於共黨製造假情報，乃視這
些屠殺消息為共黨「宣傳威脅之慣技」，而未予以重視。又，是時國民黨政府
對共產黨員的處置，多未經過合法手續，如 1927 年發生的「四一二政變」，

〔註250〕李翼中，〈帽簷述事〉，頁389。
〔註251〕李翼中，〈帽簷述事〉，頁389。
〔註252〕〈台灣省文獻委員會主任委員林衡道先生二二八事變回憶〉，收入侯坤宏編
輯，《二二八事件檔案彙編（九）── 國家安全局、臺灣省諮議會檔案》（臺
北：國史館，2002），頁119、122。
〔註253〕黃克武、洪溫臨研究金山受二二八事件波及的整個過程，頗可幫助吾人認識
是時地方之實況。參見黃克武、洪溫臨，〈悲劇的歷史拼圖 ── 金山鄉二二
八事件之探析〉，《中央研究院近代史研究所集刊》36 期（2001，臺北），頁 1
～44。

蔣便「屠殺」了不少共產黨員。〔註254〕尚未現代化的中國社會，恐怕發生了
不少「草菅人命」之事，誠如柯遠芬所說：

> 至於所逮捕人犯，特別是大家所談的「臺灣菁英」，是否經過司法審
> 判程序或者逕予槍斃乙事，我想在當時的環境，可能多數沒有經過
> 正式的審判，問一問就槍斃啦！〔註255〕

這種濫殺情事，民國建立以來不知發生過多少次，蔣中正或知或不知。我們
可以追究在中國掌權二十年的蔣，對此用力不夠，未予以改革；不過其面對
國家內憂外患，要興革處理之處不知凡幾；整個中國傳統社會，亦非憑渠一
己之力便可翻轉革新；又其受限於時代氛圍，思慮、作為或不及此。要之，
做為國家最高領導人的蔣，或應為國家無法現代化、法制化，為無法解決戰
後國家的紛亂、官僚之腐敗、〔註256〕軍紀之廢弛，為無法改革行政結構令
其更貼近民意，為「悍然」發動內戰，〔註257〕甚或為意欲消滅共產黨負責，
〔註258〕而不應為「意圖」屠殺臺灣菁英，承受如此多的責難。〔註259〕

　　相關人員之黜陟方面，蔣中正對於六屆三中全會通過的陳儀撤職案不予

〔註254〕楊逸舟著，張良澤譯，《二二八民變——臺灣與蔣介石》，頁 110～111。楊
　　　　奎松，《國民黨的聯共與反共》（北京：社會科學文獻出版社，2008），頁 229
　　　　～230、244～264。研究國、共黨史的學者楊奎松，在深入分析蔣中正清黨時
　　　　（1927），做出了與筆者極度相似的結論：「其〔蔣中正〕處置此類事件之態
　　　　度，很大程度上會受部屬的態度及其報告的傾向性的影響。」前揭書，246。
　　　　筆者在研讀過去國民黨清黨的歷史之後，發現過去針對中國共產黨的清黨，
　　　　也如同二二八事件，發生了極多「殺錯人」之情事，或可將二者做比較研究，
　　　　裨益於對蔣中正處理二二八事件更深一層之認識。
〔註255〕魏永竹、李宣鋒主編，《二二八事件文獻補錄》，頁 134～135。
〔註256〕如戰後江蘇溧水縣官員之貪瀆，參見朱明軒，〈戰後國民政府基層政權腐敗問
　　　　題探析——以江蘇省溧水縣為例〉，《江南大學學報》第 6 卷第 5 期（2007，
　　　　無錫），頁 55～58。
〔註257〕當時蔣中正估計發動內戰後，一年內可消滅中共，未料戰事拖延，軍費開支
　　　　激增，通貨膨脹遂一發不可收拾。金冲及，《轉折年代——中國的 1947 年》
　　　　（北京：三聯書店，2002），頁 178。內戰造成的經濟問題，其實也間接造成
　　　　了臺灣二二八事件，此或為蔣應該負責之處。
〔註258〕以人道主義的角度來看，共產黨員也是人，就算意欲奪取政權，國家豈可因
　　　　之剝奪其生命？
〔註259〕臺灣望族板橋林家後代林衡道指出，二二八事件基本原因是臺灣省行政長官
　　　　公署的行政措施失當，卻也牽涉到中國政治、社會的體質等複雜因素，不應
　　　　由陳儀一人挑起事變的責任。參見陳三井、許雪姬訪問，楊明哲紀錄，〈二二
　　　　八事變的回憶——林衡道先生訪問紀錄〉，《口述歷史》2 期（1991，臺北），
　　　　頁 235。筆者以為，對蔣中正在事變中之評判，或可遵此而行。

處理，可能非為袒護陳儀，而是要陳儀辦理善後事宜。蔣日後擢升陳儀，有其私人、時代考量，不過事件後的確予以撤職。至於晉升彭孟緝及其他相關軍政人員，從蔣認定的奸黨煽惑暴亂脈絡來看，彭氏等鎮壓共黨有功，且是時蔣鮮有聞知彭氏有屠殺無辜臺民的舉動。

經過本章的分析，或可對蔣中正在事變中、後期何以會做出狀似「置民間訊息於不顧」及「視人命如草芥」的處置，〔註260〕有不同的了解。蔣的措置固然有其舛誤之處，不過其問題很大部份是導因於整個軍政結構、資訊來源，以及時代氛圍。筆者非蔣的化粧師，不容許蔣有半點委屈，〔註261〕僅想強調論者可對蔣之舉措做出質疑、指責，然不應忽視當時環境對蔣的影響、限制，而逕稱蔣中正「縱容屠殺」。〔註262〕

〔註260〕陳儀深，〈豈只是「維持治安」而已——論蔣介石與台省軍政首長對二二八事件的處置〉，頁157。

〔註261〕許雪姬對黃彰健關於彭孟緝之論文予以批評，認為黃彰健為彭孟緝之化粧師，不容許彭氏有半點委屈。參見許雪姬，〈高雄二二八事件真相再探〉，收入高雄市文獻委員會，《紀念二二八事件60週年學術研討會論文集》（高雄：高雄市文獻委員會，2008），頁208。黃彰健關於彭孟緝的論著參見黃彰健，〈高雄事件新考〉，《歷史月刊》第229期（2007，臺北），頁72～74；黃彰健，《二二八事件真相考證稿》（臺北：中央研究院、聯經出版事業公司，2007）。

〔註262〕以上論證，為筆者依目前可見的材料做出的推論，認為蔣並未「縱容」或「指使」屠殺。不過，蔣若對保密局（原軍統）下「密令」制裁，將不留資料。是時臺灣省「軍統局」勢力不小，事變後「抓人的都是軍統」。參見卓遵宏、林秋敏訪問，林秋敏紀錄整理，《林衡道先生訪談錄》（臺北：國史館，1996），頁272。或見鍾謙順，《煉獄餘生錄：坐獄二十七年回憶錄》（臺北：前衛出版社，1999），頁115～116。現今已有軍統密令殺人的回憶出版，如特務陳恭澍回憶中央要他暗殺汪兆銘，謂「戴雨農〔時軍統頭子戴笠〕先生自重慶打電報來……電報的保密等級標明『親譯』字樣……這就是未曾加蓋印信的『制裁令』！」參見陳恭澍，《河內汪案始末》（臺北：傳記文學出版社，1983），頁193。或許二二八「真相」已因資料不存，永遠埋藏於歷史之中。

第四章　結　論

　　二二八事件前後，蔣中正身處的時代背景是國共內戰愈益劇烈，國家金融紊亂，以及國民政府為日後行憲預先進行改組事宜。臺變發生之後，陳儀指出此事為「奸黨」（共產黨）煽惑導致，遂成為蔣處理事變之基調。事件爆發 5 天之間，陳儀向蔣陳述的臺變並不嚴重，然蔣認定事變和共產黨有關，其要面對的假想敵是能在整個中國大陸和其分庭抗禮的強大勢力，故決定應陳儀所請，先遣軍隊返臺防備、待機肅奸。

　　蔣中正在決定派兵（5 日）到軍隊抵臺（9 日）之間所獲得的資訊，仍多是共產黨作亂，不同於前的（5 日之前），是臺灣局勢愈趨緊張。雖今日研究已明確呈現臺灣共產黨勢力甚小，對二二八事件影響力不大，但蔣所獲得的情報卻不是如此。陳儀和中統局、李翼中等軍政機關的報告，都足以使蔣認定二二八事件是「奸黨」在作亂。事發因素之一在行政失當，透過報刊及中統局、李翼中等的報告，蔣可以獲知。但資訊卻導向「奸黨」煽動那些不滿政府行政失當的人民的一面，事件並已因之沸沸揚揚，脫序失控。以是蔣不可能因為知道事發原因之一在政府失政而停止派兵，反倒該加速增援，澈底肅清煽動作亂的「反動分子」，讓事件早日平息。

　　本書之論證對於「何以在反對派兵的輿論之下，蔣中正仍執意派兵？」此一問題，提供了另一觀點。筆者認為當時反對派兵的種種言論，受限於國民政府體制運作，在事件初期能令蔣聞知的並不多，蔣實難以掌握事件初期的各種資訊。當時蔣的資訊來源最主要就是陳儀以及在臺情治人員，在大部分只能接受到軍政機關「一面之詞」的情況下，以為事件起於共黨作用；為免情勢更加危急，乃做出派兵的決定。而即便當時蔣能知道更多和陳儀、中

統局等所言不同的訊息，在國共內戰的情勢之中，其不可能置共產黨可能在臺灣引起巨大騷動的信息於不顧；派兵赴臺，成為蔣較合宜的選擇。

分析蔣中正在二二八事件中期獲得的資訊，反對派兵來臺之輿論，於此時已可為蔣所聞知，然支持鎮壓臺變的說法仍不斷鼓動著蔣。觀蔣之言行舉措，可發現其因資訊呈現的說法分歧，而視事件有「兩重性」。其第一重性質為奸黨煽惑導致暴亂，第二重為臺民欲改革省政。事件所以擴大，在於奸黨煽動（第一重）不滿省政的臺民（第二重），致使變亂波及全省，一發不可收拾。蔣氏有此認知，相關措置便無法僅從改革省政下手（處理第二重），派兵鎮壓奸黨及至其後的綏靖、清鄉（處理第一重），乃隨之而來。蔣並不能如今日的研究者，深曉臺灣的共產黨勢力極小，影響力有限；其身處的時代促使他必須要對共產黨提高警覺，嚴厲處置。雖有少量的資訊呈現臺灣行政失當，但相較於奸黨煽惑導致暴亂的資訊，微不足道。筆者統整目前可見的蔣中正在事發以來獲知的資訊（1947 年 3、4 月間），依其性質分類整理，將奸黨煽惑導致暴亂等臺民有「叛亂」之直接或間接資訊記做「第一重」，將政府失政致使事件爆發記為「第二重」，二者皆有提到的記做「雙重」，而其他未述及臺變發生緣由者，以其資訊內容做一概述，最後再根據蔣獲知的時間，進行排序，做出一表。〔註 1〕可以發現，此間蔣中正獲得的臺變相關資訊多達 137 則，直接、間接提到事件原因的有 84 則。其中指出二二八事件為「奸黨」煽惑暴動及臺民有「叛亂」情事的，有 73 則（即「第一重」，包括亦提及行政失當的「雙重」），約達 87%；而強調臺灣民眾是因長官公署行政失當而抗暴起事的（即「第二重」），有 11 則，僅佔 13%。可以看到，蔣接收到的事件資訊比重如此，處置也因之受到導引，下達認為適宜的派兵、綏靖、清鄉命令。事件平息後，蔣召見監察委員何漢文，問到：「台灣人原先在日本軍隊裡一共有多少人？他們在事變中是不是都附和共產黨？」〔註 2〕話題雖圍繞於臺籍日本兵，卻特別強調共產黨，復見蔣對共黨問題之重視，及確知其視共黨煽惑為臺變主因。鄧孔昭謂：「臺灣行政長官公署和南京國民黨中央政府對事件的性質做出了錯誤的判斷。他們從習慣性的思維

〔註 1〕 參見文末附錄。
〔註 2〕 何漢文，〈台灣二二八事件見聞紀略〉，湖南省政協文史資料研究委員會編，《湖南文史資料》，第 4 輯，收入鄧孔昭，《二二八事件資料集》（臺北：稻鄉出版社，1991），頁 187～188。

出發，認為凡是有民眾鬧事的地方，一定是『奸黨』（共產黨）在煽動，因此就把『二二八事件』定性為『奸黨勾結流氓』的『聚眾暴動』。」〔註3〕鄧氏指出習慣性的思維對蔣影響甚鉅，筆者十分肯定此說，而當時蔣所獲訊息之內涵，亦促使蔣將事件如是定性。

現在沒有任何直接證據可以證明蔣中正暗中指使屠殺。對於國民黨六屆三中全會通過的陳儀撤職案，蔣不予處理，應非為袒護陳儀，而是要陳儀辦理善後事宜。蔣日後再度起用陳儀，有其私人、時代考量，不過在二二八事件過後的確予以撤職懲戒。蔣擢升彭孟緝及其他相關軍政人員，從蔣認定的奸黨煽惑暴亂脈絡看來，彭氏等鎮壓共黨有功。至於臺省有軍政人員屠殺臺民的訊息，多是以對「奸黨」的鎮壓行動呈現；針對臺灣民眾被屠殺的直接信息，蔣知道的並不多。查考軍隊登陸後可為蔣獲知的116則訊息中，曾言及軍政人員屠殺臺民情事的僅4則，〔註4〕只佔3.4%，而未見彭孟緝是「高雄屠夫」的任何信息。又蔣深為共黨製造假情報所困擾，乃視這些「屠殺」消息為共黨「宣傳威脅之慣技」，未予足夠重視。

透過當時任職於蔣中正侍從室，可近身觀察蔣的周宏濤，我們或可更了解蔣當時面臨之局勢。周氏在回憶錄提到：

> 二二八事件發生之時，中央正處於內憂外患的時刻。行政院長宋子文及中央銀行總裁貝祖詒都於三月一日辭職，蔣公兼任行政院長，隨後又身兼改組完成的全國經濟委員會委員長……那時國事如麻，更多嚴重待決的問題在全國各地蜂湧而起，二二八事件後來就沒有受到太多的注意，沒想到以後整個局勢乖變，政府退守台灣，一晃眼就是半世紀，二二八事件的影響力這才逐漸浮現。〔註5〕

可知蔣當時面對的是整個中國紛亂的局勢，非如研究者得以較充裕的時間蒐羅事件相關史料，整理排比、沉潛熟慮後對事件做出評斷。蔣當時只能依其較可掌握的情報（陳儀、中統局等相關軍政人員提供之資訊）在有限時間內做出決策，此決策因著環境及其個性，深陷於國共內戰框架之中，這是他當

〔註3〕鄧孔昭，〈「二‧二八事件」60周年祭〉，《兩岸關係》2期（2007，北京），頁7。

〔註4〕即中統局3月12日情報、3月13日于右任轉達楊亮功意見、葉秀峰3月27日的情報，及臺灣政治協會張邦傑等的上電（確切上電時間不明，僅確知3月29日有予以交辦）。參見文末附錄。

〔註5〕周宏濤口述，汪士淳撰寫，《蔣公與我——見證中華民國關鍵變局》（臺北：天下遠見出版公司，2003），頁40～41。

時難以突破的歷史限制。

　　對於二二八事件，我們必須追究當時國家最高領導人蔣中正的責任，但不宜將相關軍政人員的錯誤一股腦地推給他。經過本書的討論，希望能對蔣何以會做出相關措置有初步了解；其錯誤很大部份是導因於整個軍政結構、時代環境。研究蔣中正與二二八事件，已多少可以看出當時國民黨及其政府的問題，如第一線軍政人員對事件之錯誤認知、蔣接收訊息之遲緩、民情之難以上達、最高領導人（蔣）無法見微知著探悉民隱、幹部之奉職無狀等等；〔註6〕小可以見大，二年多以後，蔣中正便喪失整個中國大陸的統治權，並非偶然。

　　本書嘗試對蔣中正在二二八事件中的態度及處置，提出一些新的看法。關於二二八事件的相關課題，相信若能對大量檔案、史料做詳細精密之研究，應可使吾人更接近當時之歷史實況，將這至今仍令人關懷的課題實境，展現在眾人面前。如張炎憲說的：「藉由對史料檔案的爬梳與研究，已足以重現當時的歷史情境」。〔註7〕筆者並不認為本書所言絕對正確，道出了「真相」；也非欲指責學界先進，自以為是；更不想涉入政治紛爭。只想試著對此嚴肅的課題，依自身的史學訓練，盡可能嚴謹地找出足以解釋歷史的說法。誠然，個人能力有限，文中必有盲點、錯誤，期待方家先進斧正。

〔註6〕　《事略稿本》，1947 年 4 月 21 日條記云：「晡，與夫人車遊湯山。途中，念及人民之疾苦未除與『幹部之奉職無狀』，不禁感慨系之。」
〔註7〕　侯坤宏、許進發編，《二二八事件檔案彙編（一）── 立法院、國家安全局檔案》（臺北：國史館，2002），緒論，4。

附錄：
蔣中正獲知的二二八事件資訊簡表

說明一：關於資料來源，大溪檔案以侯坤宏編的《二二八事件檔案彙編（十七）——大溪檔案》最全，本表以之為引用來源，頁數出自該書。國民政府檔案引用自侯坤宏主編的《國史館藏二二八檔案史料（上冊）》。中國第二歷史檔案館的資料引用自陳興唐主編的《南京•中國第二歷史檔案館藏：台灣「二二八」事件檔案史料》。「楊亮功」是指蔣永敬等編的《楊亮功先生年譜》。「日誌」為旅平同鄉會等編之〈二二八大慘案日誌〉，收入鄧孔昭編之《二二八事件資料集》。「日記」為《蔣中正日記》。

說明二：本表僅列 1947 年 3 月至 4 月間，資料可見的蔣中正獲得資訊，包括呈蔣的電文、報告或與人面談。蔣氏從報紙或廣播獲得的資訊，難以查考評估，暫不列舉。

說明三：本表所列不代表蔣氏可知的「所有」事變資訊，然應可由此略窺蔣氏獲知的各個資訊之輕重，其中軍政人員之信息，當深具代表性。

說明四：本表性質欄「第一重」指奸黨煽惑導致暴亂等臺民有「叛亂」之直接或間接資訊；「第二重」指政府失政致使事件爆發之資訊；「雙重」表前二項皆有提到者。

說明五：本表的「獲知日期」指蔣中正接收到這則資訊的時間。由於部份檔案註記不全，筆者採酌依序為上呈時間、譯出時間、發電時間。若有其他情況，當再註記。

說明六：蔣中正早睡早起，若電文譯出時間過晚（暫以晚間 11 時爲準），筆者將之記作蔣氏次日獲知。

說明七：有些檔案會註記政務局或軍務局收文日期（如大溪檔案，頁 164、170、201、208、335、358、362、431、434。），此非蔣中正看到此文件的日期，應爲文書交辦、建檔日期。

說明八：或批評本表史料使用片面，民間相關資訊都不引用。如報載處委會 3 月 2 日藉臺灣省民眾大會名義上電蔣中正，控訴長官公署行政失當（李筱峰，〈蔣介石與二二八事件──兼論其責任問題〉，461），本表並未臚列。筆者所以不採計這種文電，在於認爲吾人不當以史料說某人上電蔣，便逕稱蔣必有收到；現存檔案並未看到這些上電。受限於國民政府體制運作，這些文電應難以「上達天聽」（詳正文論證）。

編號	來源	資訊形式（原報日期）	獲知日期	性質	資料來源
1	陳儀	丑儉電（2/28）	3/1	第一重	大溪檔案，111～112。
2	陳儀	寅冬亥電（3/2）	3/3〔註1〕	第一重	大溪檔案，113～114。
3	吳鼎昌	面見（3/5）	3/5	報蔣臺變爆發	大溪檔案，165。
4	陳儀	寅支電（3/4）	3/5	第一重	大溪檔案，113～114。
5	張鎭	報告（3/5）	3/6	第一重	大溪檔案，119～120。
6	中統局	情報（3/5）〔註2〕	3/6	雙重	大溪檔案，120、130～135。
7	陳誠	電報（3/5）	3/6	派兵赴臺情形	大溪檔案，120～121。
8	美國大使	電報（3/6）	3/6	請接美眷離臺	大溪檔案，15。
9	臺灣政治促進會	電報（3/6）	3/6	第二重	大溪檔案，15～16。
10	陳儀	信函（3/6）	3/7〔註3〕	第一重	大溪檔案，122～129。
11	李翼中	面見（3/7）	3/7	雙重	大溪檔案，21。
12	陳儀	寅陽申電（3/7）	3/7	第一重	大溪檔案，138～139。
13	陳儀	寅虞酉電（3/7）	3/8	第一重	大溪檔案，142～144。

〔註1〕 此電亥時（21～23 時）擬就，考量相關人員發出、譯出時間之遲滯，蔣中正應次日才得以看到。

〔註2〕 夾帶附件「台民暴動經過及其原因之分析」。

〔註3〕 陳儀請李翼中轉呈，3 月 7 日晚間，李氏面見蔣中正。

14	陳儀	寅陽酉電（3/7）	3/8	第一重	大溪檔案，145～146。
15	陳儀	寅陽亥電（3/7）	3/8	第一重	大溪檔案，160～161。
16	李翼中	面見（3/8）	3/8	雙重	大溪檔案，24。
17	王寵惠	國防最高委員會決議	3/8	第二重	大溪檔案，164～167。
18	張鎮	情報（3/8）	3/8	第一重	大溪檔案，177。
19	中統局	情報（3/8）	3/8	第一重	大溪檔案，177。
20	陳儀	寅庚申電（3/8）	3/9	第一重	大溪檔案，162～163。
21	陳儀	寅齊電（3/8）	3/9〔註4〕	第一重	大溪檔案，176、178。
22	陳儀	寅佳午電（3/9）	3/10	第一重	大溪檔案，193。
23	陳儀	寅佳未電（3/9）	3/10	回報臺省軍械概況	大溪檔案，180。
24	陳儀	寅佳申電（3/9）	3/10	第一重	大溪檔案，191。
25	陳儀	寅佳電（3/9）	3/10	回報外僑事	大溪檔案，190。
26	陳儀	寅青電（3/9）	3/10	第一重	大溪檔案，194。
27	陳儀	寅灰辰電（3/10）	3/10	第一重	大溪檔案，198。
28	陳儀	寅灰未電（3/10）	3/10	第一重	大溪檔案，199。
29	葉秀峯	報告（3/10）	3/10	第一重	大溪檔案，208～210。
30	鄭介民	情報（3/10）	3/10	臺省情勢	大溪檔案，211。
31	陳誠	簽呈（3/10）	3/10	在臺兵力狀況	大溪檔案，211～212。
32	中統局	情報（3/10）	3/10	第一重	大溪檔案，212～213。
33	張鎮	情報（3/10）	3/10	第一重	大溪檔案，212～213。
34	保密局	情報（3/10）	3/10	第一重	大溪檔案，213。
35	吳鐵城	面見（3/11）	3/11	研討臺灣問題，具體內容不詳	大溪檔案，38。
36	陳儀	寅蒸亥電（3/10）	3/11	請免多調兵增援	大溪檔案，214。
37	陳儀	寅眞巳電（3/11）	3/11	軍隊調動狀況	大溪檔案，215。
38	陳儀	寅尤午電（3/11）	3/11	美使館事	大溪檔案，216。
39	陳儀	寅尤電（3/11）	3/11	第一重	大溪檔案，217～218。
40	處委會	寅佳電（3/9）	3/11	第二重	大溪檔案，227。
41	桂永清	簽呈（3/11）	3/11	臺省情勢	大溪檔案，228。

〔註4〕 此電文陳儀原呈與參謀總長陳誠，參謀次長劉斐批示「是否可□呈主席核奪」，時間記作3月9日，筆者乃將此電之「獲知日期」亦歸於3月9日。

42	劉雨卿	寅眞電（3/11）	3/11〔註5〕	雙重	大溪檔案，228、181～189。
43	桂永清	簽呈（3/5）	3/12〔註6〕	第二重	大溪檔案，117～118。
44	白崇禧	面見（3/12）	3/12	研究臺灣事件，具體內容不詳	大溪檔案，40。
45	憲兵司令部	情報（3/12）	3/12	第一重	大溪檔案，231。
46	中統局	情報（3/12）	3/12	第一重	大溪檔案，231。
47	白崇禧	轉呈陳儀函（3/11）	3/12	第一重	大溪檔案，238～240。
48	白崇禧	轉呈柯遠芬函（3/12）	3/12	第一重	大溪檔案，234～237。
49	廈門臺灣同鄉會	寅灰電（3/10）	3/12	第二重	大溪檔案，244。
50	陳儀	寅文午電（3/12）	3/12	臺省情勢（第一重）	大溪檔案，245。
51	陳儀	寅文未電（3/12）	3/12	軍隊調動狀況	大溪檔案，246。
52	黃朝琴	寅魚電（3/6）	3/12	第二重	大溪檔案，247。
53	于右任	面見（3/13）	3/13	建議禁止報復	楊亮功，366。
54	白崇禧	處理臺灣事件辦法（3/10）	3/13〔註7〕	雙重	大溪檔案，201～204。
55	劉雨卿	寅眞電（3/11）	3/13	第一重	大溪檔案，248～249。
56	劉雨卿	寅文亥電（3/12）	3/13	第一重	大溪檔案，251。
57	陳儀	寅元卯電（3/13）	3/13	第一重	大溪檔案，250。
58	陳儀	寅元午電（3/13）	3/13	第一重	大溪檔案，252。
59	陳儀	寅元亥電（3/13）	3/13	回復蔣氏命令	大溪檔案，254。
60	白崇禧	函（3/13）	3/13	善後人事	大溪檔案，255～257。
61	葛敬恩	面見（3/14）	3/14	第一重	大溪檔案，47～48。日記。
62	劉雨卿	寅元電（3/13）	3/14	第一重	大溪檔案，258。
63	劉雨卿	寅元亥電（3/13）	3/14	第一重	大溪檔案，258～260。
64	陳儀	寅寒午電（3/14）	3/14	復蔣氏命令	大溪檔案，263。

〔註5〕 檔案寫有「劉雨卿寅眞電稱，職於佳（九）日十四時抵台北，餘另呈」。知劉雨卿臺北市二二八事件調查概要報告是3月11日以後上呈。

〔註6〕 雖爲3月5日簽呈，但檔案批示欄記有3/12。

〔註7〕 文件上相關人員記有「閱了13/3」。

65	陳儀	函（3/13）	3/14〔註8〕	第一重	大溪檔案，265～270。
66	保密局	情報（3/15）	3/15	第一重	大溪檔案，274～275。
67	劉雨卿	寅寒亥電（3/14）	3/16	第一重	大溪檔案，284～285。
68	劉雨卿	寅刪電（3/15）	3/16	第一重	大溪檔案，286～287。
69	劉雨卿	寅眞電（3/11）	3/16	第一重	大溪檔案，288～289。
70	劉雨卿	寅刪電（3/15）	3/16	復蔣氏命令	大溪檔案，290。
71	臺灣旅平同鄉同學會	電報（3/15）	3/17	第二重	大溪檔案，283。
72	保密局	情報（3/16）	3/17〔註9〕	臺省情勢	大溪檔案，291。
73	軍務局	情報（3/17）	3/17	俞飛鵬返京	大溪檔案，291。
74	俞飛鵬	面見（3/18）	3/18	臺變詳報，內容不詳	大溪檔案，60。
75	白崇禧	寅篠申電（3/17）	3/18	第一重	大溪檔案，292。
76	陳儀	寅篠電（3/17）	3/18	第一重	大溪檔案，294。
77	陳儀	寅霰酉電（3/17）	3/18	第一重	大溪檔案，295。
78	白崇禧	寅篠酉電（3/17）	3/18	第一重	大溪檔案，296。
79	劉雨卿	寅銑亥電（3/16）〔註10〕	3/18	第一重	大溪檔案，298～299。
80	臺灣中部自治青年同盟	寅齊電（3/8）	3/18	第二重	大溪檔案，311。
81	陳誠	寅篠電（3/17）	3/18	暫緩增援	大溪檔案，316。
82	劉雨卿	寅篠亥電（3/17）〔註11〕	3/18	第一重	大溪檔案，317。
83	劉雨卿	寅巧子電（3/18）	3/18	第一重	大溪檔案，312～313。
84	劉雨卿	寅巧未電（3/18）	3/19	第一重	大溪檔案，314。
85	劉雨卿	寅巧戌電（3/18）	3/19	第一重	大溪檔案，315。
86	陳儀	函（3/18）	3/19〔註12〕	善後人事	大溪檔案，306～310。

〔註8〕 應隨萬敬恩上呈，3月14日萬氏由臺赴京，向蔣秉告臺省情勢。

〔註9〕 和後項軍務局同一文件，蔣氏應同時處理，軍務局文件時間爲3月17日，筆者乃將保密局之「獲知日期」亦記作3月17日。

〔註10〕 篠日（17日）重發。

〔註11〕 巧日（18日）譯發。

〔註12〕 隨蔣經國上呈，蔣經國19日返京。

87	白崇禧	函（3/19）	3/19〔註13〕	第一重	大溪檔案，318～321。
88	白崇禧	寅馬電（3/21）	3/21	善後事宜	大溪檔案，326～327。
89	劉雨卿	寅馬電（3/21）	3/23	第一重	大溪檔案，328～329。
90	白崇禧	寅梗電（3/23）	3/24	第一重	大溪檔案，340。
91	白崇禧	寅養電（3/22）	3/25〔註14〕	第一重	大溪檔案，330～334。
92	陳儀	函（3/25）	3/25	省政事	大溪檔案，342。
93	丁超五等	呈文（3/26）	3/26	籲和平處理（第二重）	第二歷史檔案館，798。
94	蔣夢麟	行政院呈復處理臺灣事變辦法建議案	3/27	善後事宜	大溪檔案，343～344。
95	臺灣省參議員等	寅皓電（3/20）	3/28	第一重	國民政府檔案，61。
96	白崇禧	寅有西電（3/25）	3/28〔註15〕	要塞編制事	大溪檔案，351～354。
97	白崇禧	寅宥戌電（3/26）	3/28〔註16〕	善後事宜	大溪檔案，355。
98	臺灣政治建設協會	電報（?）〔註17〕	3/29	亂殺事	大溪檔案，420。
99	劉雨卿	寅養電（3/22）〔註18〕	3/29	第一重	大溪檔案，356。
100	張鎮	情報（3/29）	3/29〔註19〕	第一重	大溪檔案，357。
101	葉秀峰	情報（3/27）	3/29	陳儀亂殺	大溪檔案，350。
102	葉秀峰	情報（3/26）	3/29	陳儀未接受中央旨意	大溪檔案，350。
103	張鎮	情報（3/26）	3/29	第一重	大溪檔案，349。
104	白崇禧	寅卅巳電（3/30）	3/31	即將回京	大溪檔案，358。
105	白崇禧	卯東亥電（4/1）	4/2	次日回京	大溪檔案，360。

〔註13〕隨蔣經國上呈，蔣經國19日返京。

〔註14〕養電日韻較梗電爲前，卻較晚譯出，或因養電電文較長之故。

〔註15〕檔案批示欄的日期「31/3」當爲相關人員「已辦」日期，非蔣氏批閱日期。

〔註16〕以此電和寅有西電譯出時間相近，而有電28日上呈，推知宥電亦28日爲蔣知悉。

〔註17〕此電未見原件，從擬辦中得知其存在。

〔註18〕儉日（28日）重發。

〔註19〕以下四則寫於同一文件，蔣氏應同時批閱，最新情報時間爲3月29日，筆者乃以之爲「獲知日期」。

106	陳儀	卯支酉電（4/4）	4/5	第一重	大溪檔案，361。
107	何漢文	函（3/26）	4/9	建議臺灣善後處理辦法	大溪檔案，345～348。
108	中執會秘書處	決議案	4/11	三中全會撤查陳儀案（第二重）	國民政府檔案，81。
109	中執會秘書處	決議案	4/11	中常會撤查陳儀案（第二重）	國民政府檔案，81。
110	臺灣省憲政協進會等	寅梗電（3/23）	4/11	第一重	國民政府檔案，81。
111	臺省國大	寅敬電（3/24）	4/11	挽留陳儀	國民政府檔案，82。
112	臺省新竹市、高雄縣議會	卯東電（4/1）	4/11	挽留陳儀	國民政府檔案，82。
113	臺灣省、嘉義市參議會	卯灰電（4/10）	4/11	第一重	國民政府檔案，82。
114	陳儀	卯虞電（4/8）	4/11〔註20〕	第一重	大溪檔案，419。
115	陳儀	卯眞電（4/11）	4/11	回復亂殺（第一重）	大溪檔案，420。
116	高雄市參議會	卯眞電（4/11）	4/12	第一重	大溪檔案，422。
117	高雄縣參議會	電文（4/13）	4/13	感謝中樞	大溪檔案，423。
118	白崇禧	面見（4/14）	4/14	報告臺變，內容不詳。	日誌，257。
119	白崇禧	報告（4/6）	4/16	宣慰臺灣報告書（第一重）	大溪檔案，362～418
120	白崇禧	簽呈（4/14）	4/16	今後臺政改進意見	大溪檔案，424～430
121	陳儀	函（4/2）	4/16〔註21〕	善後人事	大溪檔案，431～432。
122	楊亮功	面見（？）	4/14～22	雙重	楊亮功，376。
123	軍務局	報告（4/18）	4/18	臺灣二二八事件之檢討（雙重）	大溪檔案，437～438。

〔註20〕此電和下則卯眞電記於同一文件，所收最新電文日韻爲 4 月 11 日，筆者乃以之爲「獲知日期」。
〔註21〕此函蔣氏獲知時間不詳，暫以政務局收文時間爲準。

124	陳儀	卯銑西電（4/17）	4/19	復蔣氏暫緩返京	大溪檔案，434。
125	魏道明	報告	4/21	臺省改組意見	大溪檔案，443～444。
126	魏道明	面見（4/22）	4/22	改組事	大溪檔案，90。
127	陳儀	卯箇西電（4/21）	4/22	善後人事	大溪檔案，440～442。
128	陳誠	簽呈（4/11）	4/23〔註22〕	撤銷臺灣警總	大溪檔案，421。
129	陳誠	簽呈（4/12）	4/23〔註23〕	臺省要塞編制事	大溪檔案，421。
130	陳誠	簽呈（4/23）	4/24	警總人事	大溪檔案，445。
131	白崇禧	簽呈（4/17）	4/25	處分柯遠芬	大溪檔案，435。
132	白崇禧	簽呈（4/17）	4/25	警總人事	大溪檔案，436。
133	白崇禧	簽呈（4/17）	4/25	獎賞事（第一重）	大溪檔案，436。
134	監察院	調查報告（4/24）	4/25	雙重	大溪檔案，446～497。
135	吳鼎昌	簽呈（4/29）	4/29	臺省警保處長人選	大溪檔案，498。

〔註22〕 「獲知日期」之推論詳正文附註。
〔註23〕 「獲知日期」之推論詳正文附註。

徵引書目

一、檔案、未出版日記

1. 《蔣中正日記》，1947 年 3、4 月。原件藏美國史丹佛大學胡佛研究所。
2. 《王叔銘將軍日記 2》，1947 年 2、3 月。臺北：中央研究院近代史研究所檔案館藏，檔案編號：6301001002。
3. 《國防最高委員會第二二三至二二六及二三〇次會議紀錄》，臺北：中央研究院近代史研究所檔案館藏，1947 年 3 月至 4 月，檔號 228G：1-1。
4. 《蔣中正總統文物・籌筆》，臺北：國史館藏。
5. 《蔣中正總統文物・革命文獻》，臺北：國史館藏。
6. 《蔣中正總統文物・蔣經國家書》，臺北：國史館藏。
7. 《蔣中正總統文物・事略稿本》，臺北：國史館藏。
8. 《蔣中正總統文物・特交檔案》，臺北：國史館藏。

二、報紙、公報

1. 《大公報》（上海），1947 年 3 月 11 日。
2. 《中央日報》（南京），1947 年 3 月 16 日。
3. 《中央日報》（臺北），2006 年 2 月 28 日。
4. 《中國時報》（臺北），2008 年 7 月 21 日。
5. 《台灣新生報》（臺北），1947 年 5 月 12 日。
6. 《自由時報》（臺北），1995 年 3 月 3 日。
7. 《國民政府公報》（國民政府印鑄局印行），1947 年 3 月 12 日。臺北：成文出版社影印，1972 年。

三、日記、資料集

1. 中央研究院近代史研究所編，《王世杰日記──手稿本》，第六冊。臺北：中央研究院近代史研究所，1990 年。

2. 中央研究院近代史研究所編，《徐永昌日記》，第八冊。臺北：中央研究院近代史研究所，1991 年。

3. 中央研究院近代史研究所編，《二二八事件資料選輯》（一）。臺北：中央研究院近代史研究所，1992 年。

4. 中央研究院近代史研究所編，《二二八事件資料選輯》（二）。臺北：中央研究院近代史研究所，1992 年。

5. 中央研究院近代史研究所編，《丁治磐日記──手稿本》，第六冊。臺北：中央研究院近代史研究所，1994 年。

6. 中國人民政治協商會議全國委員會文史資料研究委員會編，《文史資料選輯》，第十八輯。北京：中華書局，1961 年。

7. 中國第二歷史檔案館編，《中國國民黨中央執行委員會常務委員會會議錄》。桂林：廣西師範大學出版社，2000 年。

8. 立法院編譯處編，《中華民國法規彙編：廿三年輯》。上海：中華書局，1934。

9. 李敖編著，《二二八研究》。臺北：李敖出版社，1991 年三版。

10. 李敖編著，《二二八研究三集》。臺北：李敖出版社，1989 年。

11. 李祖基編，《「二‧二八」事件報刊資料彙編》。臺北：海峽學術出版社，2007 年。

12. 林德隆，《二二八官方機密史料》。臺北：自立晚報社文化出版部，1992 年。

13. 侯坤宏主編，《國史館藏二二八檔案史料》，上冊。臺北：國史館，1997 年。

14. 侯坤宏、許進發編，《二二八事件檔案彙編（一）──立法院、國家安全局檔案》。臺北：國史館，2002 年。

15. 侯坤宏編輯，《二二八事件檔案彙編（九）──國家安全局、臺灣省諮議會檔案》。臺北：國史館，2002 年。

16. 侯坤宏編輯，《二二八事件檔案彙編（十七）──大溪檔案》。臺北：國史館，2008 年。

17. 張炎憲、李筱峰編，《二二八事件回憶集》。臺北：稻鄉出版社，1989 年。

18. 陳芳明編，《台灣戰後史資料選──二二八事件專輯》。臺北：二二八和平日促進會，1991 年。

19. 陳興唐主編，《台灣「二二八」事件檔案史料》。臺北：人間出版社，1992

年。

20. 葉芸芸編,《證言二·二八》。臺北:人間出版社,1993 年二版。

21. 鄧孔昭編,《二二八事件資料集》。臺北:稻鄉出版社,1991 年。

22. 臺灣省文獻委員會、二二八事件文獻輯錄專案小組編校,《二二八事件文獻輯錄》。南投:臺灣省文獻委員會,1995 年修訂版。

23. 魏永竹主編,《二二八事件文獻續錄》。南投:臺灣省文獻委員會,1995修訂版。

24. 魏永竹、李宣鋒主編,《二二八事件文獻補錄》。南投:臺灣省文獻委員會,1995 年修訂版。

四、專　書

1. George Kerr 著,陳榮成譯,《被出賣的臺灣》。臺北:前衛出版社,2007年。

2. 二二八事件研究小組,《二二八事件研究報告》。臺北:時報文化出版公司,1994 年。

3. 王曉波編著,《二二八眞相》。臺北:海峽學術出版社,2002 年。

4. 王曉波編著,《陳儀與二二八事件》。臺北:海峽學術出版社,2004 年。

5. 丘念台,《嶺海微飆》。臺北:海峽學術出版社,2002 年。

6. 沈醉,《軍統內幕》。北京:文史資料出版社,1984 年。

7. 沈雲龍訪問,賈廷詩等紀錄,《萬耀煌先生訪問紀錄》。臺北:中央研究院近代史研究所,1993 年。

8. 李筱峰,《解讀二二八》。臺北:玉山社出版公司,1998 年。

9. 李敖,《李敖大全集》,第 27 冊。臺北:成陽出版公司,1999 年。

10. 卓遵宏、林秋敏訪問,林秋敏紀錄整理,《林衡道先生訪談錄》。臺北:國史館,1996。

11. 金冲及,《轉折年代——中國的 1947 年》。北京:三聯書店,2002 年。

12. 周宏濤口述,汪士淳撰寫,《蔣公與我——見證中華民國關鍵變局》。臺北:天下遠見出版公司,2003 年。

13. 林英豪譯述,《電話、電報與無線電》。臺北:廣文書局,1967。

14. 林啓旭,《台灣二二八事件綜合研究》。紐約州長島市(Long Island City):台灣公論報社,1984 年。

15. 林博文,《張學良、宋子文檔案大揭秘》。臺北:時報文化出版公司,2007年。

16. 武之璋,《一甲子迷障:二二八眞相解密》。臺北:風雲時代出版公司,2007 年。

17. 侯坤宏，《研究二二八》。臺北：博揚文化事業公司，2011年。

18. 高明芳編註，《蔣中正總統檔案・事略稿本》，29。臺北：國史館，2007年。

19. 秦孝儀總編纂，《總統蔣公大事長編初稿》，卷六，下冊。臺北：中正文教基金會，1978年。

20. 翁元口述，王丰筆錄，《我在蔣介石父子身邊的日子》。北京：中華書局，1994年。

21. 張朋園等訪問，張俊宏紀錄，《于達先生訪問紀錄》。臺北：中央研究院近代史研究所，1989年。

22. 張炎憲等執筆，《二二八事件責任歸屬研究報告》。臺北：財團法人二二八事件紀念基金會，2006年。

23. 張學良口述，唐德剛撰寫，《張學良口述歷史》。北京：中國檔案出版社，2007年。

24. 賈廷詩等訪問兼紀錄，《白崇禧先生訪問紀錄》，下冊。臺北：中央研究院近代史研究所，1984年。

25. 郭廷以，《中華民國史事日誌》，第四冊。臺北：中央研究院近代史研究所，1985年。

26. 陳恭澍，《河內汪案始末》。臺北：傳記文學出版社，1983年。

27. 陳潔如著，汪凌石譯，《蔣介石的第三任妻子：陳潔如回憶錄》。臺北：新新聞文化事業公司，1992年。

28. 陳俐甫、夏榮和、林偉盛譯，《台灣・中國・二二八》。臺北：稻鄉出版社，1992年。

29. 陳翠蓮，《派系鬥爭與權謀政治：二二八悲劇的另一面相》。臺北：時報文化出版公司，1995年。

30. 陳三井訪問，李郁青紀錄，《熊丸先生訪問紀錄》。臺北：中央研究院近代史研究所，1998年。

31. 戚嘉林，《台灣二二八大揭秘》。臺北：海峽學術出版社，2007年。

32. 凱達格蘭學校政策中心編輯，《二二八事件責任歸屬》。臺北：凱達格蘭學校，2007年。

33. 黃彰健，《二二八事件真相考證稿》。臺北：中央研究院、聯經出版事業公司，2007年。

34. 黃富三，《二二八事件的鎮壓與救卹──二二八事件檔案專題選輯》。臺北：檔案管理局，2008年。

35. 傅春楊，《民國時期政體研究（1925～1947）》。北京：法律出版社，2007年。

36. 曾慶國，《二二八現場：劫後餘生》。臺北：臺灣書房出版有限公司，2008年。

37. 葉邦宗，《蔣介石秘史》。臺北：四方書城有限公司，2002年。

38. 褚靜濤，《二二八事件研究》。北京：社會科學文獻出版社，2012年。

39. 楊逸舟著，張良澤譯，《二二八民變——臺灣與蔣介石》。臺北：前衛出版社，1991年。

40. 楊奎松，《國民黨的聯共與反共》。北京：社會科學文獻出版社，2008年。

41. 楊天石，《找尋眞實的蔣介石——蔣介石日記解讀》。香港：三聯書店，2008年。

42. 潘振球主編，《中華民國史事紀要——中華民國三十六年（1947）一至三月份》。臺北：國史館，1996年。

43. 劉雨卿，《恥廬雜記》。臺北：川康渝文物館，1982年。

44. 稻葉正夫編，天津市政協編譯委員會譯，《岡村寧次回憶錄》。北京：中華書局，1981年。

45. 蔣永敬等編，《楊亮功先生年譜》。臺北：聯經出版事業公司，1988年。

46. 賴澤涵、馬若孟（Ramon H. Myers）、魏萼合著；魏珞珈譯，《悲劇性的開端：臺灣二二八事變》。臺北：時報文化出版公司，1993年。

47. 戴國煇、葉芸芸，《愛憎二‧二八——神話與史實：解開歷史之謎》。臺北：遠流出版公司，1992年。

48. 鍾逸人，《辛酸六十年》。臺北：前衛出版社，1993新增訂版。

49. 鍾謙順，《煉獄餘生錄：坐獄二十七年回憶錄》。臺北：前衛出版社，1999年。

五、論文及專文

1. 王又庸，〈關於新政學系〉，收入中國人民政治協商會議全國委員會文史資料研究委員會編，《文史資料選輯》，第4輯。北京：中華書局，1960年。

2. 王呈祥，〈揭開葛超智與二二八事件之謎（上）〉，《海峽評論》，第119期，2009年，臺北。

3. 王呈祥，〈揭開葛超智與二二八事件之謎（下）〉，《海峽評論》，第120期，2009年，臺北。

4. 申曉雲，〈國民政府五院政體下的權力模式、領袖專權與外交制衡——對王正廷彈劾一案的史料解讀與透視〉，《民國檔案》，第4期，2008年，南京。

5. 朱永堃，〈我所親知的蔣介石軼事〉，《鍾山風雨》，第2期，2001年，南京。

6. 朱明軒，〈戰後國民政府基層政權腐敗問題探析——以江蘇省溧水縣為例〉，《江南大學學報》，第 6 卷第 5 期，2007 年，無錫。

7. 朱浤源，〈二二八事件眞相還原〉，《海峽評論》，第 206 期，2008 年，臺北。

8. 朱浤源、黃文範，〈葛超智在二二八事件中的角色〉，收入許雪姬主編，《二二八事件 60 週年紀念論文集》。臺北：臺北市政府文化局、臺北二二八紀念館，2008。

9. 里凡，〈國民黨政府軍事委員會委員長侍從室沿革和文檔處理述略〉，《軍事歷史研究》，第 3 期，2002 年，上海。

10. 吳文星，〈「二二八事件」期間國民政府的因應與決策之探討〉，收入賴澤涵主編，《臺灣光復初期歷史》。臺北：中央研究院中山人文社會科學研究所，1993 年。

11. 李筱峰，〈蔣介石與二二八事件——兼論其責任問題〉，收入張炎憲等編，《二二八事件研究論文集》。臺北：財團法人吳三連臺灣史料基金會，1998 年。

12. 汪朝光，〈風潮中的民聲與官聲——「二二八」事件發生後大陸新聞媒體之所見所論〉，《社會科學研究》，第 2 期，2006 年，成都。

13. 林天行編，〈中國政治內幕〉，收入車吉心主編，《民國野史》，卷 16。濟南：泰山出版社，2000 年。

14. 孟昭庚，〈侵華日軍總司令岡村寧次被無罪開釋內幕〉，《黨史縱橫》，第 1 期，2007 年，瀋陽。

15. 施律，〈李聞兩公遭暗害 30 年後揪出主謀〉，國立西南聯合大學網站：http://www.luobinghui.com/ld/zx/wyd/jn/200607/14413.html, access 2009/4/4。

16. 馬烈，〈三青團與蔣經國〉，《江蘇教育學院學報》，第 4 期，1996 年，南京。

17. 唐德剛，〈政學系探源〉，《傳記文學》，第 63 卷第 6 期，1993 年，臺北。

18. 孫武，〈蔣介石手令處理規程考略〉，《民國檔案》，第 2 期，2004 年，南京。

19. 許雪姬訪問、紀錄，〈鍾逸人先生訪問記錄〉，《口述歷史》，第 3 期，1992 年，臺北。

20. 許雪姬，〈高雄二二八事件眞相再探〉，收入高雄市文獻委員會，《紀念二二八事件 60 週年學術研討會論文集》。高雄：高雄市文獻委員會，2008 年。

21. 翊勳，〈蔣黨眞相〉，收入車吉心主編，《民國野史》，卷 20。濟南：泰山出版社，2000 年。

22. 陳三井、許雪姬訪問，楊明哲紀錄，〈二二八事變的回憶——林衡道先

生訪問紀錄〉,《口述歷史》,第 2 期,1991 年,臺北。

23. 陳儀深,〈論台灣二二八事件的原因〉,收入陳琰玉等編輯,《二二八學術研討會論文集(1991)》。臺北:二二八民間研究小組等,1992 年。

24. 陳儀深,〈豈只是「維持治安」而已——論蔣介石與台省軍政首長對二二八事件的處置〉,收入李旺台總編輯,《二二八事件新史料學術論文集》。臺北:財團法人二二八事件紀念基金會,2003 年。

25. 陳儀深,〈族群衝突、官逼民反與報復屠殺——論二二八事件的性質定位〉,收入二二八事件紀念基金會主編,《二二八事件 60 週年國際學術研討會:人權與轉型正義》。臺北:二二八事件紀念基金會,2007 年。

26. 陳儀深,〈秋後算帳——二二八事件中的「綏靖」與「清鄉」〉,收入楊振隆總編輯,《大國霸權 or 小國人權:二二八事件 61 週年國際學術研討會學術論文集》。臺北:財團法人二二八事件紀念基金會,2009 年。

27. 陳翠蓮,〈歷史正義的困境——族群議題與二二八論述〉,《國史館學術集刊》,第 16 期,2008 年,臺北。

28. 戚嘉林,〈二二八事件定性問題——起義、台獨、民變 VS.平變〉,《海峽評論》,第 207 期,2008 年,臺北。

29. 著者不詳,〈中國內幕〉,收入車吉心主編,《民國野史》,卷 20。濟南:泰山出版社,2000 年。

30. 黃克武、洪溫臨,〈悲劇的歷史拼圖——金山鄉二二八事件之探析〉,《中央研究院近代史研究所集刊》,第 36 期,2001 年,臺北。

31. 黃彰健,〈高雄事件新考〉,《歷史月刊》,第 229 期,2007 年,臺北。

32. 傅玉能,〈「二二八」事件中國民政府派兵問題再探討〉,《史學集刊》,第 1 期,2004 年,長春。

33. 褚靜濤,〈國民黨台灣省黨部與「二二八」事件〉,《南京社會科學》,第 2 期,2007 年,南京。

34. 褚靜濤,〈全國媒體對臺灣二二八事件的反應〉,《南京社會科學》,第 2 期,2008 年,南京。

35. 楊家宜編製,〈「二二八」的官方說法〉,《中國論壇》,第 31 卷 5 期,1991 年,臺北。

36. 楊晨光,〈二二八事件期間整編廿一師主力回台經過〉,《海峽評論》,第 207 期,2008 年,臺北。

37. 楊天石,〈且看蔣介石如何反腐敗(上)〉,《同舟共進》,第 8 期,2008 年,廣州。

38. 楊天石,〈且看蔣介石如何反腐敗(下)〉,《同舟共進》,第 9 期,2008 年,廣州。

39. 楊天石,〈蔣介石日記的現狀及其真實性問題〉,《中國圖書評論》,第 1

期，2008 年，瀋陽。

40. 楊天石，〈二二八事件與蔣介石的對策 ── 蔣介石日記解讀〉，《傳記文學》，第 94 卷第 2 期，2009 年，臺北。

41. 趙毓麟，〈中統我見我聞〉，《中統內幕》。南京：江蘇古籍出版社，1987年。

42. 鄧孔昭，〈從電文往來看「二二八事件」中的陳儀和蔣介石〉，《台灣研究集刊》，第 4 期，2006 年，廈門。

43. 鄧孔昭，〈「二‧二八事件」60 周年祭〉，《兩岸關係》，第 2 期，2007 年，北京。

44. 歐素瑛，〈從二二八到白色恐怖 ── 以李媽兜案為例〉，《臺灣史研究》，第 15 卷第 2 期，2008 年，臺北。

45. 劉大禹，〈論蔣介石個人權威形成的制度因素（1931～1935） ── 從責任內閣制到集權政治〉，《社會科學輯刊》，第 1 期，2009 年，瀋陽。

46. 謝藻生，〈我所知道的南昌行營〉，《世紀行》，第 1 期，1995 年，武漢。

47. 謝藻生，〈我所知道的南昌行營〉，《世紀行》，第 2 期，1995 年，武漢。

48. 蘇瑤崇，〈中國報紙有關二二八事件報導之研究 ── 以南京上海為例〉。收入高雄市文獻委員會，《紀念二二八事件 60 週年學術研討會論文集》。高雄：高雄市文獻委員會，2008 年。

49. 蘇瑤崇，〈二二八事件中的媒體宣傳戰〉，《臺灣文獻》，第 59 卷第 4 期，2008 年，南投。

軍方刊物對民主運動的報導
——以《國魂》與《青年戰士報》爲例

傅星福　著

作者簡介

傅星福，國立臺北教育大學臺灣文化研究所碩士，目前為臺灣維新基金會政策助理。

臺灣歷史的經脈盤根錯節地存在我們生活的時空當中。讀研究所的時候，沒事就在臺灣館東翻西翻，結果看到阿祖的名字上了臺灣日日新報的新聞。因為讀了臺文所，才知道原來婆跟馬偕的凱達格蘭族妻子是同一家族的親戚。為了做報告，曾經花了好幾個下午，讓阿嬤新喚回六十多年前的回憶。這些感動都是其他學科無法取代的。

提　　要

本文研究旨在了解軍方刊物在臺灣民主運動史上的角色，而以具有代表性的《青年戰士報》及《國魂》作為研究的資料。筆者在初步瀏覽《青年戰士報》及《國魂》的內容後發現，除作為宣揚國策與黨國思想的內容之外，在臺灣戰後民主運動的路上，《青年戰士報》及《國魂》雜誌都是站在反對的立場，不論是 1950 年代的《自由中國》，或是 1970、80 年代的黨外運動。因此，筆者試圖也期望在論文研究裡，能夠呈現出以下兩個層面。一、《青年戰士報》及《國魂》的言論是否有因為時空背景的不同而有所差異，能否從整個過程當中整理出國民黨政權的本質。二、在民主運動中，從執政當局與民主運動人士雙方的言論做出比較，期望能夠更加完整呈現出戰後臺灣民主運動的時代價值。以下是各章重點：

第一章　導論；研究緣起與時代背景。

第二章　《國魂》與《青年戰士報》；介紹《國魂》與《青年戰士報》的沿革以及與總政戰的關係。

第三章　軍方刊物對《自由中國》雜誌的報導；軍方刊物對《自由中國》在民主憲政的議題上所提出的批判。

第四章　軍方刊物對七十年代民主運動的報導；以「美麗島事件」為主軸，軍方刊物的相關報導與評論。

第五章　軍方刊物對八十年代民主運動的報導；軍方刊物對八十年代「黨外」民主運動的相關報導與評論。

第六章　結論。

序

　　台灣主體意識的發展，近十幾年來隨著社會政治文化的變遷，漸漸成爲受到注目的一個話題。台灣學的研究，也隨著台灣文化相關系所的設立，有更多元化的發展。筆者有幸在此時進入台灣文化研究所就讀，修習長久以來較不受到重視的台灣史課程。所上專任或兼任的老師在台灣史的研究領域中均有專長的項目，尤其在以往台灣史不受到重視的環境中，各位老師能夠選擇台灣史作爲專長研究的領域，讓學生感受到除了學術研究之外，更多了一份對台灣本土的關懷與認同。

　　在研究所修業與畢業論文撰寫的期間，相當感謝父母親與家人在各方面的支持與關心，家人平時對台灣本土意識的話題亦是相當關心，時常藉此討論筆者在校所修習的課程內容。無論在課堂上的授課或是論文撰寫的過程中，則必須感謝指導教授李筱峰老師總是在百忙之中不時的鼓勵與指導，幫助解決許多疑難雜症。口試委員張炎憲老師與陳翠蓮老師，在計畫口試與論文口試的過程中所給予的意見與指導，亦使得論文內容更加充實。在研究所就讀期間，所上的學長姐、同學、學弟妹以及行政人員總是在各方面能提供許多意見與協助，幫助解決課業上或生活上的許多問題。最後感謝本論文之寫作獲贈慈林教育基金會 2011 年慈河獎學金的支持，慈林教育基金會多年來在台灣本土運動的深耕有成，能夠獲贈慈河獎學金的支持，筆者倍感榮幸。

　　就讀研究所期間，深感學海浩瀚，而且受之於人者遠多於本身的付出。因此，未來不論在學或就業，必須時常抱持著學習的熱誠，並且能夠盡己所能的幫助其他人，這是在專業學術之外更能夠回饋社會的地方。

目次

第一章　導　論

一、研究緣起與目的

　　20 世紀末可以說是台灣政治變遷的關鍵時代，1996 年第一次由人民直選總統，美國「自由之家」正式將台灣列入「自由民主」國家。2000 年總統大選後，台灣首次和平政權轉移，2001 年被美國「自由之家」評為與日本並列亞洲最自由的國家。但是台灣的民主自由，卻是過去半世紀以來民主運動人士所努力的成果。從 1950 年代開始的戒嚴時期，國民黨執政當局無論對內或對外一向以反攻大陸為最高原則，為了國共內戰所頒布的「戒嚴令」與「動員戡亂臨時條款」成了在台灣迫害人權的惡法。造成 50、60 年代白色恐怖時期的許多冤案，以及其他許多迫害人權的案例。然而在這期間國民黨政府對民主運動以及相關人士的態度又是如何？在當時代的民主運動人士又面臨著什麼樣的處境？

　　2010 年諾貝爾和平獎得主劉曉波因為遭到中國當局逮捕，而無法出席諾貝爾獎頒獎典禮。為此諾貝爾委員會主席亞格蘭說：「我們今天廣泛享受的權利，是一些人冒著極大的危險奮鬥贏取來的，他們為別人付出，這就是劉曉波配得我們的支持。」〔註 1〕亞格蘭還表示，過去不乏政治領袖玩弄民族主義情緒，試圖妖魔化異議人士的例子，這些例子有時甚至以民主自由之名發生，但向來幾以悲劇告終。〔註 2〕這番談話，似乎也符合台灣戰後民主運動所遭遇

〔註 1〕　《自由時報》，2010 年 12 月 11 日，A1 版。
〔註 2〕　《自由時報》，2010 年 12 月 11 日，A1 版。

的處境。二次大戰後，台灣才剛脫離了日本的殖民統治，卻又接著面臨另一個高壓集權的統治，國民黨的政權帶來了 228 事件、白色恐怖與戒嚴統治。在長達 38 年的戒嚴統治期間，雖然國民黨當局嚴密地控制著台灣社會，但是一波波民主運動的浪潮，仍然不斷地衝擊著國民黨的威權統治。而在這當中，是否有像諾貝爾委員會主席亞格蘭所說的政治領袖玩弄民族主義情緒，試圖妖魔化異議人士，確實值得我們思考與了解。

　　1949 年，一群來自中國的自由主義人士，以《自由中國》雜誌為 1950 年代台灣的民主聲浪掀起一波高潮，而其中在 1956 年 10 月 31 日出版的「祝壽專號」在這一波民主聲浪中占有重要的地位。「祝壽專號」的內容碰觸到國民黨政府在台灣統治的許多問題，因而引起了黨國相關報刊的言論攻擊。「祝壽專號」發行後，國防部總政治部以「周國光」〔註3〕的名義，發出「極機密」特字第九十九號的「特種指示」，題目為「向毒素思想總攻擊」。〔註4〕內容主要是動員黨政相關報刊對「祝壽專號」發出攻擊。內容共有九項，其中第八項明白指出《青年戰士報》及《國魂》所刊登的言論，可代表黨的言論，應發動同志研讀。〔註5〕而雷震在 1957 年 1 月 3 日的日記中提及在這一波言論攻擊中，屬於軍方政戰體系的報刊也提到了《青年戰士報》及《國魂》。〔註6〕由此可知，《青年戰士報》及《國魂》在當時的黨政報刊中是具有代表性的。而雷震又在同年 1 月 28 日與 2 月 7 日的日記再度提及《國魂》。顯示雷震本人也注意到《國魂》對「祝壽專號」攻擊的強度。傅正也在雷震 2 月 7 日日記的註腳說明《國魂》是政工幫的刊物，聽命於蔣經國的旨意行事。〔註7〕這一連串的資料引起了筆者對《青年戰士報》及《國魂》的興趣，為什麼軍方的刊物會刊登對《自由中國》攻擊的言論？國防部總政治部的《青年戰士報》及《國魂》在當中扮演什麼樣的角色？這其中的關係必須從 1950 年代國民黨與國防部總政治部的從屬關係中了解。

　　1949 年 5 月 19 日，台灣省政府主席兼警備總部司令陳誠宣布自 20 日零時

〔註3〕 劉宜良認為周國光是蔣經國的化名。江南，《蔣經國傳》（台北：前衛，1997年），頁 385。

〔註4〕 雷震著，傅正編，《雷震全集》冊 11（台北：桂冠，1989 年），頁 107。

〔註5〕 全文參見雷震著，傅正編，《雷震全集》冊 11，頁 109～111。

〔註6〕 雷震著，傅正編，《雷震全集》冊 39，頁 5。

〔註7〕 雷震日記有關《國魂》的部分，參見雷震日記，1957 年 1 月 28 日、2 月 7 日，雷震著，傅正編，《雷震全集》冊 39，頁 22～23，頁 26～27。

開始「全省戒嚴」，從此台灣開始長達 38 年的戒嚴。半年後，國民黨政府在國共內戰潰敗，同年 12 月 7 日流亡台灣，蔣介石並於 1950 年 3 月 1 日復行總統職務。同時開始國民黨的改造，配合原有的「戒嚴令」與 1948 年 5 月 9 日在南京頒布的「動員戡亂時期臨時條款」，開始蔣介石與蔣經國父子在台灣的威權統治。

　　在復行總統職務後，蔣介石認為國民黨在中國大陸失敗的主要原因在於取消軍中政工制度，〔註 8〕所以必須重建軍隊監察制度，改革政工制度，使全體官兵皆能為主義而戰，為黨國而戰。〔註 9〕1950 年 3 月 22 日即宣布成立「國防部政治部」，蔣經國擔任政治部主任，5 月 1 日改稱為「國防部總政治部」。蔣經國並且開始在總政治部的掩護下，在軍隊中非公開地建立國民黨的特種黨部。〔註 10〕以求建立「以黨領軍」的一元化領導，目的是「牢牢地掌握這支軍隊」。〔註 11〕1951 年國民黨特種黨部第一次代表大會通過之「組織領導實施大綱」中規定「各級軍事主管同志，對所屬幕僚長及單位主管人事之決定，應先提經同級黨部審議，如同級黨部不予同意時應另提人選再行審議」。1952 年規定「各級軍事主管、重要幕僚、政工人員、主要機要人員，均以黨員充任，納入組織」。並在各級軍事單位中，建立黨團小組，「貫徹以黨領軍政策，建立以黨領軍制度」。〔註 12〕許福明認為，設置特種黨部的工作，在國民黨改造前，就已經奉蔣介石的指令先行進行，並且在 1951 年 2 月完成這項工作。〔註 13〕經由這些過程，特種黨部掌握了國軍人事的任用與升遷，確保國民黨能充分控制這支軍隊。特種黨部除了掌握國軍高層的人事之外，也試圖掌握所有的現役軍人，以蔣經國的國防部政治部的政工人員為核心，各級黨工幹部由政工人員兼任，1954 年後在軍隊中設置專任黨工，分配到各區級以上的黨部工作，政工人員負責官兵的忠誠思想考核，成為國民黨控制現役軍人的重要機制。在當時的國民黨看來，軍隊的政治工作就是黨的工作，軍隊中的政工人員就是黨工人員。〔註 14〕

〔註 8〕　李松林等著，《蔣經國大傳——江山風雨》（台北：風雲時代，2009 年），頁 249。
〔註 9〕　李松林等著，《蔣經國大傳——江山風雨》，頁 250。
〔註 10〕　若林正丈，《台灣：分裂國家與民主化》（台北：月旦，1994 年），頁 96。
〔註 11〕　薛化元等著，《戰後台灣人權史》（台北：國家人權紀念館籌備處，2003 年），頁 117。
〔註 12〕　薛化元等著，《戰後台灣人權史》，頁 117～118。
〔註 13〕　許福明，《中國國民黨的改造》（台北：正中書局，1986 年），頁 74～75。
〔註 14〕　薛化元等著，《戰後台灣人權史》，頁 118。

二、研究成果回顧

　　目前以《青年戰士報》與《國魂》雜誌的言論爲主題的研究相當少見，但是以國民黨意識形態與黨國體制作爲主題的相關研究，以及各大報紙對重大事件或民主運動的報導均有一定數量。戰後民主運動以及政論雜誌的相關研究也有許多前人的成果。在此統整與本論文有相關議題，並且能夠引導問題討論的相關研究，期望使本論文能夠有更多面向的討論。而在眾多研究成果中，不免有類似研究的主題，在此不逐一討論。

　　在國民黨意識形態與黨國體制方面，龔宜君的《外來政權與本土社會》〔註15〕分析了國民黨如何以一個外來政權，藉由來台後實行的各項政策「滲透」進台灣社會，以達到有效控制台灣社會的目的。石佳音在〈中國國民黨的意識形態與組織特質〉〔註16〕中認爲來到台灣的國民黨政權對社會的滲透能力是基於來臺後重建的特務組織和日本殖民政府留下來的行政體系。另外由於國民黨政權高度依賴美國支持，所以台美關係的轉變也會牽動到台灣內部政治的變動。以上論文均能夠幫助了解國民黨統治台灣的制度背景。何怡娟在〈國民黨政府與反共抗俄教育之研究——以國（初）中歷史教材爲例（1949～2000）〉〔註17〕一文中透過對國民黨政府 1949 年遷臺前後、蔣中正、蔣經國以及李登輝執政時期等四個階段的國（初）中歷史教材內容進行分析，了解國民黨政府在臺執政期間，如何運用國（初）中歷史教材進行反共抗俄的思想教育，以及反共抗俄教材隨時空變遷而進行調整的過程。

　　有關各大報紙對重大事件或民主運動報導的論文。戚毅在〈中央日報處理重大政治事件內容取向之研究〉〔註18〕中認爲，政黨報紙的缺點在於閱聽人雖然不一定將內容等同於宣傳，或是在反映政黨的利益、觀點及價值觀，因此，做爲一種說服的方式來說，有時它的效果是有限的。而政黨報紙所負的責任即在於此。文中也指出政黨輪替前後，《中央日報》的報導內容也有所差異，這一點則是提醒筆者在進行本論文的同時，必須時時留意時事背景對

〔註15〕龔宜君，《外來政權與本土社會》（台北：稻鄉，1998 年）。
〔註16〕石佳音，〈中國國民黨的意識形態與組織特質〉，國立台灣大學政治學研究所博士論文，2007。
〔註17〕何怡娟，〈國民黨政府與反共抗俄教育之研究——以國（初）中歷史教材爲例（1949～2000）〉，國立中央大學歷史研究所碩士論文，2006 年。
〔註18〕戚毅，〈中央日報處理重大政治事件內容取向之研究〉，中國文化大學新聞研究所碩士在職專班碩士論文，2003 年。

報刊內容所造成的影響。陳郁馨的〈台灣主要報紙對美麗島事件報導之比較研究〉〔註 19〕研究指出，美麗島事件後，台灣各媒體一面倒的報導，以及社會民眾對政治刻意保持距離的態度，要做客觀而完整的敘述，並不太容易。美麗島事件的發生，由於當時的政治高壓與恐怖氣氛，戒嚴時期的新聞管制與報界報導之新聞框架，使傳播媒體往往無法將美麗島的社會真實正確反映出來。而在戒嚴時期，當時政府則是以許多手段對媒體施加壓力，形成了政府操控媒體，而民眾被媒體影響的結果，因此，賦予政治事件一個真實原貌是媒體的轉型正義的重要課題。江詩菁在〈宰制與反抗：兩大報系與黨外雜誌之文化爭奪〉〔註 20〕中研究國民黨政府如何透過媒體，進行意識型態的文化霸權。《聯合報》與《中國時報》，扮演如何的角色？與國民黨政權具有如何的關連性？在台灣民主化過程中的表現又如何？研究指出，國民黨政權為求政權的鞏固，對台灣新聞媒體的控制，並利用媒體進行「文化霸權」，灌輸社會大眾有利於其統治的意識形態，為維護政權的正當性，打壓異議人士。兩大報以傳達國民黨政權以「戡亂時期」、「國家安全」、「社會安定」等為政治體制的論述，以維持一黨專制的統治，以國民黨革命歷史記憶為號召，形塑想像、虛幻的中國意識與認同，並且污名化反對勢力，以鞏固政權的正當性基礎。

戰後民主運動的研究。蘇正沛在〈支配與反抗──「自由中國」事件與「美麗島」事件之比較〉〔註 21〕比較兩次的反對運動不同的結構特徵，如自由中國時期的反對運動是一種菁英的整合。美麗島時期的反對運動則是屬於群眾動員的型態。另外，台灣的政治轉型除受到國際政治結構變遷的影響外，更受到國民黨政權所建構的不平等權力結構的制約，美麗島時期的反對運動即是在有利的國際環境與國民黨政權支配結構的轉化中，逐漸透過台灣民間的群眾力量來迫使國民黨朝向民主改革。古淑芳在〈台灣黨外運動（1977～1986）──以黨外言論為中心之研究〉〔註 22〕中，討論從 70 年代後期「黨外」

〔註 19〕陳郁馨，〈台灣主要報紙對美麗島事件報導之比較研究〉，國立臺灣大學國家發展研究所碩士論文，2006 年。
〔註 20〕江詩菁，〈宰制與反抗：兩大報系與黨外雜誌之文化爭奪〉，國立臺南師範學院台灣文化研究所碩士論文，2003 年。
〔註 21〕蘇正沛，〈支配與反抗──「自由中國」事件與「美麗島」事件之比較〉，國立中山大學中山學術研究所碩士論文，2005 年。
〔註 22〕古淑芳，〈台灣黨外運動（1977～1986）──以黨外言論為中心之研究〉，國立臺灣師範大學歷史研究所碩士論文，1998 年。

運動形成的背景因素，到「黨外」人士進行初步整合的經過。而在「美麗島事件」發生後，黨外如何重新整合再出發。這種轉變又爲「美麗島事件」之後的「黨外」運動投下了什麼變數？或帶來什麼樣的轉變？80 年代朝野雙方的互動，爲「黨外」帶來什麼影響？直至民進黨創黨的過程。充分討論研究「黨外」運動的本質與特色。何振盛在〈戒嚴時期台灣地區的民主化與政治發展：國民黨與反對團體之互動〉〔註 23〕一文中，藉由討論戒嚴時期台灣的政治發展，了解國民黨與反對團體的互動關係，以及台灣民主化的情形。並且從其中比較出蔣介石與蔣經國不同類型的執政型態。

政論雜誌研究的部分，目前關於《自由中國》的研究已經有相當的數量。顏淑芳的〈自由中國半月刊的政黨思想〉〔註 24〕，以「政黨思想」作爲研究的主題。以反對黨問題爲主軸，討論《自由中國》的「政黨思想」與組黨的過程，最後也檢討了組黨失敗的原因。薛化元在《自由中國與民主憲政——1950 年代台灣思想史的一個考察》〔註 25〕中從《自由中國》核心人物的自由主義思想與國民黨的互動，討論《自由中國》思想的分期演變。並且從民主憲政的觀點，討論《自由中國》在當時所關心的執政當局各種違反憲政法治的議題。何卓恩在《〈自由中國〉與台灣自由主義思潮》〔註 26〕中，討論自由主義在當時台灣的發展，以自由主義的觀點思考在當時的政治環境中「國家自由」與「個人自由」的關係。蕭淑玲在〈台灣黨外雜誌對黨外運動的作用（1979～1986）——以《八十年代》系列、《美麗島》、《蓬萊島》系列兩大路線爲例〉〔註 27〕一文中從黨外雜誌的言論主張，及其所引起的事件，來看黨外雜誌對當時黨外民主運動發生的作用。以《八十年代》系列作爲議會路線代表，並以《美麗島》、《蓬萊島》系列作爲群眾運動路線代表，從兩者的成員及雜誌風格、內容及議題的論述、面對執政當局打壓的反應等比較分析兩

〔註23〕 何振盛，〈戒嚴時期台灣地區的民主化與政治發展：國民黨與反對團體之互動〉，國立政治大學三民主義研究所碩士論文，1988 年。

〔註24〕 顏淑芳，〈自由中國半月刊的政黨思想〉，中國文化大學政治研究所碩士論文，1989。

〔註25〕 薛化元，《自由中國與民主憲政——1950 年代台灣思想史的一個考察》（台北：稻鄉，1996 年）。

〔註26〕 何卓恩，《〈自由中國〉與台灣自由主義思潮》（台北：水牛，2008）。

〔註27〕 蕭淑玲，〈台灣黨外雜誌對黨外運動的作用（1979～1986）——以《八十年代》系列、《美麗島》、《蓬萊島》系列兩大路線爲例〉，國立中央大學歷史研究所碩士論文，2005 年。

大路線的異同。台灣黨外雜誌與 1980 年代的黨外運動緊密相連。對內，探討自身運動路線；對外，將黨外的主張傳播給一般民眾，使民眾對社會公眾議題更加關心，在與國民黨當局對抗的過程中，更加促使執政當局逐漸走向民主化的方向。

如前所述，目前以軍方刊物言論為主題的研究相當少見，但是以各大報紙對重大事件或民主運動報導的研究均有一定數量。戰後民主運動以及政論雜誌的相關研究也有許多前人的成果。本文則試圖從軍方刊物的言論進入執政當局的角度，了解戰後民主運動包含黨內、黨外，朝野雙方的多重面向，以凸顯出民主運動的時代價值。

三、研究方法

《青年戰士報》與《國魂》在戰後台灣的時代意義，主要呈現在黨國的意識形態與政治思想。又因為《青年戰士報》與《國魂》是屬於軍方的刊物，因此在台灣戰後民主運動研究的脈絡中具有特殊的代表性，屬於從執政當局的角度來觀察民主運動。本論文即以此作為研究中心進行分析討論。除第二章介紹《青年戰士報》與《國魂》之外，在各章節中，先說明當代民主運動的時代背景與主要內容，分析討論《青年戰士報》與《國魂》相關的報導與討論，並且探討其背後所表達的政治意涵。此一研究方法的特色，主要是藉由觀察《青年戰士報》與《國魂》對民主運動的報導與討論，了解執政當局面對反對運動的態度，甚至因為時空環境的不同而有所差異。

在史料收集的過程中，以 1953 年 4 月到 2000 年的《國魂》雜誌以及 1952 年 10 月創刊至 1984 年 10 月的《青年戰士報》是目前能夠掌握的範圍。事實上，《國魂》雜誌於 1950 年 10 月創刊，目前國內各大圖書館所館藏的《國魂》雜誌以國家圖書館與國立中央圖書館台灣分館最為豐富，國立台北教育大學圖書館也有為數不少的館藏，但是在筆者統整之後，所能掌握的僅有 1953 年 4 月到 2000 年的《國魂》雜誌，1953 年 3 月之前的《國魂》雜誌目前筆者尚未找到有館藏的單位。雖然本論文沒有劃定討論年代的範圍，惟《新文藝月刊》於 1987 年 7 月併入《國魂》，該期開始《國魂》改名為《國魂綜合月刊》，雜誌內容開始呈現出不同的取向，又 1987 年時值解除戒嚴的時間，《國魂》雜誌的內容在解嚴後幾乎不再討論有關民主運動的議題，因此在本文討論的範圍中，《國魂》的部分大致上到 1987 年為止。《青年戰士報》則是在 1984

年 10 月後改名爲《青年日報》，而《青年日報》對於民主運動相關的報導方式與《青年戰士報》有所差異，因此《青年日報》則不在本文討論範圍之內。

另外，本文各章節因內容性質的不同，會呈現出不同的史料運用。第四章討論軍方報刊對 70 年代民主運動的報導，因 70 年代的民主運動是以美麗島事件爲主軸的一系列街頭運動，因此研究文本以能夠報導每日新聞的《青年戰士報》爲主。而第三章與第五章的內容乃是以黨內與黨外各自發表的言論爲主，因此以學術性、理論性爲主的《國魂》作爲主要討論文本。

目前關於《青年戰士報》及《國魂》並沒有相關研究論文或專書，以往在戰後民主運動或政治研究史料選擇上，以民主運動陣營的刊物作爲研究文本居多。以執政當局所掌控的刊物作爲戰後台灣政治思想與民主運動相關的研究以《中央日報》、《中國時報》等爲主。筆者在初步瀏覽《青年戰士報》及《國魂》的內容後發現，除了作爲宣揚國策與黨國思想的內容之外，在台灣戰後民主運動的路上，《青年戰士報》及《國魂》雜誌都是站在反對的立場，不論是 1950 年代的《自由中國》，或是 1970、80 年代的黨外運動。因此，筆者試圖也期望在論文研究裡，能夠呈現出兩個層面。一、《青年戰士報》及《國魂》的言論是否有因爲時空背景的不同而有所差異，以此了解執政當局在台灣統治的理念變化。二、在民主運動中，從執政當局與民主運動人士雙方的言論做出比較，期望能夠更加完整呈現出戰後台灣民主運動的時代價值。

第二章 《國魂》與《青年戰士報》

　　在 1950 年代反共抗俄的戰爭中,國防部總政治部認為,思想戰是一個重要的環節。思想戰之主要武器為宣傳,台灣軍事反攻與大陸抗暴革命結合,中國反攻戰鬥與國際反共戰爭結合,均必須重視宣傳,藉宣傳而爭取人心。國內外人心向背,是反攻復國戰爭勝敗的關鍵。〔註1〕而以堅定官兵信仰,正確官兵認識為原則的軍中宣傳則有以下五點詳細原則:

1、以加強反共復國之心理建設為中心,培養官兵民族意識,確立自力更生之信念。

2、以宏揚三民主義之真諦為中心,使官兵由認識三民主義,信仰三民主義,進而堅決為實行三民主義而奮鬥犧牲。

3、以宣揚領袖言行為中心,使官兵忠誠信仰領袖,效忠領袖,永遠跟從領袖前進。

4、以揭發共匪暴行的中心,戳穿俄匪陰謀,報導大陸實況,激發官兵同仇敵愾與光復大陸之決心。

5、以分析國際局勢為中心,提高官兵警覺,增進官兵對於反共抗俄前途正確之認識。〔註2〕

當時國軍的各種宣傳工作即以此五項原則為重要方向,另外還有社會宣傳原則與國際宣傳原則,在此不多加贅述。而從 1951 年起總政治部即逐年訂頒宣

〔註1〕 國軍政工史編撰委員會編,《國軍政工史稿》(台北:國防部總政治部,1960年),頁 1724。

〔註2〕 國軍政工史編撰委員會編,《國軍政工史稿》,頁 1724～1725。

傳工作計畫，其中 1956 年頒布的「國軍現階段宣傳綱領」中對報刊言論宗旨作出指示：

1、宣揚領袖言行，闡揚三民主義的真諦與國策。

2、解釋軍中實際問題，宣揚戰果，表揚忠烈，團結軍心，鼓舞士氣。

3、解釋法令，介紹軍事科學知識，研究軍事學術，分析國內外重大時事，增進官兵學能與正確認識。

4、駁斥匪偽謬論，揭發俄匪陰謀及暴行。

5、報導國軍進步實況，強調軍人對國家社會之重要性，提高官兵責任榮譽觀念。

6、適時配合軍中各種運動，擴大宣傳，並闡述實施要點。〔註3〕

由此可知軍方報刊的內容報導大致上是以此六點作為報導原則，值得注意的是，內容中將領袖與主義置於第一優先的順位，而國家、責任與榮譽則置於第五點，這其中的爭議，在《自由中國》往後的言論中，引起了相關的討論。

在同時頒布的「國軍文化宣傳工作實施方案」中，其中「工作要項」的第一項「加強革命理論研究」項目裡面，第一點與第五點則分別指出：軍中各報刊，應經常配合政治教育，及研讀訓詞之進度，撰著專稿，闡揚革命理論與總統訓詞。總政治部統一撰發軍報社論，軍中各報刊，除應適時刊載外，各單位利用時間向官兵加以闡釋，以正確理解各項問題。〔註4〕表示軍方刊物的言論方向與內容均受到總政治部統一的管制。而同樣在「工作要項」中的第三項「發揮宣傳工作力量」的項目中的第二點指出：軍中通訊及各報刊，應通過新聞報導方式，教育官兵，運用新聞政策，打擊敵人……。〔註5〕這一項指示則使軍方報刊被國民黨當局當作攻擊異議人士的工具成為一種可能。1959 年的「國軍現階段文化宣傳工作綱領」則再一次規定，為發揮軍中報刊力量，必須統一指導軍中報刊言論，強化《青年戰士報》與新中國出版社刊物社論，以指導各級軍報與各軍種刊物言論。並由總政治部成立「軍中報刊言論指導小組」，由各有關人員組成，研究軍中報刊言論重點，以擴大軍中報刊對官兵思想上的影響。〔註6〕由此可知軍方各軍種與各級報刊的言論是經過

〔註 3〕 國軍政工史編撰委員會編，《國軍政工史稿》，頁 1734～1735。

〔註 4〕 國軍政工史編撰委員會編，《國軍政工史稿》，頁 1735～1736。

〔註 5〕 國軍政工史編撰委員會編，《國軍政工史稿》，頁 1737。

〔註 6〕 國軍政工史編撰委員會編，《國軍政工史稿》，頁 1747。

管制的統一言論，而統一言論的內容則以《青年戰士報》與新中國出版社為指標。《青年戰士報》與《國魂》的言論就等於是總政治部的言論，而在特種黨部的體制下，總政治部的言論就等於是國民黨當局的言論。

군中出版的報紙類刊物，自 1950 年 4 月至 1956 底，經總政治部登記核准發行者，包含《青年戰士報》及各級部隊之舉辦報刊共有 426 種。總政治部對於軍中報刊的輔導可分為四項：

1、每半月一次編發「軍報指導要點」，使編輯、印刷及內容得以改進。

2、定期撰發「統一社論」，使各報刊之看法與說法得以統一。

3、依各報刊成績，擇優核發補助費。

4、選拔優秀人員，發給獎金獎勵。〔註7〕

至 1957 年行政院通令各級政府機關，對於公報、刊物之發行，應力求節約。總政治部奉行政院節約政令，令軍團以下各單位報刊一律停辦，只保留軍團以上報刊包含《青年戰士報》等報刊 37 種。然而到了 1958 年 8 月，總政治部為前線砲戰需要，准許軍團以下各單位在自籌經費原則下，恢復小型報刊，但不得對外發行及互相交換。因此，至 1959 年底，軍中報刊又增加到 93 種。〔註8〕在這過程當中，《青年戰士報》因為屬於總政治部直屬發行，除了可以持續發行不受影響之外，如前所述，《青年戰士報》的言論在軍方刊物中始終處於代表性的地位。

1952 年 4 月總政治部主任蔣經國任命副主任李樹衢、辦公室主任周靈鈞、第二組組長胡一貫、副組長蕭濤英等人籌辦《青年戰士報》。蕭濤英為社長，胡一貫為主筆，總編輯葉楚英，員工均向各單位借調。10 月 1 日報社成立，10 月 10 日正式創刊。以下節錄《青年戰士報》發刊詞的一段文字，觀察其創刊的思想理念：

> 今雖俄帝奸匪的禍亂未已，但我們在領袖領導之下，即將完成總反攻的準備，且以我們的堅強壯大，用能扭轉世界反侵略的局勢，而且益進於光明。當此反攻匪遙，光明在望之時，中國國民黨召開第七次全國代表大會，定能根據黨務改造的既有成績，軍政革新的

〔註 7〕 國軍政工史編撰委員會編，《國軍政工史稿》，頁 1758～1759。
〔註 8〕 國軍政工史編撰委員會編，《國軍政工史稿》，頁 1759～1760。

輝煌成就，並配合世界反共局勢，以厘定當前中心工作，爭取反共抗俄的最後勝利。〔註9〕

很明顯的，「反共抗俄」是當時國民黨政權首先強調的國家政策。時值50年代國際間民主與共產陣營冷戰的局勢，強調「配合世界反共局勢」更能凸顯國民黨政權在國際上的地位。然而在此局勢中，國民黨第七次全國代表大會也被視為一個重要關鍵，表現出當時黨國軍政不分的時代背景。另外，發刊詞也提到中國青年反共救國團在總政治部指導之下組織成立，應供以軍報培養其愛國精神與國防化的思想。〔註10〕表現出《青年戰士報》也帶有救國團的色彩，這與總政治部與救國團共同為蔣經國所掌控的不無關係。以下表一則簡列《青年戰士報》歷任發行人與社長。

表1〔註11〕：《青年戰士報》歷任發行人與社長

時　　間	發行人	社　　長
1952 年 10 月 10 日	國防部總政治部發行	
1953 年 1 月 1 日	蕭濤英	蕭濤英
1964 年 9 月 21 日	蕭濤英	唐樹祥
1977 年 5 月 1 日	廖祖述	唐樹祥
1978 年 10 月 10 日	張其黑	張家驤
1981 年 6 月 2 日	劉燕生	張家驤
1984 年 10 月 10 日	改名《青年日報》，發行人張家驤	

軍中報刊除了前述各級單位自辦的軍報之外，總政治部另有成立新中國出版社，掌理軍中政治書刊、宣傳品之編審與出版。國防部前新聞局及政工局時期，均有新中國出版社之設置。國府來台後，總政治部成立，新中國出版社於是在 1950 年 5 月復社，其定期出刊的刊物有《國魂》、《革命文藝》、《革命軍》、《革命軍畫報》、《勝利之光》，另外有出版「軍官政治叢書」、「軍中文藝叢書」、「民族英雄傳記」、「匪情研究叢書」、「連環圖畫」等各類叢書。其中《國魂》雜誌則被定位為理論性的刊物，1950 年 10 月創刊。〔註12〕1958

〔註 9〕《青年戰士報》，1952 年 10 月 10 日，第一版。
〔註10〕《青年戰士報》，1952 年 10 月 10 日，第一版。
〔註11〕資料來源參考自《青年戰士報》。
〔註12〕國軍政工史編撰委員會編，《國軍政工史稿》，頁 1755～1756。

年頒訂的「國軍文宣工作改進計畫」中，為使出版書刊結合思想教育與工作領導，並增進幹部之教育與領導，將《國魂》改進成對幹部之綜合性刊物。〔註13〕因此，《國魂》為一學術性、理論性之刊物，供國軍中上級幹部對革命理論作有系統之研究為主旨。〔註14〕惟《新文藝月刊》於 1987 年 7 月併入《國魂》，該期開始《國魂》改名為《國魂綜合月刊》，雜誌內容呈現出不同的方向。而從 1984 年 1 月開始，發行人不再由新中國出版社擔任，言論內容漸漸走向多元，以下表二則簡列《國魂》歷任發行人與主編。

表 2〔註15〕：《國魂》歷任發行人與主編

時　間	發行人	編輯／主編
1950 年 10 月	新中國出版社	國魂編輯委員會
1976 年 10 月	新中國出版社	國魂編輯委員會／方心豫
1980 年 12 月	新中國出版社	國魂編輯委員會／張作丞
1984 年 1 月	羅卓君	主編張作丞

　　中華民國憲法第 138 條規定「全國陸海空軍，須超出個人、地域及黨派關係之外，效忠國家」，表示「以黨領軍」是違反憲法的，因此國民黨在軍中的特種黨部必須藉由政工系統達到控制軍隊的目的。藉此在國民黨控制下的軍隊，成為戒嚴時期蔣介石父子在台灣威權統治的基石，在這個系統下被蔣介石視為能夠代表黨的言論的《青年戰士報》與《國魂》的內容則是作為研究黨國體制思想的重要史料。為了解軍方報刊對台灣民主運動的態度，總政治部的《青年戰士報》及《國魂》在當中扮演什麼樣的角色，本文將藉由《青年戰士報》與《國魂》對於民主運動的報導與評論，試圖了解國民黨政府在當時對於民主運動的反應，以及背後的意識形態與政治思想。

〔註13〕國軍政工史編撰委員會編，《國軍政工史稿》，頁 1741。
〔註14〕國軍政工史編撰委員會編，《國軍政工史稿》，頁 1756。
〔註15〕資料來源參考自《國魂》。

第三章 軍方刊物對《自由中國》雜誌的報導

二次大戰結束後的台灣，在 228 事件中，許多本土社會菁英消失了。1949 年開始的土地改革更加速台灣地主領導階級的凋零。接著，國民黨政府尚未撤退來台之前就在台灣實行的戒嚴法，以及動員戡亂時期臨時條款，鞏固了國民黨政府在台灣的高壓統治，也因此 50、60 年代的白色恐怖時期出現了許多匪諜案、叛亂案。此時，台灣本土的知識分子，多數無力也無心在政治上。相反的，一群於 1949 年從中國大陸來台的自由主義知識分子，在台北創辦的《自由中國》半月刊雜誌，成為了 50 年代推動台灣民主自由思想的重要刊物。

1949 年的徐蚌會戰，國民黨在國共內戰的情勢急轉直下，共軍南下逼近長江。蔣介石因受到國內輿論的壓力，在發表《告全國同胞書》之後，宣布下野。此時，胡適認為，反共作戰的本質除了軍事作戰外，更具有政治、文化和思想的內容。因為中日戰爭已經結束，國內還要繼續打仗，使全國軍民均有「不知為何而戰」的心態，必須用政治、思想和文化作戰的方式，闡明民主自由的理念，使全國民眾認知當前的戰爭是自由中國與共產中國的戰爭。〔註 1〕蔣介石引退後，一部分國民黨人士和自由主義者胡適、王士杰、雷震、杭立武等人在上海即以此理念商討如何挽救當前的危機。據雷震回憶，胡適認為，共產黨沒有海軍，無法渡過長江的天險。因此眾人主張在上海辦個刊物，在共黨淪陷區內宣傳自由與民主理念，以對抗共產政治。此期間，王士杰和雷震時常到溪口與蔣介石報告國內外的情勢，其中有關創辦刊物的部分，一來在國內有助於

〔註 1〕 馬之驌，《雷震與蔣介石》（台北：自立晚報，1993 年），頁 74～75。

對抗共產黨的戰爭，二來在美國發表《對華關係白皮書》，準備不再支持蔣政權之後，此刊物在國際觀感上有助於改善國民黨的形象。因此王士杰等人的提議受到蔣介石完全的認同，並願意贊助經費。〔註2〕

以《自由中國》作為刊物的名稱，係仿照當年戴高樂的「自由法國」，是由胡適所命名的，與共產中國做區分。但是中國內戰局勢惡化太快，原定在上海發行的《自由中國》雜誌因為，中共軍隊渡過長江進入上海，只出了一些小冊子，就隨國民政府來到台灣，而於1949年11月20日創刊。在美國發表《對華關係白皮書》之後，蔣政權在國際上的形象的確是低落的。但是在1950年爆發的韓戰，又為國民黨與《自由中國》的未來帶來變化。

50年代隨著韓戰的爆發，美國對中共採取圍堵政策，第七艦隊協防台灣，美國援助台灣，「中美共同防禦條約」的簽訂……等等國際局勢的發展，情勢又開始對在台灣的國民黨政權有利。當時中共在中國發動「抗美援朝」，無心攻打台灣，在台灣的國民黨得以保住政權。尤其是美國杜魯門總統對台灣地位的聲明，對蔣介石是莫大的安慰，但是國民黨並未因為理解美國從放棄國府到支持台灣的前因後果，而開始在台灣實行民主憲政。反而因為美國的支持，國民黨在台灣又開始實行一黨專政的獨裁統治。原本因為國民黨為了國際形象而支持的《自由中國》，這個時候的地位，也就不如當初這麼重要了。並且隨著雜誌內容的言論愈來愈觸及國民黨統治的敏感問題，國民黨對《自由中國》的態度也開始漸趨強硬。

一、《自由中國》與軍方刊物的言論衝突

一般認為，《自由中國》與國民黨關係的惡化，是從1951年《自由中國》第4卷11期的社論〈政府不可誘民入罪〉〔註3〕一文開始。該文針對政府管制金融引起情治人員貪污的案件加以討論，也引起了黨政高層的壓力。為此，胡適認為：「《自由中國》不能有言論自由，不能用負責態度批評實際政治，這是台灣政治的最大恥辱。」〔註4〕所以從1952年底開始，胡適開始在各地公開討論言論自由的問題，其中在《自由中國》三週年紀

〔註2〕馬之驌，《雷震與蔣介石》，頁76～77；李筱峰，《台灣史100件大事》下冊（台北：玉山社，1999年），頁46。

〔註3〕社論，〈政府不可誘民入罪〉，《自由中國》第4卷11期（1951年6月1日），頁4。

〔註4〕張忠棟，《胡適、雷震、殷海光》（台北：自立晚報，1990年），頁149。

念的演說中談到了自由民主的國家最重要的是言論自由，以及合法的、善意的批評。執政黨應該培養合法的反對，在野的也應該負起這責任。〔註5〕這番談話也許是爲《自由中國》往後在批評政府施政的路線上以及反對黨的理念做一個確定，也開始《自由中國》與軍方刊物對個人自由與國家自由的爭論。

　　針對胡適在這段時期的言論，《青年戰士報》先是在 1952 年 12 月 5 日以社論表示，個人的自由，憲法已經規定，不需要爭取。目前需要的是國家的自由，強調國家自由的重要。」11 日的社論更是主張應該滌除個人自由。〔註6〕關於此問題，《自由中國》於 1953 年 1 月 1 日，在羅鴻詔的〈國家自由與個人自由〉一文中認爲，國家的自由就是獨立，獨立的國家沒有國家自由的問題。因此，羅鴻詔認爲中華民國是獨立的國家，所以沒有國家自由的問題，只有國內勘亂的問題，不宜主張犧牲個人自由以爭取國家自由。文中同時將「犧牲個人自由」的「個人」，分爲官吏與平民。如果是爲了爭取國家自由，而犧牲官吏的自由的話，則必須由人民來限制，因爲政府官吏是爲人民服務的。但是如果犧牲的是人民的自由，則官吏有毫無限制的自由，就是集權主義。〔註7〕於是《青年戰士報》接下來陸續以社論或專文對個人自由與國家自由的問題作出討論。《青年戰士報》在 1 月 9 日的社論〈駁個人自由主義〉一文中指責個人自由主義者鼓動人民向政府爭取自由是「給予共匪一個思想走私的機會」，文中還提到：

> 　　個人自由主義者，偏要說我們主張爲國家爭取自由，就是爲官吏爭取自由，真是歪曲而無政治常識的說法。這說法將製造官吏與人民對立，政府與人民對立，替敵人分化政策打前鋒，……（中略）。我們爲了防止毒素的流傳，恐將影響我們反共抗俄的團結，不能不爲詞已以辯正。〔註8〕

1 月 22 日，時任總政治部主任與救國團主任的蔣經國，在一場救國團委託政工幹校代訓的體育幹訓班結業典禮上致詞時則說：

> 　　今天我們要學習歐美的是他們的科學，而不學他們的一切，在

〔註5〕張忠棟，《胡適、雷震、殷海光》，頁 151～152。
〔註6〕雷震著，傅正編，1952 年 12 月 14 日日記，《雷震全集》冊 34，頁 172～173。
〔註7〕羅鴻詔，〈國家自由與個人自由〉，《自由中國》第 8 卷 1 期（1953 年 1 月 1日），頁 5～6。
〔註8〕社論，〈駁個人自由主義〉，《青年戰士報》，1953 年 1 月 9 日，第一版。

這學習中，最重要的一點是，不要忘了自己是中國人！……（中略）
因爲一味崇拜外國人的，所以就形成了個人主義和自由主義，這是
教育的嚴重問題，也是過去失敗的原因。〔註9〕

1月26日，《青年戰士報》但昭文在〈略論個人自由與國家自由〉一文中，從
國父倡導國民革命不以爭取個人自由作號召，矢志我國家爭取自由，並且在
三民主義中指示革命同志與全國同胞要犧牲個人自由，爭取國家自由。談到
中國今天受到俄帝的侵略，比以往列強更甚百倍，如果國家沒有自由，個人
生命都有問題，更枉論自由。最後提到國家自由是指國家領土完整與內政不
受干涉。今天所爭取的自由是爲鐵幕裡的四億五千萬同胞向俄帝所爭取，國
家現在處於存亡關頭，炎黃子孫都該爲國報效，克盡天職，犧牲個人自由，
爭取國家自由。〔註10〕

胡逸民在同月29日的〈國家自由與個人自由〉文中也強調：

> 中共爲什麼作亂，怎樣有力量作亂，三尺童子均知其爲俄帝所
> 驅策，所豢養而成，我們還不要向俄帝爭取國家自由嗎？無視中共
> 與俄帝之關係，不承認俄帝之侵略中國，簡直是閉著眼睛瞎說。……
> （中略）至於眼看國族沉淪，個人自由尚不肯犧牲，自私之徒全無
> 心甘，古亦有之，吳三桂、秦檜之類是也。〔註11〕

對於《青年戰士報》的言論指責，《自由中國》繼續以專文論述個人自由
與國家自由的問題。傅中梅在〈個人自由乎？國家自由乎？〉文中主張，個
人自由與國家自由如果一致，便是民主國家，否則就是獨裁國家。〔註12〕殷
海光在〈政治組織與個人自由〉中質疑國家自由的定義，史達林的蘇俄或希
特勒的德國都是自由的，但是結果卻是如何。至於「非常時期必須犧牲個人
自由」的主張，殷海光則認爲是共產黨、納粹、法西斯的論調。〔註13〕《自
由中國》1954年2月1日的社論〈自由日談眞自由〉則直接認爲將自由解釋

〔註9〕 《青年戰士報》，1953年1月23日，第一版。

〔註10〕 但昭文，〈略論個人自由與國家自由〉，《青年戰士報》，1953年1月26日，第
四版；2月2日，第四版。

〔註11〕 胡逸民，〈國家自由與個人自由〉，《青年戰士報》，1953年1月29日，第三版；
1月30日，第二版。

〔註12〕 傅中梅，〈個人自由乎？國家自由乎？〉，《自由中國》第9卷6期（1953年9
月16日），頁13～14。

〔註13〕 殷海光，〈政治組織與個人自由〉，《自由中國》第10卷2期（1954年1月16
日），頁8。

成國家自由是歪曲的解釋。自由就是個人自由，人身、言論、思想等等，這是做人的基本人權，不容剝奪。〔註 14〕《自由中國》以此社論清楚的表達了對個人自由與國家自由問題的立場。

　　軍方報刊在接下來的時間直到 1956 年爲止，只有《國魂》刊登一篇〈法治與民主自由〉的文章。在文章中，仍重覆同樣的觀點，認爲自由主義者忘記了自己的民族在俄帝的魔掌下和朱毛的鐵幕裡是沒有自由的。爭自由，必須向俄帝朱毛去爭。自由主義者是假借自由之名行破壞之實，只強調個人的自由，忽略國家的自由，是沒有眞正自由可言的。〔註 15〕

　　1956 年 2 月 1 日美國總統艾森豪與英國首相艾登在華盛頓簽屬發表一篇聯合宣言，宣言中提出「國家應爲個人利益而存在，並非個人應爲國家利益而存在」。《自由中國》馬上於 1956 年 2 月 16 日的社論〈國家應爲個人利益而存在——美英聯合宣言是人類良心的發言〉呼應這篇宣言。社論中強調，所謂反共的大原則就是「國家應爲個人利益而存在，不是個人應爲國家利益而存在。」「維護獨立生存的權利，自由表達意見的權利，和各個人不同意的權利。」〔註 16〕這裡可看出《自由中國》希望藉由呼應這個宣言，表達相同的立場。接著《自由中國》在下一期 3 月 1 日的社論〈個人爲國家之本〉中，再一次重申國家應爲個人利益而存在，只有極權國家才會認爲個人應爲國家利益而存在。並且認爲國家利益是不可捉摸的，國家自由是一個不通的名詞。〔註 17〕

　　這兩篇社論再次引起《國魂》雜誌的回應。1956 年 5 月 30 日，《國魂》雜誌刊登一篇〈個人爲國家乎？國家爲個人乎？〉的文章，比較了「國家應爲個人利益而存在」與「個人應爲國家利益而存在」兩者的不同。文中認爲：「歐美各國無論大小都是獨立的國家，不受帝國主義侵略，在這種情況下，國家沒有問題，個人利益優於國家利益不成問題，所以國家可以爲個人利益而存在，聯合宣言中認爲國家應爲個人利益而存在對於歐美是合理的。但是中國從晚清開始，遭受帝國主義侵略，國家無法獨立，對日抗戰後，俄國帝國主義以共匪做爲工具侵略中國大陸。在這種情況下，國家

〔註 14〕　社論，〈自由日談自由〉，《自由中國》第 10 卷 3 期（1954 年 2 月 1 日），頁 2。

〔註 15〕　馬璧，〈法治與民主自由〉，《國魂》第 105 期，（1955 年 2 月 2 日），頁 13。

〔註 16〕　社論，〈國家應爲個人利益而存在——美英聯合宣言是人類良心的發言〉，《自由中國》第 14 卷 4 期（1956 年 2 月 16 日），頁 3。

〔註 17〕　社論，〈個人爲國家之本〉，《自由中國》第 14 卷 5 期（1956 年 3 月 1 日），頁 5。

利益則是優於個人利益。因此兩者的反共原則不可一概而論。」〔註18〕

　　次月，《國魂》雜誌的〈民族主義是極權暴政底根源嗎？──質「自由中國」編者〉一文為民族主義提出辯護，直接質疑《自由中國》社論〈個人為國家之本〉的內容。文中認為，今日實行民主政治的國家都是民族國家，民族主義與民主政治關係密切，世界上沒有一個民主國家離開了民族主義的。因此主張「個人應為國家利益而存在」的民族主義並非是極權國家，而反對民族主義的就是民族的罪人。〔註19〕

　　至此，《自由中國》與軍方刊物對個人自由與國家自由的爭論暫告一段落。早期《自由中國》在面對國民黨「國家自由優於個人自由」的論點時，《自由中國》內部也有人抱持類似的主張，不同在於國家不得侵犯個人言論自由。但隨著《自由中國》內部自由主義越來越明顯，對於國家自由的批評便成為《自由中國》明顯的主張。〔註20〕而面對《自由中國》的批評，軍方刊物大致上是以「反共抗俄」、「民族國家」的相關說法回應。對國民黨而言，中國大陸是被共匪蘇俄所占據的，因此國家處在鐵幕之下是沒有自由可言，所以沒有國家自由就沒有個人自由，為了國家與個人的自由，則必須以民族主義為出發點，反攻大陸以得到真正的自由。

　　至於國民黨主要人物對《自由中國》與雷震的觀感也影響了軍方報刊對《自由中國》的報導方向。1950年8月，《自由中國》在社論〈為國民黨改造進一言〉〔註21〕中表示反對軍中設立黨部。蔣經國於1951年3月為此當面指責雷震是受了共產黨的唆使。同年4月，蔣介石於主持軍隊黨部改造委員就職儀式時痛斥要求軍隊國家化的行為「與匪諜和漢奸無異。」〔註22〕1952年10月，《自由中國》刊登徐復觀的〈青年反共救國團的健全發展的商榷〉一文，對救國團的發展提出建言。〔註23〕蔣經國因此在中學校長會議上指責雷震與

〔註18〕青松，〈個人為國家乎？國家為個人乎？〉，《國魂》第132期，（1956年5月30日），頁3～6。

〔註19〕青松，〈民族主義是極權暴政根源嗎？──質「自由中國」編者〉，《國魂》第133期，（1956年6月30日），頁3～5。

〔註20〕薛化元等著，《戰後台灣人權史》，頁189。

〔註21〕社論，〈為國民黨改造進一言〉，《自由中國》第3卷3期，1950年8月1日，頁2。

〔註22〕張忠棟，《胡適、雷震、殷海光》，頁76～77。

〔註23〕徐復觀，〈青年反共救國團的健全發展的商榷〉，《自由中國》第7卷8期，1952年10月16日，頁10～11。

徐復觀有「幫助共產黨的嫌疑。」〔註24〕這時候正好就是《青年戰士報》開始針對胡適有關言論自由的言論開始攻擊的時候。由此可以推論國民黨與《自由中國》的互動，程度上會影響到軍方報刊的言論。而雷震因為《自由中國》的言論，動輒被蔣介石父子指為匪諜、幫助共產黨，更是反應到軍方刊物的言論上，慣於將異議人士指稱為匪諜或受共產黨教唆煽動。1955 年 8 月 15 日國防部總政治部發表專文，表示近日破獲重要共匪對台灣滲透分化陰謀活動，並發現潛伏在台的匪諜利用所謂「爭取民主自由」，假借「民主自由」招牌，進行顛覆活動。文中進一步指出共匪在台偽裝民主、自由等口號的策略是由莫斯科所決定的。〔註25〕此文則預告了軍方往後與民主運動的論戰，即是以匪諜、通匪等罪名作為打壓民主運動的主要說法。

二、「祝壽專號」所引起的問題

　　1956 年 10 月 31 日是蔣介石 70 歲生日，正當全台灣各界準備各種祝壽活動的時候，蔣介石諭示總統府函知各機關：「婉謝祝壽，以六事諮詢於同仁，均盼海內外同胞，直率抒陳所見，俾政府洞察輿情，集納眾議，虛心研討，分別緩急，採擇實施。」〔註26〕計有以下六點：1、建立台灣為三民主義模範省。2、增進台灣四大建設（經濟、政治、社會、文化與革除官僚氣習）。3、推行戰時生活，革除奢侈不良風習。4、團結海內外反共救國意志，增強復國戰力。5、貫徹反共抗俄。6、針對中正個人日常生活言行的缺失，作具體建議。〔註27〕

　　同日，蔣勻田與夏道平即建議雷震，《自由中國》可出一專號，貢獻國是意見。〔註28〕18 日即邀請王師曾等 12 位專家學者開會，決定趁此機會分別執筆表達對國家的意見。〔註29〕這一期除社論一篇之外，另有 15 篇文章，內容卻不離以下七點：1、確立民主政治的制度。2、扶植有力的反對黨。3、有效保障言論自由。4、實行軍隊國家化。5、保障司法獨立。6、教育正常化。7、從速召開反共救國會議。該期並配合蔣介石生日，提早一天於 10 月

〔註24〕張忠棟，《胡適、雷震、殷海光》，頁 105。
〔註25〕《青年戰士報》，1955 年 8 月 16 日，第一版。
〔註26〕雷震著，傅正編，雷案回憶（一），《雷震全集》，冊 11，頁 106。
〔註27〕馬之驌，《雷震與蔣介石》，頁 210。
〔註28〕雷震著，傅正編，1956 年 10 月 17 日日記，《雷震全集》，冊 38，頁 323。
〔註29〕雷震著，傅正編，1956 年 10 月 18 日日記，《雷震全集》，冊 38，頁 323～324。

31 日出版，此即爲引起各界注意，連連再版的「祝壽專號」。〔註 30〕

「祝壽專號」出刊後，國民黨黨報《中央日報》就不再給《自由中國》刊登廣告。〔註 31〕同年 12 月，國防部總政治部以「周國光」〔註 32〕的名義，發出「極機密」特字第九十九號的「特種指示」，題目爲「向毒素思想總攻擊」。〔註 33〕指出《自由中國》假借民主自由的招牌，發出反對國家與黨的論調。爲了對抗毒素思想，要加強官兵的思想教育，要求黨內和軍中的刊物針對毒素思想加以批判。《青年戰士報》與《國魂》可以代表黨的言論，鼓勵官兵研讀討論。〔註 34〕「向毒素思想總攻擊！」的指示公文發出後，1957 年 1 月國防部總政治部又發出了多達六十多頁的「向毒素思想總攻擊！」小冊子。內容將《自由中國》對政府與國民黨的建言，如黨部退出軍隊和救國團隊出學校等意見，視爲中共統戰的言論，爲了完成反共抗俄的大業，全體官兵與黨內同志必須徹底的思想動員，清除毒素思想。〔註 35〕至此，黨方、軍方、團方各刊物紛紛開始攻擊《自由中國》。對此，雷震認爲言論對言論本是可喜的現象，但是他們的方式則錯了。〔註 36〕雷震本人也開始認爲軍方反民主反自由的作風。〔註 37〕傅正也在雷震 1957 年 2 月 7 日日記的註腳說明《國魂》是政工幫的刊物，聽命於蔣經國的旨意行事。〔註 38〕國民黨內的《工作通訊》第 90 期，也有〈從毒素思想談到黨的思想教育〉一文，開頭就講到：「最近有個刊物不斷散播毒素思想，對反共抗俄及國家民族有著嚴重的危害。」文中並認爲民主自由的導因是來自於「五四運動」，「五四運動」的口號「科學與民主」破壞我們的歷史與文化，其中轉述蔣介石的話：「科學的口號演成了仇視民族文化的口實，民主的口號更做了俄帝奸匪劫取我抗戰成果，消滅我

〔註 30〕 傅正於雷震日記所加註腳，雷震著，傅正編，1956 年 10 月 30 日日記，《雷震全集》，冊 38，頁 326；給讀者的報告，《自由中國》15 卷 9 期，1956 年 10 月 31 日，頁 35。

〔註 31〕 雷震著，傅正編，雷案回憶（一），《雷震全集》，11 冊，頁 107。

〔註 32〕 劉宜良認爲周國光是蔣經國的化名：江南，《蔣經國傳》，台北，前衛，1997，頁 385。

〔註 33〕 雷震著，傅正編，雷案回憶（一），《雷震全集》，冊 11，頁 107。

〔註 34〕 雷震著，傅正編，雷案回憶（一），《雷震全集》，冊 11，頁 109～111。

〔註 35〕 雷震著，傅正編，雷案回憶（一），《雷震全集》，冊 11，頁 111～145。

〔註 36〕 雷震著，傅正編，1957 年 1 月 3 日日記，《雷震全集》，冊 39，頁 5。

〔註 37〕 雷震著，傅正編，1957 年 2 月 7 日日記，《雷震全集》，冊 39，頁 27。

〔註 38〕 雷震著，傅正編，1957 年 2 月 7 日日記，《雷震全集》，冊 39，頁 27。

民族精神的手法。」〔註39〕在之後的《青年戰士報》即在社論中引述蔣介石此一言論。

　　以下從「祝壽專號」的內容與《青年戰士報》與《國魂》所提出主要的言論回應，作一整理與歸納，惟《青年戰士報》與《國魂》有許多內容類似重覆的文章，在此不逐一列舉。

1、《自由中國》的言論是「毒素思想、共匪思想的走私」

　　在「向毒素思想總攻擊」的公文發出後，1956 年 12 月 20 日，《青年戰士報》即以社論〈揭穿共匪戰術、防止思想走私〉表示：

> 共匪要分化我們，亦自知甚爲困難。于是藉由民主自由的好名
> 詞，來製造「爭取民主自由」的假目標，以轉移我們軍民反共復國
> 的信念，以沖淡我們軍民反共抗俄的怒火。〔註40〕

同月，《國魂》的社論〈嚴防共匪思想走私〉將《自由中國》的言論列舉出九點，認爲共匪假借民主自由的面貌出現，以各種說法進行思想走私。(1)、大專中學不應該研讀國父遺教，研讀國父遺教是妨害教育自由，要使國父遺教退出學校，共匪思想便可趁虛而入。(2)、學校中不應該有救國團的組織，妨害學生自由，破壞學校行政，使救國團退出學校，匪諜便可進入學校。(3)、要求政治民主化，以此來製造「爭取民主自由」的假對象，轉移反共的目標，破壞人民對於政府的信心。(4)、要求軍隊國家化，說我們的軍隊不是國家的軍隊，是黨派的軍隊，由此來打擊國軍的士氣。(5)、我們的軍隊應該取消「主義、領袖、國家、責任、榮譽」五大信念，不取消就是違反民主自由，(6)、說我們的領袖負責太多，管事太多，要領袖做一個「無智、無能、無爲」的領袖，企圖削減領袖對於反共抗俄的領導力量。(7)、對於立場堅定的反共人士，誣之爲特務份子。(8)、攻擊政府不提高軍公教人員的待遇，以挑撥軍公教人員對政府的感情。(9)、革命與民主不相容，與法治不可通，要實行民主法治，就不能講革命。上述這些主張與思想，不論是由什麼人傳播出來，無異是爲共匪所利用，做了共匪的代言人，或義務宣傳員。文中進一步說明指出：

> 過去在大陸，共匪曾假借民主自由的美名，散播這些思想，來
> 打擊我們，動搖我們對主義、領袖與政府的信心，因而我們遭遇大

〔註39〕雷震著，傅正編，1957 年 4 月 14 日日記，《雷震全集》，冊 39，頁 69。
〔註40〕社論，〈揭穿共匪戰術、防止思想走私〉，《青年戰士報》，1956 年 12 月 20 日，第一版。

陸淪陷的慘痛。今天共匪又假藉民主自由的美名，在我們反共抗俄
的基地來散播這些思想，企圖製造顛覆政府的條件，摧毀我們反共
抗俄的根基。〔註41〕

同樣的言論《國魂》連續兩期以社論發出，次月 140 期的社論〈清除毒
素思想〉〔註42〕與〈事實俱在、不容詭辯〉〔註43〕內容均批評自由主義、個
人主義者是假藉民主自由的名義，或是爲了個人的私利，而爲共匪所利用，
做了共匪的同路人。面對這些刊物的攻擊，雷震也認爲：「本來以文章互相批
評是好現象，但是這些刊物的圍剿已經給《自由中國》戴帽子，開始進入誣
衊的階段。」〔註44〕

2、政黨政治與反對黨問題

王師曾在〈政治建設的根本問題〉中指出，自由中國目前的政治，在形
式上是民主憲政，但是實質上是回到過去國民黨訓政時期黨治的途徑上。因
爲國民黨認爲大陸失敗的原因，在於實行民主憲政，黨失去控制，所以現在
政治上回復從前訓政時期的作法。王師曾認爲今日中華民國政府是依據憲法
產生的政府，與過去國民政府是由國民黨產生的黨治政府不同。過去的國民
黨是以革命的立場推翻滿清，建立政府，現在的國民黨必須以執政黨的立場
討伐叛逆，不可再以從前革命時期的身分自居。而以目前來講，反共的目的
就是民主自由，反共最大的武器也是民主自由。所以中華民國目前必須做到
的第一是實行並遵守憲法，第二是給予各政黨平等的發展機會，以達到政黨
政治。〔註45〕張士榮在〈祝望造成一個現代的民主國家〉文中認爲民主憲政
不能離開政黨政治。如果我們必須實行民治，便不能藉口當前的局勢，而膠
著於黨治。並希望總統能培養反對黨，這對國家與國民黨本身都有極大的好
處。〔註46〕其他如社論〈壽總統蔣公〉〔註47〕、陳啓天的〈改革政治、團結

〔註41〕 社論，〈嚴防共匪思想走私〉，《國魂》，第 139 期，1956 年 12 月 25 日，頁 2。
〔註42〕 社論，〈清除毒素思想〉，《國魂》，第 140 期，1957 年 1 月 20 日，頁 2。
〔註43〕 社論，〈事實俱在、不容詭辯〉，《國魂》，第 140 期，1957 年 1 月 20 日，頁 3。
〔註44〕 雷震著，傅正編，1957 年 1 月 28 日日記，《雷震全集》，冊 39，頁 22～23。
〔註45〕 王師曾，〈政治建設的根本問題〉，《自由中國》，第 15 卷 9 期，1956 年 10 月
        31 日，頁 6～7。
〔註46〕 張士榮，〈祝望造成一個現代的民主國家〉，第 15 卷 9 期，1956 年 10 月 31
        日，頁 17～18。
〔註47〕 社論，〈壽總統蔣公〉，《自由中國》，第 15 卷 9 期，1956 年 10 月 31 日，頁 3
        ～4。

人心〕〔註 48〕、蔣勻田的〈忠誠的反應〉〔註 49〕、魏正明的〈民主政治的基本精神——合法的反對〉〔註 50〕也都同樣建議政府實行政黨政治與培養反對黨。可見反對黨問題是「祝壽專號」中相當重要的一個問題，由此也可以看出雷震日後組織新黨的理論想法。

　　139 期《國魂》的〈從民治與黨治說起〉則回應，民主國家的政府都是由政黨組成，因此民治就是黨治，將民治與黨治分開是不對的。國民黨與共產黨不同的地方在於國民黨是民主政黨，所以國民黨的黨治就是民治。作者任卓宣認為國民黨崇奉國父的三民主義，民權主義是全民政治。因為中國處於革命時代，民權主義非革命不能實現，所以主張革命民權，這是與歐美的民主政治不同的地方，不能以普通的民主或歐美的民主來衡量。〔註 51〕

　　141 期《國魂》的〈反對黨問題〉一文認為，相對於執政黨，所謂反對黨就是在選舉中獲票較少的黨，因為他的政見不被多數人接受，不符合多數人的意志。因此反對黨的問題主要仍在於選舉，但是目前全國性的選舉必須在光復大陸之後才能舉行。國民大會代表、立法院、監察院委員的狀態無法改變。以目前的狀態，國民黨就是執政黨，這在光復大陸之前是無法改變的。另外一點，政黨之間競爭只存在於平時，到了戰時，選舉也是凍結的。而中國目前就是處於戰時，政府從大陸撤退來台，不斷準備反攻，以光復大陸為事。因此目前沒有反對黨的問題，只有光復大陸一事，全力以赴猶恐不及，何能分散力量，走向互相抵消的道路。〔註 52〕

3、言論自由

　　夏道平在〈請從今天起有效地保障言論自由〉中，指出台灣的言論自由是有限的言論自由。所以我們的政府在反共的宣傳上，從沒有強調民主自由的價值。在政治的措施上，沒有讓人民體會到民主自由的可貴，在大

〔註 48〕陳啓天，〈改革政治、團結人心〉，《自由中國》，第 15 卷 9 期，1956 年 10 月31 日，頁 19～21。

〔註 49〕蔣勻田，〈忠誠的反應〉，《自由中國》，第 15 卷 9 期，1956 年 10 月 31 日，頁29～31。

〔註 50〕魏正明，〈民主政治的基本精神——合法的反對〉，《自由中國》，第 15 卷 9 期，1956 年 10 月 31 日，頁 32～33。

〔註 51〕任卓宣，〈從民治與黨治說起〉，《國魂》，第 139 期，1956 年 12 月 25 日，頁6～8。

〔註 52〕楊成柏，〈反對黨問題〉，《國魂》，第 141 期，1957 年 2 月 28 日，頁 10～14。

家的心中，反共戰爭只是國共兩黨政權之爭而已。言論自由是基本人權之一，言論自由雖不是靠政府賜予，卻需要政府的保障。在理論來講，自由不分有限無限，有限的自由就是不自由。有位記者曾經說過，儘管台灣沒有事先檢查新聞的制度，但是每個記者本身就是自己的檢查員，檢查標準越嚴越好。結論就是：「我們沒有不虞恐懼的自由。」〔註53〕陳啟天在〈改革政治、團結人心〉也認為政府應鼓勵言論自由，並扶植民間報紙，以促進政治的改革。〔註54〕

《青年戰士報》在〈論言論自由〉一文中則指出，現在有很多報刊，時常批評政府，而政府不以為侮，甚至專以攻擊政府為能事的刊物，亦未受到限制，這就可以證明在中華民國政府之下，是有充分的言論自由的。今天我們正處在一個反共抗俄的戰爭時代，我們為了防止言論自由所可能發生的流弊，並使言論自由不致為別有用心的人所利用，那末，我們在言論自由方面，就不可不有一個範圍，不可不有一個尺度，以為其共同遵守的準繩。第一、不可超出三民主義的範圍。三民主義是我們立國的主義，這在憲法上已有明文規定。第二、不可為抗反共抗俄的國策。反共抗俄是我們的最高國策，我們一切言論，必須宣揚反共抗俄的國策，合乎國民革命的要求，今天還有人散播不反共、不革命的毒素，而自以為言論自由者，我們反對這種違反國策的言論自由。第三、不可妨害民族的利益。今天我們的民族是正處在存亡絕續的關頭，為了復興民族，我們一切言論，必須維護國家利益，而不可妨害國家利益。第四、不可誣衊政府反共措施。今天我們的政府，是正在領導全國軍民同胞，從事反共抗俄的戰爭。對於政府一切反共抗俄措施，我們在言行上必須予以宣揚，予以支持，然後才能集中力量，戰勝敵人。〔註55〕

4、軍隊國家化

雷震在〈僅獻對於國防制度之意見〉中對軍隊國家化的問題提出意見。雷震提出今天國民黨在軍隊裡包括陸海空軍聯勤憲兵警察等，均設立了國民黨黨部，這違反了憲法「全國陸海軍，須超出個人、地域及黨派關係以外……」

〔註53〕夏道平，〈請從今天起有效地保障言論自由〉，《自由中國》，第15卷9期，1956年10月31日，頁12～13。

〔註54〕陳啟天，〈改革政治、團結人心〉，《自由中國》，第15卷9期，1956年10月31日，頁19～21。

〔註55〕社論，〈論言論自由〉，《青年戰士報》，1957年1月18日，第二版。

之規定。如果一國軍隊只屬於一個黨派，不僅他黨一旦執政而無法指揮軍隊，可能演至以武力爲政爭的工具。總之國民黨在軍隊裡設立黨部不僅違反憲法，也違反民主政治的基本原則。雷震進一步建議，除軍中黨部應即取消外，現役軍人不得參加政黨活動。現役軍人在選舉時只能投票，不得公開擁護或反對任何人。〔註56〕

　　《國魂》的編者王鎭以〈國軍不應有思想和信仰嗎？〉一文對雷震提出的問題作出回應，他認爲國民黨在國軍的傳統中有不容抹殺的重要地位。文中提到，總統蔣公創設黃埔軍校以三民主義爲思想訓練的基本，以建立中華民國的中國國民黨作爲領導中心。中國國民黨的歷史就是中國革命的歷史，也就是中華民國革命軍人的歷史。國民革命軍誠然爲國民黨建立的軍隊，爲總統蔣公訓練之軍隊，但國民革命軍的建立和目標是爲了實現中華民族的自由，和中國主權的完整與獨立，因此認爲國民黨在國軍的傳統歷史中有重要的地位。至於國軍的思想訓練，文中認爲國軍推行三民主義的思想教育，是有憲法第一條作爲依據的。自從行憲之後，三民主義已經不是屬於一黨的了，依據三民主義思想所訓練的國軍，也不能視爲「一黨或一人所有」，更不可能成爲政爭的工具。文中進一步提出，今日的戰爭是思想戰，必須有信仰的軍隊才能勝任，對抗俄匪共產主義的戰爭，國軍的武器就是三民主義，因此以三民主義作爲國軍的政治訓練是沒有問題的。〔註57〕

5、自由教育

　　羅大年的〈建立自由教育必須剔除的兩大弊害〉一文對當時教育最具影響的兩點提出批評。第一是青年救國團的問題，文中認爲，青年救國團名義上是自願參加，事實上卻是強迫參加，同學在入團時多有怨言。以及干擾學校行政，浪費國家公帑等狀況，可說是「只見其害，未見其利。」第二點，在校學生研讀總理遺教、總統訓詞、總裁言論、三民主義等等，可以說是近年學生課業負擔無法減輕的主要原因。〔註58〕

　　對此，《青年戰士報》在〈揭穿盜用所謂「自由教育」的謬論〉文中認爲，

〔註56〕雷震，〈僅獻對於國防制度之意見〉，《自由中國》，第15卷9期，1956年10月31日，頁24～26。

〔註57〕王鎭，〈國軍不應有思想和信仰嗎？〉，《國魂》，第139期，1956年12月25日，頁13～15。

〔註58〕羅大年，〈建立自由教育必須剔除的兩大弊害〉，《自由中國》，第15卷9期，1956年10月31日，頁34。

自從「五四運動」追求西方民主與科學之後，中國傳統文化遭到破壞，大專學校裡充滿共產主義與個人主義。因此，青年反共救國團的成立是擔負指導青年思想的偉大任務，推行民族精神教育，愛國運動，對革命有偉大的貢獻，有良心，有正義感的中國人，都要承認這事實。至於研讀總理遺教、總統訓詞、總裁言論、三民主義等問題，文中認為國父遺教並不只代表國民黨一黨的言論，中華民國憲法是依據國父遺教制定，三民主義是國父重要的思想，規定學生研讀是完全合法。總統是國父革命事業的繼承者，其訓詞都是救國救民的言論，是反共抗俄的指南針，全國國民都應該研讀。提倡所謂「自由教育」的人，是企圖使青年學生失去信仰中心，讓共匪思想趁機而入，使青年信仰其賣國漢奸的謬論。國家在這危急存亡之秋，有人盜用「自由教育」的美名，實際上是共匪思想走私，學校青年要提高警惕。〔註59〕

　　此文內容繼蔣介石在國民黨內的《工作通訊》後，再次將「五四運動」與中國共產黨在中國大陸的崛起作一連結，以此論述「五四運動」所追求的自由民主是破壞中國傳統文化的原因。1919 年的「五四運動」影響很廣，不僅促使學生運動與勞工運動抬頭，中國共產黨及其他政治社會團體誕生，中國傳統儒家權威和倫理觀念遭到質疑，西方思想則受到推崇。〔註60〕「五四運動」後中國傳統價值失落，同時間馬列思想則隨著蘇聯革命成功，列寧在莫斯科成立「共產國際」而進入中國，開始影響中國的知識分子。〔註61〕乃至於陳獨秀、李大釗等人在蘇聯援助下成立中國共產黨，創黨之初的中國共產黨一直都是接受蘇聯與共產國際的指導，中共早期甚至沒有自己的黨慶，而是以蘇聯的國慶為黨慶。〔註62〕也因此蔣介石說：「中國共產黨不是中國的產物，乃是蘇俄共產帝國的螟蛉。〔註63〕」這也就是在國民黨此時期將「反共」與「抗俄」連結的主要原因。

　　139 期《國魂》的〈何謂「自由教育」？〉一文，也對此問題作出回應。作者認為青年反共救國團是一個教育青年訓練青年的組織，也是青年的反共救國組織。根據憲法 158 條規定：「教育文化應發展國民之民族精神，自治精

〔註59〕社論，〈揭穿盜用所謂「自由教育」的謬論〉，《青年戰士報》，1956 年 12 月 30 日，第一版、第二版。
〔註60〕周策縱，《五四運動史》（台北：龍田，1984 年），頁 2。
〔註61〕王官德等著，《中國共產黨史》（台北：五南，2003 年），頁 11～12。
〔註62〕王官德等著，《中國共產黨史》，頁 15。
〔註63〕蔣中正，《蘇俄在中國》（台北：中央文物供應社，1957 年），頁 9。

神，國民道德，健全體格與科學及生活智能。」青年反共救國團平時指導學
生愛國運動，利用寒暑假實施戰鬥訓練，研究各種學科，這些都是依據憲法
的原則，不是什麼「弊害」。其次討論「研讀總理遺教、總統訓詞、總裁言論、
三民主義」的問題。作者認為「總理遺教、總統訓詞、總裁言論、三民主義」
是適合中國國情的民主思想，可以健全民主觀念和自由思想。因為中華民國
憲法是國民大會依據孫中山先生之遺教所創立，所以總理遺教就代表著憲法
的精神。如果反對學生「研讀總理遺教、總統訓詞、總裁言論、三民主義」。
那就是違反憲法的精神。作者更進一步說明：

> 我們可以說：所謂「自由教育」，就是在學校中「剷除」青年反
> 共救國團的教育，「剷除」「總理遺教，總統訓詞、總裁言論、三民
> 主義」的教育，也就是不要學生作反共救國和健全身心的活動的教
> 育，不讓學生認識中華民國、明瞭中華民國的立國精神的教育。……
> （中略）為了國家的前途，為了健全青年學生的民主自由的觀念，
> 使他們日後成為優秀的中華民國的國民，應該「剷除」的，乃是那
> 種「自由教育」的荒謬主張。〔註64〕

140期《國魂》的〈我們的自由與民主〉更提到：

> 救國團成立這幾年，老實說：在消極與積極方面，的確有很多
> 表現，而在對學校行政上，我們並沒有看出他們有什麼妨害。在學
> 的團員，更其絕對多數是好學生，他們的成績並不遜於他人。我們
> 不知道有些先生，何以對救國團這樣深惡痛絕，退一萬步說：既使
> 救國團真如他們所說：「妨害了學生的自由，破壞了學生行政」，如
> 果因為救國團的存在，可以使共諜不能為害，那也就有存在的價值
> 了。戒嚴不是對人民的行動自由也有妨害嗎？但是為了防盜，我們
> 可以在應該戒嚴的時候不戒嚴嗎？〔註65〕

6、五大信念

「祝壽專號」該期的社論〈壽總統蔣公〉〔註66〕一文中，在軍隊國家化

〔註64〕余民，〈何謂「自由教育」？〉，《國魂》，第139期，1956年12月25日，頁
9～10。
〔註65〕馬璧，〈我們的自由與民主〉，《國魂》，第140期，1957年1月20日，頁43
～50。
〔註66〕社論，〈壽總統蔣公〉，《自由中國》，第15卷9期，1956年10月31日，頁3
～4。

的問題中有提到軍中標語「主義、領袖、國家、責任、榮譽」應該即刻矯正。雷震在〈僅獻對於國防制度之意見〉一文中也提到:「今日在軍隊、軍事機關和警察機關裡,遍懸『主義、領袖、國家、責任、榮譽』的標語。這是造成一黨私有軍隊的工具,應予取消。」〔註67〕對此,《青年戰士報》的社論〈堅定我們的信念〉則回應「主義、領袖、國家、責任、榮譽」是全國軍民的中心思想與基本信念,包含著復國建國的眞理,是反共抗俄最有利的思想武器。其中的「主義」就是三民主義,是我們革命建國的最高指導原則。領袖就是蔣總統,是指導國民革命實行三民主義的革命領袖,爲我全國軍民所景仰,更爲全世界人士所尊崇。對於別有用心,假借民主招牌的人,我們要鳴鼓而攻之,以保障我們反共抗俄的勝利。〔註68〕

141期《國魂》的〈誰要取消五大信念〉則說明爲何在國家、責任、榮譽之外,多加了主義、領袖兩項信念。國家、責任、榮譽是美國軍隊建軍的基本精神與信念,也是西點軍校的校訓。而美國共和、民主兩黨同樣奉行民主主義,反共產極權。因此全國軍民一致信仰民主主義,所以美國軍隊就不必強調主義的信念了。中國卻從「五四運動」之後開始出現各式各樣的思想,使全國軍民一時無所適從,因此我們必須確定三民主義是革命軍人的信念,貫徹憲法的精神,以抵抗俄共的共產主義。至於美軍爲何不講領袖,是因爲美國自開國以來的總統都是從合法的選舉出來的,軍民自然效忠領袖。中華民國自開國以來歷經多次軍閥割據篡位,軍民沒有養成效忠領袖的思想,以致國家無法團結力量,因此作者在文中認爲:

> 我們要實行三民主義,不可沒有領導實踐主義的領袖,我們要完成國民革命,不可沒有領導革命的領袖,我們要團結國民,不可沒有領袖,我們要抵禦外侮,更不可沒有領袖。……(中略)革命軍應有一個忠於領袖的信念的重要。亦可以說,國民革命沒有革命的領袖,國民革命就會流產,革命軍沒有革命的領袖,革命軍就會瓦解,中華民國沒有救國的領袖,中華民國就會要亡國滅種,陷於萬劫不復的絕境。〔註69〕

〔註67〕 雷震,〈僅獻對於國防制度之意見〉,《自由中國》,第 15 卷 9 期,1956 年版 10 月 31 日,頁 24～26。

〔註68〕 社論,〈堅定我們的信念〉,《青年戰士報》,1956 年 11 月 26 日,第一版。

〔註69〕 周世輔,〈誰要取消五大信念〉,《國魂》,141 期,1957 年 2 月,頁 16～17 接 頁 9。

綜合這段期間的言論，可以從 1957 年 2 月 25 日《青年戰士報》的社論〈此何時？此何地？〉看出軍方刊物面對《自由中國》雜誌的主要思想。社論中說：「言論界發言時，常常忽略發言的時機與地點。不僅是自由中國〔註70〕，其他民主國家也是一樣，尤其是死守自由主義者的理論。如英國哲學家穆勒便主張荒謬的言論亦有發言的自由，因此許多民主國家容許共產黨的言論自由。他們不知穆勒發表「論自由」一書時，尚沒有現在的匪俄，故穆勒的言論自由在當時是對的，卻不適合現在的時代。目前自由中國少數分子，如某一刊物所代表的，對於政府的若干措施，如加強青年的反共教育、清除匪諜的活動等等，認為是違背民主自由的原則。」對此，在內容裡強調：

> 回想政府在 38 年遷台時，這究是什麼時機？又是什麼地點？政府若不積極採取反共措施，我們會有今日這樣安定的局面？即在今日我們正與朱毛奸匪進行生與死的搏鬥，我們若不努力加強我們的反共措施，我們又有希望反大陸？……（中略）今某一刊物會有這樣的批評，就是忽視時與地的實例。〔註71〕

三、「反攻大陸」、「反對黨」與其他的問題

在軍方刊物連番攻擊的同時，《自由中國》的處境愈顯艱難，一些靠津貼生存的報刊也加入了攻擊的行列。〔註72〕原本合作的印刷廠也因特務的干擾，不再願意與《自由中國》合作。〔註73〕《自由中國》卻沒有因此而退卻，除了以〈我們的答辯〉〔註74〕、〈創刊「自由中國」的旨意〉〔註75〕等文回應軍方刊物的攻擊之外，更從 1957 年 8 月開始刊登〈今日的問題〉一系列社論，發表對國事的看法與意見，其中又以〈反攻大陸問題〉再度引起軍方刊物的攻擊。

〔註70〕為了區別共產統治的中國大陸，國民黨稱中華民國統治的地區為自由中國。
〔註71〕社論，〈此何時？此何地？〉，《青年戰士報》，1957 年 2 月 25 日，第一版。
〔註72〕馬之驌，《雷震與蔣介石》，頁 236。
〔註73〕馬之驌，《雷震與蔣介石》，頁 242～244。
〔註74〕社論，〈我們的答辯〉，《自由中國》，第 16 卷 2 期，1957 年 1 月 16 日，頁 4～5。
〔註75〕雷震，〈創刊「自由中國」的旨意〉，《自由中國》，第 16 卷 6 期，1957 年 3 月 16 日，頁 6～13。

〈反攻大陸問題〉一文依據「公算」推論反攻大陸的因素。第一是國際情勢，而國際情勢的基本因素有三：1、世界人心普遍的心理趨向；2、武器的發展；3、國際第三勢力的成長。第二是現代戰爭的必要條件，1、人口；2、資源；3、科學水準。反攻大陸的公算在相當時期內並不太大，但是官方卻說成十分必然的樣子。而且官方在台灣的措施都是以「馬上就要回大陸」為設定，反而造成許多弊害。第一、因為一切都是為了「馬上就要回大陸」，造成一般人民養成事事暫時忍耐遷就的習慣。對於官方許多不合理的做法，也認為是暫時的現象，而繼續忍耐。近幾年人權自由受到損害，政治上反民主的發展，均是因此而起。第二、因為「馬上就要回大陸」官方許多過渡性的措施，得過且過，不求徹底長久，浪費時光精力。第三、因為「馬上就要回大陸」，人民處於一個緊張的狀態，反攻大陸的目標尚渺不可得，但是人民屈於形勢，不敢聲張，造成表裡不一的心理狀態。依據以上情況，反攻大陸不僅希望渺茫，又有許多弊害，一個國家處在一個渺茫的假想上，實在是太不穩健了。〔註76〕

　　同月的《國魂》隨即以一篇〈反攻無望論解剖〉對這個問題作出第一步的回應。指稱個人主義者提倡的「反攻無望論」，是當年北伐時共匪提倡的「北伐無望論」的翻版。並且強調在反共陣營裡傳播失敗主義，是共匪所樂以見到的。〔註77〕次月的《國魂》則以更多的文章篇幅，從各個論點討論反攻大陸的問題。〈從我國兵學攻強原理看反攻無望論〉表示，反共抗俄基本上是一場革命戰爭，革命的戰爭向來都是以寡擊眾。今日散播反攻無望的人，如果不是響應朱毛匪幫的戰略，就是為討好外國姑息妥協主義者。文中並且以中國歷史上的例子說明敵人的強弱不在表面上的兵力武器，而是內部的團結與士氣。物質條件如武器配備，國際情勢，固然重要，但是精神因素，才是戰爭的中樞。如果俳除精神而只談物質，那就是一種素樸的唯物論。〔註78〕〈個人主義與失敗主義〉則說，光復大陸，對共匪作戰，仍為國內戰爭。因此，人口與資源都不是條件。北伐時期，國民政府以廣東一省與擁有無數省的軍閥作戰。戡亂時期，共匪以幾個邊區與統治全國的政府作戰。對日抗戰，日本的武器與資源都勝過中國，

〔註76〕 社論，〈反攻大陸問題〉，《自由中國》，第17卷3期，1957年8月1日，頁5～7。
〔註77〕 逸名，〈反攻無望論解剖〉，《國魂》，147期，1957年8月31日，頁3～6。
〔註78〕 張鐵軍，〈從我國兵學攻強原理看反攻無望論〉，《國魂》，148期，1957年9月，頁3～6。

原以為數月內即可征服中國，這都不是以公式可以計算出來的。人口、資源、武器等都是物質，所以公算就是唯物質論而已。唯物公算論者以失敗主義為結論，後果就是與汪精衛一樣，汪精衛是對日抗戰中的唯物公算論者，或是說唯物公算論者是反共抗俄中的汪精衛。〔註79〕

〈從人心看反攻〉則認為共匪偽政權在大陸上的許多作為，已經沒有群眾基礎，我們反攻大陸的時候，共匪統治下的人民，一定會起來響應國軍。就像是北伐戰爭，國民革命軍已經在社會上先行戰勝北洋軍閥，這也就是北伐可以成功的原因。這部分的力量也是在公算中無法計算出來的。〔註80〕〈從國際局勢看反攻大陸問題〉也認為我們所進行的反共戰爭，是一種思想戰。思想相同的人才可以形成一股力量，大陸上廣大的群眾都和我們一樣痛恨共匪，反抗共匪，這些都是我們反共大陸的資產。北伐戰爭中，如果軍閥的軍隊沒有接受革命思想，革命軍也無法迅速獲得勝利。另外還提到，國軍反攻大陸的想法與西方國家需要解放大陸的利害是一致的，只是西方國家不願為解放大陸而與俄帝作戰。如果西方國家確認亞洲的問題在中國大陸，而中華民國反攻大陸的戰爭，不需要西方國家直接參戰，只需要給予經濟上的援助，便可解決此問題的時候，我們與西方國家的戰略一致，便是我們反攻大陸的時候了。〔註81〕

值得注意的是當中提到的唯物論。唯物論是一種哲學思考方法，由馬克思與恩格爾所提出，一般認為共產主義思想即是從唯物論所得來的。因此《國魂》的作者將反攻無望論者的來源指稱為是一種唯物論，就等於將反攻無望論者和共產主義劃上等號。這一類的論述過程與前文提及的五四運動與共產主義連結是同樣的脈絡。亦即將異議人士與共產黨相關的理論思想作一連結，以此達到攻擊打壓的目的。

另一個與反攻大陸相關的問題，1957 年 8 月 16 日《自由中國》的社論，「今日的問題」之三〈我們的軍事〉一文中認為，武器軍事只是反共反攻的其中一項資本，而資本如果安排不當，資本則有可能成為負債。文中指出，台灣的軍事問題是隨時間的拖延而嚴重，60 萬官兵的負額不是台灣的經濟可

〔註79〕任卓宣，〈個人主義與失敗主義〉，《國魂》，148 期，1957 年 9 月，頁 7～11。
〔註80〕小可，〈從人心看反攻〉，《國魂》，148 期，1957 年 9 月，頁 12～14。
〔註81〕李士英，〈從國際局勢看反攻大陸問題〉，《國魂》，148 期，1957 年 9 月，頁 15～18。

以負擔的,而在龐大的軍費中,官兵薪餉所占比例太低,卻有許多無關的支出,以及於法無據的機關經費,都是以不公開的軍費來開支。因此主張立法委員有權過問在「軍事機密」掩護下的軍費支出。並且刪除一些於法無據的非軍事機構,尤其是在石牌人稱「地下大學」的那個機構。其次還主張裁撤陸軍,使士兵回到社會就業生產,不僅可以減低軍費支出,也有助於經濟成長。最後則提到軍隊裡的黨政與黨工的問題,長久以來已經對官兵產生負面的影響,不得不注意。〔註82〕

《國魂》則在次月發表文章〈從「國家目的」談到國軍應否裁減〉回應這篇社論。文中說民國45年時外交部曾將國家目的列舉數點:1、維護民主與正義;2、維護個人自由與尊嚴;3、不能遺棄大陸上的人民。爲了達到這三項目的,自然必須將共匪消滅,驅逐俄寇。凡屬中華民族黃帝子孫誰都不會否認「反攻大陸」是當前國家最高目的,「反共抗俄」是我們的基本國策。既然如此,即使目前的力量還不夠,時機尚未成熟,但是準備工作卻是不能鬆懈的。軍隊是直接負擔反攻任務的力量,除了否定反攻可能性的人之外,沒有人會主張在這個時候裁減軍隊。最後則提出四點認爲如果裁減軍隊將出現的後果:1、使全民喪失反攻信念,國家目的成爲泡影;2、招致共匪攻擊,金門馬祖出現問題,使台灣陷於困境;3、喪失美國對台灣的信念,影響美國經濟的援助;4、使海外僑胞對台灣失望,使大陸同胞放棄革命的希望。〔註83〕

因此,基本上不論是反攻大陸或是軍事問題,軍方刊物一律以「反共抗俄」、「消滅共匪」爲最高國策的理論回應。甚至如中華民族、黃帝子孫這類強烈大中國思想的民族主義也包含在反攻大陸的理念中。因爲中國共產黨的成立與發展在當時得力於蘇聯的幫助,於是對國民黨來說,蘇聯等於是侵略中國的帝國主義,所以必須以民族主義作爲對抗的思想。

1958年3月14日至17日,美國駐遠東各地外交使節,在國務卿杜勒斯與主管遠東事務的助理國務卿勞勃森主持下,在台北舉行檢討會議。由於在同時間共產世界的蘇俄與北京政府積極的在東南亞各地擴張勢力,以及去年的巴黎和會決定開放對北京政府的禁運,和美國宣布部分解除對中國大陸的新聞採訪與旅行限制。使得自由亞洲與美國的遠東政策面臨著共黨擴張的壓

〔註82〕 社論,〈我們的軍事〉,《自由中國》,第17卷4期,1957年8月16日,頁3～4。
〔註83〕 張宗良,〈從「國家目的」談到國軍應否裁減〉,《國魂》,148期,1957年9月,頁19～24。

力。因此《自由中國》雜誌刊出一篇社論〈中國人看美國的遠東政策〉，對這次在台北出席會議的美國外交官員提出意見與看法。社論中除了希望美國堅持一貫的反共原則，以及希望美國協助改進東南亞各地的文化教育水準之外，最後一點也就是引起爭議的一點，是希望美國協助遠東各國國內真正實行民主政治。文中提到，美國本身在國內實行民主政治，實行兩黨政治，美國國內的軍人不得干預政治。但是美國在遠東卻是支持不實行民主，一黨專政以及軍人獨裁的政權。今日遠東除了日本之外，沒有一國具有真正的自由。美國在東南亞協助各國爭取獨立，並給予軍事與經濟的援助，但是卻沒有協助這些國家建立民主自由的新秩序。因此希望美國能夠在東南亞各地實行一種政治、文化與道德的援助計畫，使民主自由徹底發揚與實踐。文中更提到，美國雖然標榜不干涉他國內政，但是「干涉」一辭是有程度與方法上的差異。為了共同的利益要求某國在某方面採取何種政策，堅持某些基本原則的干涉，實際上是美國在這一地區外交政策的必須步驟。〔註84〕

　　當月的《國魂》馬上以社論〈「干涉內政論」的荒謬〉攻擊《自由中國》這篇社論。文中說：「現在有一小撮投機分子，經常發表顛倒是非的荒謬言論，繼散播『反攻無望論』之後，現在又提出請求外國『干涉內政』的賣國主義。」內容提到：

　　　　他們發為此一論調乃在企圖假借外力奪取政權，出賣國家的獨
　　立自由平等，影響美國的援外政策，拆散日趨堅強的遠東反共聯合
　　陣線，並為俄帝共匪在遠東地區煽動反美推銷中立主義製造藉口。

〔註85〕

同一期的另一篇文章〈個人主義與賣國主義〉則認為：「國家必有主權，聯合國憲章規定『係基於各會員國主權平等之原則』。如果一個國家沒有主權，那就不成其為國家了。主權是不容外國干涉的。如果美國干涉遠東各國內政，那麼遠東各國就喪失主權，變成殖民地了。而且民主是由人民來管理政治，人民為主權者。如果有外國的干涉，主權不在人民手上，人民就不是主權者，而變成亡國奴了。」〔註86〕

〔註84〕社論，〈中國人看美國的遠東政策〉，《自由中國》，第18卷6期，1958年3月16日，頁3～5。
〔註85〕社論，〈「干涉內政論」的荒謬〉，《國魂》，154期，1958年3月，頁2。
〔註86〕任卓宣，〈個人主義與賣國主義〉，《國魂》，154期，1958年3月，頁3～6。

　　面對軍方刊物的批評,《自由中國》於下一期的社論再以〈反共戰爭中的政治力量與現代的主權觀念〉回應,除了在一次重申〈中國人看美國的遠東政策〉所提到的三項意見,並且對最後一項美國「干涉內政」的問題詳細解釋。文中認為,反共的戰爭不是單純國家間或民族間的戰爭,而是超越民族國家,民主對極權的戰爭。自由世界的力量簡單講就是自由制度。對美國來講,這種制度的力量是相當堅強的,東南亞各國在這方面的努力,仍尚待美國有所作為。事實上,在東南亞聯防公約與中美共同防禦條約之中都有規定:「締約國允諾加強其自由制度,彼此合作以加強其經濟進步與社會福利,並為達到此目的而增強其個別與集體的努力。」此一條文即是有條件的干涉內政,至於是否會因此而喪失主權,則必須從兩點來看:1、反共戰爭中的民主國家,雖然不能像軍事聯軍一樣置於一個統帥之下,不過至少不能讓各國各自為政,如有違反民主自由的情形發生,為了國際冷戰的關係,接受其他國家的干涉,不能說是喪失主權。2、憲政國家的主權在於憲法,如果有政府在政治上違反了民主憲法,因此而受到外國的干涉,這不能說是喪失主權,應該是維護主權。如果一定要說是侵犯主權,那就是政府把濫用的權力解釋成國家主權了。〔註87〕

　　《國魂》在當月隨即再以社論〈賣國主義者的詭辯〉批評《自由中國》的言論。認為賣國主義者因為心中否認國家主權,所以才會無視於國家的的獨立自由平等。如果政府了違反民主憲法,人民可依憲法糾正或改組政府,若因此而容許外國干政,那便是甘願作人奴才。賣國主義者更曲解中美共同防禦條約的條文,由此想影響中美友誼,破壞聯防關係,陷我國於孤立地位。〔註88〕7月份的《國魂》也發表一篇〈三篇「干涉內政論」的比較與其他〉,內容將1958年3月16日《自由中國》的〈中國人看美國的遠東政策〉、同年4月24日《人民日報》的社論〈加強團結,互相支援,根除殖民主義〉以及史達林於1926年11月30日在「共產國際執委中國委員會」上的演說詞「論中國革命的前途」三篇文章相提並論,並且認為《自由中國》的言論正與史達林的言論相同,只是使用的文字不同而已。〔註89〕

〔註87〕社論,〈反共戰爭中的政治力量與現代的主權觀念〉,《自由中國》,第18卷7期,1958年4月1日,頁5～6。
〔註88〕社論,〈賣國主義者的詭辯〉,《國魂》,155期,1958年4月,頁2。
〔註89〕謝海濤,〈三篇「干涉內政論」的比較與其他〉,《國魂》,158期,1958年7月,頁56～58。

　　即使在國民黨政府相當依靠美國援助的同時，1950 年代卻又發生許多隱含反美情緒的事件，吳國楨、孫立人遭整肅，1957 年的雷諾案，雷震提出希望美國的政治援助等等。在當時反美情緒的逐漸高漲，學者薛化元認爲應是 1954 年 12 月所簽訂的「中美共同防禦條約」，其中要求中華民國在沒有美國同意下不得反攻大陸，因此被國民黨視爲最高國策的反攻大陸遭到耽擱，使得國民黨政府中出現一股矛盾的反美情緒。﹝註 90﹞另一方面來看，即使「中美共同防禦條約」已經對反攻大陸問題如此規定，國民黨當局在國內面對全國軍民仍然時時以反攻大陸作爲政治操作的藉口，畢竟如果國民黨一旦表明放棄反攻大陸，長久以來國民黨所強調的「法統」地位，也就不再具有正當性。

　　然而隨著時間流逝，《自由中國》認爲以軍事力量反攻大陸是越來越不可能了，1958 年 10 月 16 日的社論〈認清當前局勢、展開自新運動〉提出認爲以軍事武力反攻大陸的路線在短期內已是無法實行的，唯有政府實行民主改造，展開自新運動，才能從政治方面向大陸進軍。爲此，政府必須立即辦理的有：1、取消一黨專政；2、取消黨化軍隊；3、取消青年反共救國團；4、取消黨化教育；5、取消修正之後的出版法。除了以上幾點之外，爲了開創新局，還有幾項基本的項目：1、召開反共救國會議；2、實質開放黨禁，不在暗中妨害成立新黨；3、眞正開放言論自由；4、確實保證基本人權。﹝註 91﹞另外，在次年的 1 月 16 日所發表的社論〈取消一黨專政！〉也指出類似的問題。文章一開頭就提出中美聯合公報其中的一句話：「中華民國政府認爲恢復大陸人民之自由乃其神聖使命，並相信此一使命之基礎，建立在中國人民之人心，而達成此一使命之主要途徑，爲實行孫中山先生之三民主義，而非憑藉武力。」以此說明政府實行民主憲政，比武力反攻大陸還要重要。但是目前政府仍有許多問題，例如制定出版法、軍隊的政工制度、黨化教育、青年救國團等問題。這類問題的基礎是企圖造成國民黨「萬世一黨」的觀念，希望國民黨能釐清觀念，認清只有民主憲政才是反共的正途。﹝註 92﹞

　　次年 3 月的《國魂》雜誌即以〈駁斥「一黨專政」〉爲題，回應這兩篇文章。關於一黨專政，文章寫到：1、目前除國民黨外，有青年黨、民社黨。2、

﹝註 90﹞ 薛化元，《《自由中國》與民主憲政》（台北：稻鄉，1996 年），頁 142～143。
﹝註 91﹞ 社論，〈認清當前局勢、展開自新運動〉，《自由中國》，第 19 卷 8 期，1958 年 10 月 16 日，頁 3～6。
﹝註 92﹞ 社論，〈取消一黨專政！〉，《自由中國》，第 20 卷 2 期，1959 年 1 月 16 日，頁 3～5。

目前民意機關中，青年黨、民社黨以及無黨派的代表，在憲法保障下獲有合法地位。3、民意代表選舉時，青年黨、民社黨還曾給予非正式的保障，這是一般民主國家所未見的。綜合以上幾點，目前政府不能稱爲一黨專政。至於黨化軍隊，說在軍隊中講述三民主義，並不能稱之爲黨化軍隊。根據憲法第一條規定：「中華民國基於三民主義，爲民有民治民享之民主共和國。」因此三民主義並非國民黨的主義，是中華民國的主義，在軍隊中講述是完全合法的。黨化教育也是一樣，三民主義並非國民黨的主義，是中華民國的主義，在學校中講述也是完全合法的。最後，由於今天是反共抗俄的戰爭時代，不能否認有些措施是未能符合平時一般民主原則的要求，如青年救國團、警備總司令部等機構。但是戰時不能與平時相比，尤其是對共匪作戰，像上述這些措施是絕對有必要的。〔註93〕

另外與「一黨專政」有關的反對黨問題，在《自由中國》的後期則是佔有相當重要的地位。在「祝壽專號」中雖然已經多次提及反對黨問題，但是主要訴求仍在於要求國民黨扶植一個反對黨。但是在牟力非所寫的〈略論反對黨問題的癥結〉〔註94〕一文刊出後，《自由中國》對反對黨問題的態度轉變爲反對黨必須依靠的是廣大的民眾，而不是國民黨的扶植。因此從1957年4月1日刊登的〈反對黨！反對黨！反對黨！〉一直到《自由中國》最後一期的〈七論反對黨〉和〈大江東流擋不住！〉，這段期間是《自由中國》討論反對黨問題最熱烈的時期，同時也是雷震等人籌組反對黨的時期。軍方刊物也持續以文章發表對反對黨問題的看法。

《國魂》的〈反對黨問題總商榷〉一文提出了現在不適合組織反對黨的論述，文中說現在的台海戰雲密布，金馬前線時常遭到砲火的威脅，國軍正整軍經武迎接戰鬥。在這個戰爭的時代全國上下需要萬眾一心，集中力量。如果在平時，在野黨儘管與執政黨有政見上的爭執，可是到了戰時，便要一致對外。英國在一、二次大戰時停止選舉不辦，成立聯合政府，可見黨爭在戰時是不存在的，如果這時候來組織反對黨，那就更不合適了。文中還提出其他的論述，例如：目前台灣環境太艱惡，不適合組織反對黨。提倡組織反

〔註93〕高旭輝，〈駁斥「一黨專政」〉，《國魂》，166期，1959年3月，頁14～15。
〔註94〕牟力非，〈略論反對黨問題的癥結〉，《自由中國》，第16卷3期，1957年2月1日，頁11。

對黨的人沒有共同的信仰，無法組織反對黨。許多問題不是組織反對黨可以解決的，因此目前不需要反對黨等等。〔註95〕

176 期《國魂》的〈一年來思想界的論戰〉一文中對「一黨專政」問題再次提出看法，內容說毛澤東在民國 31 年 1 月在新華社的訪問中說：「廢止一黨專政，實行民主政治」。民國 34 年 4 月毛澤東在《論聯合政府》一書中又提到共產黨在民國 29 年 9 月的國民參政會上提出了廢止國民黨專政，成立民主的聯合政府一項要求。這些都可以證明《自由中國》與毛澤東提出的同樣的想法。〔註96〕

不論是「一黨專政」或「反對黨」，基本上可以在中國雜誌協會於 1960 年 7 月 22 日所舉辦的一場座談會後所提出的四點綜合意見看出黨國軍方對此問題的看法。1、今天台灣提出要組織反對黨的人，他們的立場是「各是所是，個非所非」，政府不對的固然要反對，政府對的，也要反對。是無理性、無原則、無條件「為反對而反對」的反對黨。2、有人認為只有反對黨才能代表民意，沒有反對黨就是不民主，這是一種錯誤的見解。執政黨之所以執政，正是由多數選民的支持而來，所代表的正是多數人的意見。目前已有三個政黨，足以代表。更何況現在正值戰時，急需加強團結的時刻，不容許有為反對而反對的反對黨來抵銷反共的力量。3、有人所倡組的反對黨，除反對政府外，別無政治主張，也沒有領袖與群眾基礎，只是少數在政治上失利的人的結合，很少有成功機會。4、人民集會結社有自由，但絕不能違背國家利益和逾越法律範圍。〔註97〕

然而，就在雙方對反對黨問題進行熱烈討論的時候，1960 年 9 月 4 日，警備總部以涉嫌叛亂逮捕雷震、主編傅正、經理馬之驌、會計劉子英等人。雷震因為散播「反攻無望論」被控為匪宣傳，判處有期徒刑 10 年。《自由中國》隨之停刊，組織反對黨也隨之中止，50 年代稍微露出曙光的民主運動在60 年代又沉寂下來。

四、小結

1950 年代，國民黨政權甫從中國大陸敗逃來台，將反攻大陸視為當務之

〔註95〕馬璧，〈反對黨問題總商榷〉，《國魂》，167 期，1959 年 4 月，頁 12～14。
〔註96〕高旭輝，〈一年來思想界的論戰〉，《國魂》，176 期，1960 年 1 月，頁 12～17。
〔註97〕座談紀錄，〈反對黨問題〉，《國魂》，183 期，1960 年 8 月，頁 30～34。

急，而在中國大陸贏得政權的共產黨在當時得力於蘇聯的幫助，於是蘇聯就成了侵略中國的帝國主義，共產黨則是出賣國家的民族罪人。為了「反共」就必須要「抗俄」，國民黨以中國政權的道統自居，相對於外來的帝國主義，為了反攻大陸則必須以民族主義作為號召，「反共抗俄」的戰爭就成了「民族國家」的重要使命。如果有任何人反對政府的反共措施，就被指稱為「共匪的同路人」等罪名。同時間朝鮮半島的戰火更凸顯出台灣在國際冷戰局勢中反共陣營戰略上的重要地位，使得蔣介石以民族主義與反共戰爭作為連結的正當性更加牢固。1959 年 2 月 16 日《自由中國》的社論〈自由中國之路〉對 50 年代國民黨政府的問題提出分析說明。內容提到：「十年以來，政府人士的基本目標是『反共抗俄，反攻大陸』。實行一黨專政一點也沒有錯，中國局面之所以致此，怪罪於有人鬧民主，不該掀起五四運動。為了保證能夠『反共抗俄，反攻大陸』，必須繼續實行一黨專政。將台灣視為一黨的黨產，在『國家』名義下，藉由政府機構對台灣社會進行全面的黨化。然而中美聯合公報卻打破了『反攻大陸』的神話，在『反攻大陸』的可能性逐漸減縮的情況下，仍然不停地大放口號，無非是想藉由此『基本國策』來打壓要求實行民主運動的人士，以維持統治的政權，不惜在這只有一千萬人的小島上屯養六十萬大軍，以及無以計數的警察特務。」〔註 98〕在這種情況下，50、60 年代確實是威權統治的高峰，許許多多的白色恐怖案件即是在此背景下發生，直到 70年代才有「黨外」人士藉由選舉參與政治，將台灣民主運動開創另一個新局。

〔註 98〕 社論，〈自由中國之路〉，《自由中國》，第 20 卷 4 期，1959 年 2 月 16 日，頁3～5。

第四章　軍方刊物對七十年代民主運動的報導

　　1960 年雷震案之後，60 年代沒有大規模結合雜誌與政治活動的集團。只有《文星》、《大學》等雜誌為台灣社會注入新時代的思想。70 年代，康寧祥、黃信介等人參選民意代表，為黨外人士藉由選舉參與政治的開始。1977 年的地方選舉，是台灣地方自治以來規模最大的一次選舉，黨外人士在這次選舉中多有所斬獲，因此更加速黨外人士全台的串連。1978 年底的中央民意代表選舉是繼 1977 年的地方選舉之後，再一次掀起黨外參政的熱潮，黨外許多知識份子如呂秀蓮，姚嘉文等人紛紛投入參選。11 月成立的「全省黨外助選團」使黨外人士對選舉的結果更具信心。不料，12 月 16 日美國總統卡特宣布從 1979 年 1 月起正式與中共建交。當天，蔣經國宣布正在進行的中央民意代表選舉延期舉行，並中止一切選舉活動。選舉的停止使黨外的政治參與中斷，黨外的政治運動也轉向街頭發展，〔註 1〕黨外人士因而開始一連串的街頭運動。因為余登發父子被捕而引起的橋頭遊行，桃園縣長許信良則因參與橋頭遊行而被停職。接著發生「台中事件」，「宜蘭事件」。接著《美麗島》雜誌創刊，「中泰賓館事件」，黃信介住宅、高雄服務處與屏東服務處遭襲擊，鼓山警民衝突等事件。外交的挫敗與不斷上演的衝突事件，使朝野雙方的緊張情勢一步步升高，終於在 12 月 10 日世界人權紀念日於高雄爆發嚴重警民衝突，也就是「高雄事件」或是一般常稱的「美麗島事件」。〔註 2〕

〔註 1〕 李筱峰，《台灣民主運動四十年》（台北：自立晚報，1987 年），頁 138。
〔註 2〕 本文以廣義的認為，「美麗島事件」應該是以 1979 年一連串的朝野衝突，12 月 10 日的「高雄事件」，加上後續逮捕與審判等系列事件的集合總稱「美麗島事件」。

　　1978 年底的中央民意代表選舉期間，在台灣大學大門外有所謂的「民主牆」與「愛國牆」分別張貼著各式的標語大字報。「民主牆」這邊是一致要求民主改革的黨外人士，「愛國牆」則是部份國民黨籍候選人與右派人士。在此情況下，「民主」與「愛國」成了二元對立的兩邊，暗示著要求民主就是不愛國的表現，隱含著國民黨當局對黨外民主人士的打壓與負面形象的渲染。而自從美國宣布與中共建交之後，為了掩飾外交的挫敗，黨外人士開始成為被密切注意與攻擊的對象。國民黨當局刻意強調黨內外的對立，意圖將台美斷交的責任轉嫁黨外人士，並利用媒體詆毀黨外。〔註 3〕當時的立法委員康寧祥就獲得消息，有部分人士計畫利用美國與中共建交的機會，在選舉場合中製造動亂，而嫁禍給黨外人士。因此，康寧祥認為應該停止競選活動，以免給有心人士可趁之機。〔註 4〕黨外人士也開始被日夜跟監。〔註 5〕同時間經由媒體的報導，台灣社會的輿論開始朝向不利於黨外的方向。在威權體制下的台灣社會，主流媒體被國民黨穩固地控制，進而主導輿論的走向。〔註 6〕國民黨當局直屬的軍方刊物更以大量篇幅的報導，強勢地主導社會輿論的走向。

一、衝突的開始

　　1977 年 11 月的地方公職選舉，在桃園縣長的選舉方面，因為許信良脫離國民黨參選，使得這場縣長選舉引起全島的注意。11 月 19 日，開票當天，設在中壢國小的投開票所因發生舞弊嫌疑情形，引起民眾包圍中壢警察局要求處理，混亂中有中央大學的學生不幸受到警方槍擊身亡，是為「中壢事件」。根據 11 月 20 日《青年戰士報》的報導，當天乃是因為有一對文盲的夫婦在領票後委託選務人員代為圈選，因而引起誤會，發生爭吵。卻因為少數不法份子藉機引起事端，以致發生不愉快的場面。〔註 7〕報導中卻沒有提及中央大學學生遭槍擊的事件，並強調大多數群眾只是在旁圍觀，事件之發生純屬少數不法份子引起。

〔註 3〕呂秀蓮，《重審美麗島》（台北：前衛，1997 年），頁 50。
〔註 4〕葉振輝，《美麗島事件民間資料彙編》（高雄：高雄市文獻會，1999 年），頁 3。
〔註 5〕葉振輝，《美麗島事件民間資料彙編》，頁 3。
〔註 6〕陳佳宏，〈美麗島大逮捕前後國內輿論情勢之發展——以主流平面媒體為主的分析〉，《台灣史研究》，第 14 卷第 1 期（2007 年 3 月），頁 191～230。
〔註 7〕《青年戰士報》，1977 年 11 月 20 日，第三版。

　　1979 年 1 月，就在蔣經國下令停止選舉後不久，曾當選國大代表，高雄縣長余登發因涉及「吳泰安匪諜案」，父子兩人於 1 月 21 日被警備總部逮捕。翌日，黨外人士聚集高雄縣橋頭鄉，在橋頭、鳳山等地沿街步行散發傳單，抗議國民黨當局逮補余登發父子。這是台灣在國民黨統治下戒嚴時期第一次政治性的示威遊行。〔註 8〕而在 24 日《青年戰士報》的報導中省府發言人趙守博指出，桃園縣長許信良南下參加抗議遊行，擅離職守，其行為「情不可諒，法亦難容」。省府亦將依法處理。〔註 9〕另有讀者投書表示「抗議政府逮捕匪嫌，試問你們居心何在」、「縣長不務正業，竟為匪嫌作倀」。〔註 10〕

　　無論是「中壢事件」或「橋頭示威」，在戒嚴時期都是挑戰當局的行為，黨外人士的活動也漸漸開始走向街頭。「美麗島事件」的發生，即與當時黨外人士傾向以演講作為造勢活動的策略有關。在高壓威權統治的社會中，吸引民眾的戶外演講，是當時黨外人士的造勢策略。〔註 11〕而「台中事件」與「宜蘭事件」就是這一連串因舉辦戶外演講而引起警方關注，甚至警民衝突的開端。1979 年 7 月 28 日，黨外人士在台中公園舉行演講造勢，會中並與現場的聽眾一齊合唱「補破網」、「雨夜花」等歌曲。原本在一旁演習的消防隊忽然以水柱噴灑群眾，現場一片混亂，支持與反對黨外的群眾開始大打出手，直到鎮暴警察出動圍住黨外人士，混亂場面才被制止。〔註 12〕幾天後，宜蘭縣政府原本準備在 8 月 5 日舉辦的蔣渭水逝世紀念會，因上級指示併入臺灣光復節舉行而取消。但是黃煌雄、林義雄等人卻要用民間力量，試圖照原日期舉行，並安排許多戶外紀念活動。此舉引起警方高度關注，提前採取了防範行動，成功阻止了黃煌雄等人的計畫。〔註 13〕

　　然而，7 月 28 日「台中事件」發生後，《青年戰士報》並未報導相關的新聞。直到 8 月 5 日黨外人士預計在宜蘭舉行活動的當天才刊登了相關的報導。在 8 月 5 日當天的《青年戰士報》刊載了台灣警備總司令部發言人徐梅鄰少將在前一天的發言。徐梅鄰在發言中指出，7 月 28 日陰謀分子在台中集會活動，真正參與人數只有三十多人，只因集會地點選擇在市民聚集的公園，而

〔註 8〕　李筱峰，《台灣民主運動四十年》，頁 140。
〔註 9〕　《青年戰士報》，1979 年 1 月 24 日，第三版。
〔註 10〕《青年戰士報》，1979 年 1 月 24 日，第三版。
〔註 11〕葉振輝，《美麗島事件民間資料彙編》，頁 8。
〔註 12〕葉振輝，《美麗島事件民間資料彙編》，頁 9～10。
〔註 13〕葉振輝，《美麗島事件民間資料彙編》，頁 10～11。

引起兩千多人圍觀。因此徐梅鄰少將呼籲國人，對於國內幾名陰謀分子的不法活動，不要抱著看熱鬧的心裡前往圍觀，以免受騙被人利用。文中強調陰謀分子製造謠言、欺騙群眾、破壞社會安寧，治安機關必須依法取締。〔註14〕在同一版面上，宜蘭縣長李鳳鳴與縣議長許文政發表聲明，聲明表示少數非法份子利用蔣渭水逝世紀念日在縣內從事非法活動，呼籲縣民明辨是非，不受蠱惑，精誠團結，擁護政府，共赴國難。絕對不容許別具用心的人士，屈辱蔣渭水先生「為支應國民革命，為光復台灣」的偉大人格與愛國情操。〔註15〕《青年戰士報》接著在次日發表一篇名為〈應以國家與全民利益為重〉的社論，社論中表示：

> 國內幾個陰謀份子，進行各種陰謀活動，並且製造不實誇大的
> 歪曲報導，汙衊治安人員，顯係有計畫的製造謠言，欺騙群眾，蓄
> 意破壞社會安寧，製造海外人士對國內良好治安之錯覺與誤解，用
> 心惡毒，實為全體同胞所共棄。〔註16〕

「台中事件」當時雖然警方以水柱噴灑群眾，也出動了鎮暴警察，但是並未發生嚴重的流血衝突，混亂場面也未持續擴大。警總當局也許無意藉由媒體的報導將事件話題繼續延伸，以免節外生枝，所以從7月28日到8月5日這段期間，在《青年戰士報》上並未有事件相關的報導或評論。但是警總料想不到的是，黨外緊接著計畫在宜蘭舉辦活動，此舉提高了警總對黨外的關注與警戒。徐梅鄰乃藉由8月4日發表的這次聲明，抨擊台中事件相關的黨外人士，另一方面就黨外預計在宜蘭舉辦的活動與宜蘭地方政府共同對社會大眾提出官方的說辭，預先將黨外人士形容成為圖私利破壞社會安寧的陰謀分子，以阻止活動的舉行。事實上，8月5日當天警方確實阻止了活動的舉行，警方當天除了封鎖交通、管制宜蘭市區街道、出動大型車輛占據場地之外，甚至以捉拿槍擊要犯為由，進入黃煌雄家中拿走活動宣傳單，〔註17〕以期完全阻止活動舉行。如此大規模的動作，表示走向街頭的黨外活動，已經引起當局的高度注視，緊張的氣氛開始節節升高。

《美麗島》於1979年8月創刊，但是到9月8日才在台北中泰賓館舉辦

〔註14〕《青年戰士報》，1979年8月5日，第三版。
〔註15〕《青年戰士報》，1979年8月5日，第三版。
〔註16〕社論，〈應以國家與全民利益為重〉，《青年戰士報》，1979年8月6日，第三版。
〔註17〕葉振輝，《美麗島事件民間資料彙編》，頁11。

創刊酒會。酒會當天，一群以《疾風》雜誌為主的群眾在會場外舉行示威集會，並高呼口號：「聲討叛國賊陳婉眞」、〔註 18〕「打倒黑拳幫」〔註 19〕。甚至向場內丟擲各種危險物品，稱為「中泰賓館事件」。9 月 10 日的《青年戰士報》隨即以一篇名為〈國家利益和民族命運居第一位〉的社論。在社論中以影射的方式指出一家雜誌社為慶祝創刊，於八日在中泰賓館舉行酒會，數百名愛國青年聚集在現場高唱愛國歌曲，高呼口號。文中認為這群青年在《美麗島》的酒會上高喊聲討陳婉眞的原因在於《美麗島》雜誌與陳婉眞被愛國青年同樣視為叛國賊。希望從事政治活動者有所深思，相忍為國。同時也指出這群愛國青年的示威方式，雖是以愛國為出發點，但是手段實不足為取。〔註 20〕同樣的，此一事件並未發生重大流血衝突，而酒會本身也是合法舉行，因此並沒有事件完整的報導。但是《青年戰士報》仍然利用此一機會再次強調在追求民主法治的同時，仍應以國家與民族為重。此一立場凸顯出《青年戰士報》軍方與右派乃至於執政當局的立場。

「中泰賓館事件」之後直到 12 月初的這段期間，黃信介的住家與《美麗島》全省分社多處被不明身分青年侵入破壞。〔註 21〕國民黨對這一連串事件表面上極為重視，實際上卻是虛應故事，毫無破案的誠意。〔註 22〕同時間，《青年戰士報》除了在 10 月 3 日刊登司法行政部長李元簇在答覆立委質詢時的內容之外，並無《美麗島》各分社被入侵破壞的相關報導，表現出《青年戰士報》報導的內容是經過選擇性的。《美麗島》畢竟是登記合法的雜誌社，在沒有任何事端的情況下雜誌社被侵入破壞。如果經由新聞報導出來，不免使得讀者對《美麗島》產生同情心或同理心，因此《青年戰士報》選擇對這一系列事件冷處理，不多加報導。而李元簇在該次答覆立委質詢時表示不容許假借民主自由，破壞國家社會安定的行為，〔註 23〕表示《美麗島》這一連串活

〔註 18〕陳婉眞因《潮流》雜誌事件發生後，在美國發表不利政府的言論，進而引起國內「愛國人士」的「聲討」。《國魂》與《青年戰士報》也有部分與陳婉眞相關的報導，惟與「美麗島事件」無直接相關，因此不在本文討論範圍內。

〔註 19〕1978 年 11 月成立的「全省黨外助選團」係以一個拳頭做為標誌，因此被右派「愛國人士」稱為「黑拳幫」。

〔註 20〕社論，〈國家利益與民族命運居第一位〉，《青年戰士報》，1979 年 9 月 10 日，第二版。

〔註 21〕李筱峰，《台灣民主運動四十年》，頁 150。

〔註 22〕呂秀蓮，《重審美麗島》，頁 116。

〔註 23〕《青年戰士報》，1979 年 10 月 3 日，第三版。

動，已經引起當局高層的注意，開始將矛頭針對《美麗島》人士。在同一版
面的〈就事論事〉一欄中，《青年戰士報》則延續李元簇的答覆強調少數別具
用心的人士，爲了私利，曲解了民主自由。每一個愛國家、愛民族的國民，
均有義務予以糾正。〔註24〕除了再一次強調國家、民族之外，並且以「少數
別具用心的人士」影射黨外人士。9月27日也以社論〈言論自由的極限爲何？〉
延續這種言論：

> 近年來，少數別有所圖的份子，利用政府以民主自由對抗共匪
> 專制極權的政策，同時誤以美國卡特政府的人權主張可爲憑藉，竟
> 然公開糾合黨眾，濫用言論自由權利，展開反對政府，分化國民團
> 結，破壞社會安寧，危害國家安全等親痛仇快的事，使得社會大眾
> 對這種乖言謬行，罔顧法紀的情形，倍感深痛。〔註25〕

試圖製造黨外人士與社會民眾對立的社會氛圍，將黨外人士孤立於社會大眾
之外。同樣的，《青年戰士報》甚至連 12 月 9 日鼓山發生警民衝突事件也沒
有任何報導。或許是因爲 12 月 10 日就是國民黨四中全會揭幕的日期了，媒
體都以此爲重心在做準備，預計要在隨後的報導中呈現出會議進行的同時，
整個社會是萬眾一心、全力擁戴的社會氛圍。如果在這個時候出現警民衝突
這種負面新聞，不僅表現出國民黨對社會的控制力下降，也會模糊了四中全
會的焦點。

　　12 月 10 日是世界人權日，施明德在 10 月中旬即有意利用世界人權日舉
辦演講的構想。並於 11 月下旬告知高雄服務處，由林弘宣安排地點。林弘宣
於 11 月 30 日向高雄市政府申請體育館場地，但是體育場於 12 月 10 日已另有
用處。林弘宣再以黃信介的名義申請高雄市扶輪公園，又未獲批准。12 月 6
日施明德表示無論批准與否，活動照常舉行。〔註 26〕由此可知，官方最早於
11 月 30 日即已得知《美麗島》計畫於 12 月 10 日舉行演講活動，因此官方得
以事先採取動作。12 月 3 日，警政署長孔令晟在華視「面對面」節目中呼籲
民眾與警方合作，共同維護社會安寧。並且小心地參與群眾運動，政治家在
從事政治活動必須運用群眾時，尤其要慎重，以避免被敵人利用。對於發生

〔註 24〕《青年戰士報》，1979 年 10 月 3 日，第三版。
〔註 25〕艾宗華，〈言論自由的極限爲何？〉，《青年戰士報》，1979 年 9 月 27 日，第二版。
〔註 26〕呂秀蓮，《重審美麗島》，頁 122。

在中壢、台中及中泰賓館的事件，孔令晟表示群眾運動是民主政治運動的功能，同時也是顛覆戰略的手段。〔註 27〕次日行政院孫運璿院長也在台美中止外交一周年前夕發表談話，表示今後任何破壞安定的行為，政府決不寬貸。同時也要求治安單位，在冬防期中，加強維護治安，確保社會秩序。〔註 28〕《青年戰士報》並且以〈確保團結安定和諧，勿予敵以可乘之機〉為題，刊登包括台大教授魏萼、呂亞力，政大教授馬起華、陳治世、楊樹藩和政戰學校關素平等六位教授對孫運璿發表談話的看法，六位教授一致認為孫運璿發表的談話係代表大多數民眾的心聲。〔註 29〕如同宜蘭事件一樣，官方試圖在黨外人士預期舉行活動的時間點前，預先在媒體上對民眾呼籲喊話，希望社會大眾為了國家社會的安定和諧，避免參與非法活動，以免被有心人士利用。

二、對「高雄事件」之報導與批判

　　12 月 10 日「高雄事件」爆發嚴重警民衝突後，12 月 11 日的《青年戰士報》卻完全不見相關的新聞報導，新聞版面主要是國民黨第十一屆四中全會的新聞。除了一篇題為〈甚麼是民眾心目中的公是公非〉〔註 30〕的文章，內容對「社會偏激人士」予以強烈指責，呼籲民眾以選票制裁：

> 　　對於顛倒黑白，指鹿為馬，卻說政府迫害人權的少數人，各界人
> 士應揭發其醜態，讓民眾在選舉時，以選票來制裁，以免這一小部分
> 人，打著代表民意的旗子，做著使鄉人蒙羞，國家受害的勾當。〔註31〕

除此之外，不見其他與「高雄事件」相關的新聞報導。翌日，12 月 12 日頭版頭條台灣警備總司令汪敬煦表示，美麗島雜誌社高雄市服務處不法集會，煽動群眾，致使憲警人員受傷，破壞社會秩序。立即依法偵辦，決不寬貸。〔註 32〕從此，《青年戰士報》開始對「高雄事件」當天爆發的警民衝突大幅度的報導與討論。

　　十七縣市議長聯名發表信函，信函內容表示美麗島雜誌黃信介等人非法

〔註27〕《青年戰士報》，1979 年 12 月 4 日，第三版。

〔註28〕《青年戰士報》，1979 年 12 月 7 日，第一版。

〔註29〕《青年戰士報》，1979 年 12 月 7 日，第二版。

〔註30〕《青年戰士報》，1979 年 12 月 11 日，第三版。

〔註31〕知行，〈什麼是民眾心目中的公是公非？〉《青年戰士報》，1979 年 12 月 11 日，第三版。

〔註32〕《青年戰士報》，1979 年 12 月 12 日，第一版。

遊行，預置棍棒，糾眾行兇，毆傷憲警，建議政府依法逞處以安人心。〔註33〕高雄市議會發表聲明表示部分激進人士罔顧法紀，影響社會安寧，應予以嚴屬譴責。〔註34〕台南市長蘇南成以〈令人痛心的無理暴行〉為篇名發表專文，文中表示美麗島人士破壞團結，製造紛擾，披著「民主」與「人權」的外衣造謠生非，甘作共匪統戰工具。蘇南成同時提醒市民提高警覺，分辨是非，防範不法份子的各種非法活動。〔註35〕立法委員梁許春菊、張文獻、劉松藩，監察委員李存敬、黃尊秋等也對美麗島事件表示遺憾，盼主管機關依法逞治，以維法紀。〔註36〕

　　台北市長李登輝、台中市長曾文坡也發表聲明。台北市長李登輝表示全力支持孫運璿並且基於國家的環境與市民的安全福祉絕不容許在轄區內發生暴力事件。台中市長曾文坡也表示基於社會的安全，贊成治安單位對不法份子給予處罰。〔註37〕高雄市長王玉雲表示美麗島雜誌人士預先準備鹽酸、火把與木棍，顯然是蓄意滋事的行為。〔註38〕並在十三日以〈沉痛的十二小時〉為題發表正式專文，交代事件發生前後過程，王玉雲在文章中說到在現場看到的情形：

> 　　我看到暴徒用火把攻憲兵，持木棍及鐵條的暴徒則看見憲兵就打，而憲兵人員在執勤前奉令「被打不還手，被罵不還口」，忍住創傷全力抵擋，……（中略）我看到有幾名年紀較大的保警，被打得滾在地上，臉部也被火灼傷的慘狀。〔註39〕

以及王玉雲當晚到醫院探視受傷員警的過程：

> 　　一張病床，沿著一張病床走，我漣漣淚眼所見到的都是傷痕纍纍的治安人員，他們滿身鮮紅的血漬，躺在病床上呻吟，這一慘狀，使我心情一直無法平靜下來。〔註40〕

對於在衝突事件中受傷的憲警人員，《青年戰士報》有相當篇幅的報導。行

〔註33〕《青年戰士報》，1979 年 12 月 12 日，第三版。
〔註34〕《青年戰士報》，1979 年 12 月 12 日，第三版。
〔註35〕《青年戰士報》，1979 年 12 月 12 日，第三版。
〔註36〕《青年戰士報》，1979 年 12 月 12 日，第三版。
〔註37〕《青年戰士報》，1979 年 12 月 13 日，第三版。
〔註38〕《青年戰士報》，1979 年 12 月 12 日，第三版。
〔註39〕《青年戰士報》，1979 年 12 月 13 日，第二版。
〔註40〕《青年戰士報》，1979 年 12 月 13 日，第二版。

政院、國防部長與參謀總長均派員慰問受傷憲警人員，除了對憲警人員維護社會秩序的表現表達嘉許之外，一致譴責在事件中攻擊憲警人員的不法份子。〔註41〕官方的言論開啓了輿論的浪潮。全國各界開始紛紛跟進發表聲明，包括各工商會、民青兩黨、文藝界、大專院校師生、體壇人士、影劇界、讀者投書甚至金馬前線軍民等，除了慰問受傷的憲警人員之外，並希望政府對於蓄意滋事的破壞份子依法懲處。〔註42〕《疾風》雜誌、文藝界並向國民黨四中全會建議，要求逮捕事件中的暴亂分子與陰謀分子，並查封美麗島雜誌。〔註43〕

　　內政部長孔令晟到陸軍八〇二醫院探視負傷的保警隊員陳孝榮，致贈三萬元慰問金，並轉達了蔣總統慰勉在事件中受傷憲警的話：「政府對你們的犧牲必定有所交代，你們的犧牲也必證明是有價值的。」據報導，陳孝榮在事件中被暴民以鐵鉤擊傷嘴部，無法講話。陳孝榮只能以筆代口，在紙上寫道：「給我錢有何用？我要國家生存！」在場大家聽了都很感動。〔註44〕政論家丁江中也前往醫院探視陳孝榮，丁江中並一度淚灑病房。〔註45〕丁江中十二日於台視「新聞評論」痛述事件中的暴力行為。據報載節目內容引起眾多觀眾的共鳴，並且希望台視能以閩南語重播一次。〔註46〕中視演藝人員也特地南下探視受傷憲警。〔註47〕雲南白藥則是捐贈白藥分贈受傷憲警，永和牙醫師沈天健表示願意為陳孝榮義務醫療傷勢。〔註48〕企業人士王又曾、辜振甫等人也致贈慰問金。〔註49〕面對各界對受傷憲警的慰問，憲兵司令部表達感謝之意，對於收到的慰勞品將轉贈慈善機關，慰問金則捐作自強愛國基金。並希望各界勿再贈送。〔註50〕

　　12月12日《青年戰士報》以〈全民一致聲討假美麗之名、幹醜惡勾當的

〔註41〕《青年戰士報》，1979年12月12日，第三版。
〔註42〕《青年戰士報》，1979年12月13日，第五版。
〔註43〕《青年戰士報》，1979年12月12日，第三版。《青年戰士報》，1979年12月13日，第六版。
〔註44〕《青年戰士報》，1979年12月13日，第三版。
〔註45〕《青年戰士報》，1979年12月14日，第三版。
〔註46〕《青年戰士報》，1979年12月12日，第五版。
〔註47〕《青年戰士報》，1979年12月13日，第八版。
〔註48〕《青年戰士報》，1979年12月14日，第五版。
〔註49〕《青年戰士報》，1979年12月12日，第三版。《青年戰士報》，1979年12月13日，第三版。
〔註50〕《青年戰士報》，1979年12月13日，第三版。

暴徒〉的社論強烈地攻擊《美麗島》雜誌：

> 「美麗島雜誌」除了以「美麗島」這三個字以圖彰顯其虛幻的
> 形象外，從其發表過那些文字來看，更以其虛假的「人權、自由、
> 民主」等動聽的口號，做為攻堅政府及執政黨的利器，他們妄想把
> 「人權、自由、民主」等口號擁為私人的財產。在他們的心目中，
> 凡是政府與執政黨的一切，都是「不人權、不自由、不民主」的；
> 而他們的一切作為，包括非法的、偏激的、激情的則一概強調為是
> 「人權的、自由的、民主的」東西。〔註51〕

並且指稱為了國家社會的安定，甚至應該加強戒嚴令的執行：

> 從此次「美麗島雜誌」所砲製的高雄暴亂事件來看，終算讓全
> 國同胞深一層的了解到，他們之不擇手段地叫囂著要廢除戒嚴令，
> 目的就是便於製造暴亂。今天多少愛國愛家的同胞，無不希望政府
> 能加強執行戒嚴令，因為唯有如此，才能使個人的生命財產更能或
> 獲得保障，才能使安和樂裡利的社會秩序，更能獲得維護。〔註52〕

值得注意的是，在「高雄事件」前的相關言論，大部分提到黨外人士都以「少
數份子」、「陰謀份子」等用語，因為在當時候的黨外團體並不只有《美麗島》
雜誌社，言論攻擊的對象也不全然是《美麗島》雜誌。而在「高雄事件」後，
則一致將言論攻擊的矛頭指向《美麗島》雜誌，言論的內容也就直接針對《美
麗島》雜誌了。

　　事件發生過後的 12 月 12 日，《美麗島》雜誌社在總社舉行記者會，由姚
嘉文、張俊雄等人說明「高雄事件」實際經過，會中並提出「鄭重聲明」：

> 我們在此鄭重聲明，要求情治機構共同和平冷靜來對待人民強
> 烈要求民主及人權的潮流，尤望當局不輕估民眾之水準及知識，不
> 再實行愚民政策，更望執政當局在此不幸事件發生後，不可基於情
> 緒及不實報導，作錯誤之處理，以免為中共利用，並防止部分情治
> 人員利用『國際人權日事件』作為主張軍事統治的藉口。〔註53〕

翌日，12 月 13 日的《青年戰士報》的報導則指出，《美麗島》雜誌社在記者

〔註51〕社論，〈全民一致聲討假美麗之名、幹醜惡勾當的暴徒〉，《青年戰士報》，1979
　　　　年 12 月 12 日，第二版。

〔註52〕社論，〈全民一致聲討假美麗之名、幹醜惡勾當的暴徒〉，《青年戰士報》，1979
　　　　年 12 月 12 日，第二版。

〔註53〕呂秀蓮，《重審美麗島》，頁 210～211。

會中歪曲事實,將事件責任歸咎給憲警,把責任推給現場民眾,引起在場記者的不滿。〔註54〕報導中指出黃信介認為憲警是因為不與《美麗島》雜誌人員合作,而被群眾打傷,姚嘉文與張俊雄則將毆打治安人員的暴行推給民眾,並在現場發放反動文宣。報導中所指的反動文宣,根據呂秀蓮的紀錄分別是「國際人權日事件備忘錄」與「告全國同胞書」。〔註55〕關於《青年戰士報》的報導,呂秀蓮並未記錄記者會的完整內容,因此無從比較得知。

一片撻伐聲中,卻也不乏「見義勇為」的「感人事蹟」。據報導,計程車司機林宗憲因不滿美麗島陰謀份子,衝入人群搶救被圍毆的憲兵少校吳欽裕,卻反被群眾圍毆致倒地不起,經人送至醫院急救,發現有腦震盪的情況,必須住院治療。甚至有讀者投書募款為林宗憲購置新的計程車,最後是由警總司令汪敬熙出面致送林宗憲裕隆新車一台。〔註56〕除了「見義勇為」的計程車司機外,現場還出現了一名向群眾跪地求情的婦女。《青年戰士報》在12月13日刊登了兩張讀者提供的照片,根據照片的說明,有一名婦女在暴徒手持木棍攻擊憲警的同時衝入人群,隨即向暴徒跪下,請求暴徒停止動手,事後流著眼淚離開,並未留下姓名和地址,此舉也令當場許多市民動容。〔註57〕一個星期後,據報導這位女士是家住花蓮的林玉祝女士,當天返回高雄省親,剛好目睹事件發生過程。消息傳出後,接到許多長官親友的慰問電話,花蓮縣長吳水雲致贈「見義勇為」的匾額,花蓮縣婦女會、國民黨花蓮縣黨部分別為林玉祝召開表揚大會。〔註58〕最後行政院長孫運璿、內政部長邱創煥都接見表揚了林玉祝,邱創煥還送了「仁懷義範」的匾額與獎金兩萬元給林玉祝。〔註59〕

為了強調「高雄事件」的警民衝突,官方的說法主導著輿論的方向,連非國民黨籍的台南市長蘇南成與台中市長曾文坡也發表聲明。並且強調受傷員警的傷勢,以凸顯出黨外人士的「暴力」行為。最後,則以計程車司機與林玉祝的故事塑造模範國民的形象。這系列報導的目的是為了讓讀者大眾對

〔註54〕《青年戰士報》,1979年12月13日,第三版。
〔註55〕呂秀蓮,《重審美麗島》,頁210。「告全國同胞書」是12月9日「鼓山事件」發生後,《美麗島》雜誌所公布的一份報告,報告12月9日「鼓山事件」的經過,以及對治安單位的抗議;呂秀蓮,《重審美麗島》,頁128。
〔註56〕《青年戰士報》,1980年1月4日,第三版。
〔註57〕《青年戰士報》,1979年12月13日,第三版。
〔註58〕《青年戰士報》,1979年12月20日,第三版。《青年戰士報》,1979年12月21日,第三版。
〔註59〕《青年戰士報》,1980年1月6日,第三版。

《美麗島》人士產生負面印象，尤其《青年戰士報》的讀者是以身在營區服役的現役軍人為主，生活在營區的軍人對外界的消息來源原本就比較簡單，如果只是單方面的接受《青年戰士報》的報導，更容易對《美麗島》產生負面的印象。另外，《疾風》雜誌或文藝界如果對《美麗島》雜誌的發行有其他的意見，想要尋求陳情的管道，應該是向新聞局等相關管理單位陳情上書，畢竟《美麗島》雜誌是登記合法發行的雜誌。但是《疾風》雜誌與文藝界竟然是向國民黨四中全會上書建議，可見在當時黨國威權的統治下，黨的機制是等同於或是凌駕於國家政府的，然而這樣的情況在當時看來卻是稀鬆平常的。

而在部份的報導中，看到了不只一次出現憲警人員「打不還手，罵不還口」的情況。首先是高雄市長王玉雲在 12 月 13 日的文章中表示現場憲兵人員奉令「被打不還手，被罵不還手」。而王玉雲在醫院探視受傷憲警時，一位受傷的人員哭著問王玉雲：「市長，為什麼我們只能挨打，不能還手？」〔註60〕據報導，憲警人員於出發前接受了「容忍」、「不準衝突」的指示。甚至有人在現場看見憲警挨打不還手的實況，不禁高呼：「還手阿！為什麼要白白挨打！」〔註61〕但是警備總部司令汪敬煦 15 日的訪談中表示，今後如果再有類似「美麗島事件」發生，將賦予治安人員自衛的權利。〔註62〕卻未對「打不還手，罵不還口」一事作出表示。直到 12 月 22 日《青年戰士報》刊登了「高雄事件」現場指揮官憲兵上校薄玉山的訪問。訪問中，薄玉山表示，「容忍、容忍、再容忍」是「長官」的指示，〔註63〕但是並未提及是哪一位「長官」。因此，從《青年戰士報》的報導無從得知是誰下令「打不還手，罵不還口」，以及為何會有這一道命令。值得注意的是，內政部長孔令晟到陸軍八0二醫院探視負傷的保警隊員陳孝榮的時候，轉達了蔣總統慰勉在事件中受傷憲警的話：「政府對你們的犧牲必定有所交代，你們的犧牲也必證明是有價值的。」〔註64〕所謂「犧牲」，意味著有其特定的目的，才有「犧牲」的必要，而這中間的目的是什麼？如果說因為奉令「打不還手，罵不還口」而身受重傷的員

〔註60〕《青年戰士報》，1979 年 12 月 13 日，第二版。
〔註61〕金斧，〈滋事暴徒應向憲警跪地道歉〉，《青年戰士報》，1979 年 12 月 13 日，第三版。
〔註62〕《青年戰士報》，1979 年 12 月 16 日，第三版。
〔註63〕《青年戰士報》，1979 年 12 月 22 日，第三版。
〔註64〕《青年戰士報》，1979 年 12 月 13 日，第三版。

警的「犧牲」是有「價值」的，代表著哪一方面的價值？所能得知到，只有《美麗島》人士將更加引起讀者大眾的反感與激動的情緒。直到美國學者陶涵在 1995 年 9 月 13 日在台北訪問宋楚瑜時，才得知當情報人員對蔣經國報告狀況之時，是由蔣經國本人指示群眾騷動時，警察必須「打不還手，罵不還口」，現場的憲兵也不攜帶武器。〔註65〕代表著當時因而受傷的警員，是否因蔣經國的特定目的，而被「犧牲」了。

三、逮捕

　　12 月 13 日台灣警備總司令部發言人徐梅鄰少將宣佈：「《美麗島》雜誌於 10 日所舉行的非法集會顯然是有計畫的預謀行動，陰謀份子已依法逮捕到案，除施明德在逃之外，已經到案的計有張俊宏、姚嘉文、陳菊等十四人。」治安機關亦已掌握立法委員黃信介涉嫌高雄事件的證據。立法院也將在 14 日討論同意逮捕黃信介一案。《美麗島》雜誌社也已全部查封。〔註66〕對此，台灣省主席林洋港轉述總統蔣經國的意見：「對於偏激份子醜化政府，謾罵執政黨，政府總是採取寬容政策，旨在愛惜人才。但是高雄事件的發生，已經超越容忍的界限，因此已於 13 日採取合法的措施。」〔註67〕消息一出，《美麗島》雜誌社前的交叉路口便有民眾燃放鞭炮慶祝，立即引來數百民眾圍觀叫好。林義雄、張俊宏被捕後，宜蘭縣、南投縣民紛紛稱慶，表示當初盲目投票，如今悔不當初。〔註68〕台灣省議會議長蔡鴻文、立法委員劉松藩，台灣各界與大眾讀者紛紛發表聲明或投書表示譴責暴徒破壞秩序，支持政府依法逮捕暴力份子，以符合全民期待。〔註69〕立法委員黃信介也在立法院通過後，於 14 日依涉嫌叛亂罪逮捕偵辦。至於在逃的施明德，警備總部宣佈以五十萬元全面緝捕，〔註70〕甚至到了 23 日還將獎金提高到一百萬。〔註71〕警總還宣布，凡窩藏「美麗島」暴力事件人犯者，最高依法可判死刑，呼籲民眾及時

〔註65〕 陶涵 Jay Taylor，〈蔣經國傳〉（台北：時報文化，2000 年），頁 386。
〔註66〕 《青年戰士報》，1979 年 12 月 14 日，第三版。
〔註67〕 《青年戰士報》，1979 年 12 月 14 日，第三版。
〔註68〕 《青年戰士報》，1979 年 12 月 14 日，第三版。
〔註69〕 《青年戰士報》，1979 年 12 月 14 日，第五版。
〔註70〕 《青年戰士報》，1979 年 12 月 15 日，第三版。
〔註71〕 《青年戰士報》，1979 年 12 月 23 日，第三版。

檢舉。〔註72〕施明德妻子艾琳達也在 15 日因參與暴亂被警政署驅逐出境。〔註73〕司法部長李元簇也在 14 發表談話，希望受《美麗島》雜誌社陰謀份子欺騙、蠱惑、煽動參與高雄事件者，向當地法院投案自首，政府一定依法從輕處理。〔註74〕

　　12 月 14 日的《青年戰士報》在社論〈政府應順應民意毅然逮捕陰謀暴力份子〉中除了響應警總逮捕「高雄事件」嫌犯之外，開始將《美麗島》雜誌社成員的身分從「破壞社會安定」的「陰謀份子」提升到「台獨份子」甚至與共匪有密切的關係，企圖將台灣赤化：

> 眾所週知，今天我們面對最大的敵人，除了共匪之外就是「台獨」，而在海外，共匪與「台獨」份子間的微妙關係，早已是公開的秘密。「台獨」在海外的每一次活動，都與共匪的統戰陰謀密切配合；而台獨與國內的一些陰謀分子，更是聲氣相通，所以國內每一次陰謀分子掀起的暴亂，海外的「台獨」份子就立即如響斯應。這說明了什麼呢？說明今天共匪、「台獨」與國內陰謀分子三者，早以沆瀣一氣，企圖把復興基地徹底赤化而已。〔註75〕

　　二二八事件後，台獨運動被迫在海外展開，1970 年前以日本為主，1970 年後因為美國留學生的增加，重心移轉到美國。〔註76〕而在美國的台獨團體採取許多激進的手段，讓國民黨倍感頭痛。黨外人士在台灣與國民黨發生的衝突，美國的台獨團體也會遙海呼應，〔註77〕當局也就趁此機會將黨外人士與台獨視為一體兩面的團體。至於扣上共匪的紅帽子，也不過是國民黨對付異議人士的慣用手法，也預告了將來在法庭上「涉嫌叛亂」、「台獨」將成為審訊的重點。

　　接著在 12 月 20 日《青年戰士報》的〈是非之所在，民意之所在〉，除了再一次指稱「高雄事件」，是有計畫、有組織的預謀行動之外。在當時代的社會環境因為國民黨視中共為竊取國家的「漢奸」，是中華民國道統論述下的「民

〔註72〕《青年戰士報》，1979 年 12 月 17 日，第三版。
〔註73〕《青年戰士報》，1979 年 12 月 16 日，第三版。
〔註74〕《青年戰士報》，1979 年 12 月 15 日，第三版。
〔註75〕社論，〈政府應順應民意毅然逮捕陰謀暴力份子〉，《青年戰士報》，1979 年 12 月 14 日，第三版。
〔註76〕陳佳宏，《台灣獨立運動史》（台北：玉山社，2006 年），頁 167。
〔註77〕陳佳宏，《台灣獨立運動史》，頁 207。

族罪人」。「美麗島」人士既然與「共匪」掛勾，理所當然的成了顛覆政府，斷送國家民族的漢奸：

> 這次「高雄暴力事件」，完全是「美麗島」雜誌社一小撮陰謀分子有計畫、有組織的預謀行動，他們的目的，不僅是要破壞我們的國法尊嚴和社會秩序，危害我們人民生命財產的安全；而是要顛覆我們的政府，從根本上斷送我們國家的命脈和民族的生機。所以「美麗島」雜誌社絕不是一個普通的雜誌社，而是一個叛亂團體；「美麗島」雜誌社的份子，絕不是一群普通的份子，而是一群叛亂份子；他們絕不是我們的朋友，而是我們中華民族的漢奸，全體中國人的公敵。〔註78〕

甚至「高雄事件」已經被視為中共侵台的一部分，而「美麗島」、「台獨」、「共匪」成了互相勾結掩護的共犯團體：

> 我們明白可以看出，今天共匪「解放台灣」的作戰路線，就是間接路線，共匪利用「台獨」來為軍事進犯鋪路，「台獨」又利用陰謀分化來顛覆政府。「美麗島」暴亂事件，本質上是共匪消滅我們惡毒陰謀的一部分，和一個環節。可惜這一小撮說不定有人做了共匪犯台的工具而不自知。〔註79〕

> 大家心裡都知道，「美麗島」的主要分子是屬於台獨的暴徒，台獨是共匪直接間接運用的貓腳爪，民主則是共匪進行統一戰線的遮羞布。〔註80〕

　　而在警方通緝施明德的同時，中華民國民意測驗學會30日公布了一份「美麗島事件意見測驗報告」。報告指出，99%的人認為這次暴動是「有計畫」的，97%的人認為政府對暴亂份子應該用「戒嚴法」嚴辦，98%的認為《美麗島》雜誌應立即停刊封閉。半數以上認為罵不還口可以，但打必須還手，以鎮壓暴動叛亂。〔註81〕

　　經過近月餘的逃亡，涉嫌參加「高雄事件」擔任總指揮的施明德於 1980

〔註78〕鐘政苑，〈是非之所在，民意之所在〉，《青年戰士報》，1979 年 12 月 20 日，第五版。

〔註79〕鴻鈞，〈分清是非，分清敵我〉，《青年戰士報》，1979 年 12 月 23 日，第三版。

〔註80〕隴西散人，〈台獨的遮羞布，共匪的貓腳爪〉，《青年戰士報》，1979 年 12 月 28 日，第三版。

〔註81〕《青年戰士報》，1979 年 12 月 31 日，第三版。

年 1 月 8 日於台北市逮捕到案，另外有屬於基督教長老教會的嫌犯蔡有全、林弘宣也已經逮捕到案。警總並稱：

> 本案重要嫌犯之能逮捕到案，是由於治安單位之通力合作，更是全體民眾擁護政府，熱愛國家對暴力份子之痛恨而協力治安單位又一次具體的行動表現。〔註82〕

綜合其他的報導，均一致將這次施明德的落網歸功於市民主動提供線索，警民合作的結果。〔註 83〕延續「高雄事件」後的輿論走向，逮捕《美麗島》人士這段期間的報導則是展現出《美麗島》人士已經受到全台人民的抵制。從張俊宏、姚嘉文等十四人被捕後民眾上街燃放鞭炮，讀者投書稱慶的情況，到施明德被捕是警民合作的行動表現，一再表現出《美麗島》人士被逮捕是符合全民期待的社會氛圍。同時公佈民意調查，以極端絕對的數據呈現出當時的《美麗島》人士已經成爲全台上下的眾矢之的，人人除之而後快。

　　《國魂》也從一月份起，開始加入言論攻擊的行列，目的依舊是使《美麗島》成爲社會輿論攻擊的焦點：

> 一些喪心病狂的野心政客、台獨份子，卻在我們內部製造混亂，日日以遊行，講演等活動爲能事。而事事又以顛倒黑白的手法，破壞政府威信，打擊民心士氣，損害國家利益，做蛀蟲，做淤砂，試以最近在高雄發生的「美麗島事件」來說，此種行爲如同暴民一般，竟然也狠得下心毆傷了一百八十三位手無寸鐵的憲警，此種行爲怎叫人不沉痛，又怎叫人不疾首。難道這就是「愛國」行爲？人權的意義？〔註84〕

如前所述，在美國的台獨團體，時常利用各種方式呼應台灣黨外發生的事件，《美麗島》人士被逮捕的消息傳到美國之後，台獨團體更是採取了激烈的方式做出反應。「北美事務協調會」在洛杉磯、舊金山、休士頓的辦事處都有台獨團體前去抗議，並引發衝突。國府在華盛頓和紐約的代表處則被放置郵包炸彈。〔註85〕如此激烈的手段，當然引起了台灣當局的指責，1 月 27 日的《青

〔註82〕《青年戰士報》，1980 年 1 月 9 日，第三版。
〔註83〕《青年戰士報》，1980 年 1 月 9 日，第三版。
〔註84〕丁基，〈邁出你的第一步〉，《國魂》，410 期，1980 年 1 月，頁 17。
〔註85〕陳佳宏，〈美麗島事件與台獨〉，《台灣風物》，54 卷 2 期（2004 年 6 月），頁 148。

年戰士報》的〈台獨只是共匪的統戰工具〉一文即因此而將「高雄事件」指稱為在中共指揮下的「武裝革命」：

> 自「美麗島」暴亂事件過後，海外若干地區的台獨份子，不斷興風作浪，製造事端，向我各地辦事處進行暴力騷擾、示威，或者向美國朝野告洋狀，一方面是政府的斷然處置，鏟除了他們在島內潛伏的禍根，因而惱羞成怒；另一方面是他們幕後主子的共匪，怪罪於他們的「輕估敵情」，輕舉妄動，提前進行共匪「三大法寶」之一的「武裝革命」，因而在高雄一役，「損兵折將」，乃遷怨於我們政府。〔註86〕

《國魂》當然也以相同的論述發表了攻擊《美麗島》的文章：

> 在國內的若干偏激人士，不識大體，不顧大局，其言論做法居然和海外的這些台獨份子呼應唱和，居然也把「台獨」份子在海外謾罵政府，攻擊政府的邪說謬論，流傳到我們台灣來。也就是說，為了提高自己的身價，不惜譁眾取寵，危言聳聽，欺騙群眾，甚至製造事端，向民主法治的權威挑戰！甘為共匪迂迴統戰的工具，甘為「台獨份子的應聲蟲」。〔註87〕

除了各種教條式的言論攻擊之外，《國魂》在〈台獨是一杯殺害繁榮幸福的毒藥〉一文中，首度提到《美麗島》雜誌的各種政治主張：

> 這些人在聚會中，輪番演講，每次如此，從無例外。演講的內容，除了誣衊政府，謾罵執政黨之外，可以歸納成以下幾點：（一）全面改選中央民意代表，（二）總統由全民直接選舉，（三）重新申請進入聯合國，（四）宣布放棄「光復大陸」的「神話」。當然還有廢止「戒嚴法」……等等問題。以上這四點主要的內容，所要造成的就是：「否定中華民國的法統，斬斷台灣與中國大陸的關係，否定現在的一切，實言之，就是『教會公報』所謂『新而獨立的國家』的翻版，也就是台獨的另一個表現。」〔註88〕

以上所提到的四點，到目前為止除了「重新加入聯合國」之外，其餘的都已經陸續實現，「全面改選中央民意代表」、「總統由全民直接選舉」與「廢

〔註86〕蔡鐘雄，〈台獨只是共匪的統戰工具〉，《青年戰士報》，1980年1月27日，第三版。

〔註87〕高士，〈不容任何人破壞團結〉，《國魂》，410期，1980年1月，頁3。

〔註88〕魯軍，〈台獨是一杯殺害繁榮幸福的毒藥〉，《國魂》，410期，1980年1月，頁29。

止戒嚴法」等項目實際上是落實民主法治的基本要求，與是否「台獨」嚴格來講沒有直接關係，但是卻關係到國民黨政權最重視的「法統」以及「台灣與中國大陸的關係」等國民黨賴以維生的意識形態問題，因此特別受到關切。至於宣布放棄「光復大陸」的「神話」，已經隨著國民黨政權走逐漸向親中路線，而被國民黨自己束諸高閣了。

關於同一期的《國魂》則有另一篇〈戒嚴令不容輕言廢止〉是關於戒嚴令的討論，文中認為除了共匪的威脅之外，黨外人士的暴力行為仍然是實施戒嚴必要的原因之一：

> 的確，我們久已未聞砲聲，可是在我們這個「島內」潛藏著的「碉堡攻擊手」，卻正「蓄勢待發」，尤其自美匪勾搭「建交」以來，這些陰謀份子的動向似有變本加厲的態勢，他們隨時準備「借題發揮」，隨時藉口「生日餐會」、「成立酒會」或假借某一節目名義，以發動他們的島內革命。從前兩年的「中壢事件」，到「擅改國歌事件」、「台中公園事件」、「美麗島雜誌成立酒會事件」、「歡送吳某入監事件」，再到此次在高雄的公然展開暴亂，毆傷一百八十餘名憲警人員的無法無天暴行。〔註89〕

不可否認，例如「許信良生日餐會」、「創刊酒會」等活動，黨外人士確實有「借題發揮」的目的，目的在於吸引群眾，舉辦演講，這是黨外在當局高壓統治下另尋出路的方法，但是如「許信良生日餐會」、吳哲朗入監後的演講等活動均無發生任何衝突事件，反而是「中山堂事件」、「美麗島雜誌成立酒會事件」等因為有在場其他「愛國人士」的抗議，才導致衝突發生，真正「暴力份子」是誰，不言可喻。

〔註89〕木工，〈戒嚴令不容輕言廢止〉，《國魂》，411 期，1980 年 2 月，頁 48；文中所指的「生日餐會」是指因為「橋頭事件」而被解除桃園縣長職務的許信良，於 1979 年 5 月 26 日生日當天在中壢市舉辦晚會演講；呂秀蓮，《重審美麗島》，頁 65。「擅改國歌事件」是指 1978 年 12 月 5 日在台北市中山堂舉行的「全國黨外候選人座談會暨記者招待會」，大會開始唱國歌時，司儀將「吾黨所宗」改為「吾國所宗」，引起在場其他「反共義士」的抗議，而產生衝突事件，又稱「中山堂事件」；呂秀蓮，《重審美麗島》，頁 43。「歡送吳某入監事件」則是指《美麗島》台中服務處主任吳哲朗與其弟一因細故與路人爭執，被控傷害，由台中地方法院判處徒刑七個月。入監後，《美麗島》在台中舉辦演講，當局雖動用大批警力到場，但是最後並未發生任何衝突事件；呂秀蓮，《重審美麗島》，頁 99～101。其餘如前文所述。

四、審判

警總於 2 月 20 日宣布，參與「高雄暴力事件」涉嫌叛亂的嫌犯，經軍事檢察官偵查完畢。其中黃信介、施明德、姚嘉文、張俊宏、林義雄、林弘宣、呂秀蓮、陳菊等八人，以嫌叛亂罪嫌提起公訴。起訴書列舉犯罪事實，黃信介涉嫌指使洪誌良赴「匪區」秘密接洽，事成後當「台灣自治區主席」。另外指示施明德、姚嘉文、張俊宏、林義雄、許信良成立五人小組，研商顛覆步驟，策定長短程計畫，「高雄事件」則是由黃信介核可施明德策畫。〔註90〕

除了可預期的涉嫌叛亂之外，黃信介涉嫌與匪區接洽的部分，也是國民黨扣人紅帽子的慣用手段。至於所謂的「五人小組」則是在去年的 12 月 16 日，美國即將與中共建交的前夕，因蔣經國宣布停止競選活動，黃信介、施明德等人在當時簽署並宣讀了一份「社會人士對延期選舉的聲明」。黃信介並指定當時在場的施明德、姚嘉文、張俊宏、林義雄、許信良負責研究今後黨外的發展活動，因此這五人從此被國民黨視爲《美麗島》的核心人物，卻也因此被羅織罪名。〔註91〕

然而在等待開庭審理的期間，卻發生了一起震驚社會的殺人案件。「高雄事件」嫌犯之一林義雄位於台北市信義路的家中，2 月 28 日遭歹徒侵入，林義雄母親與雙胞胎女兒被刺死，大女兒受重傷。據報導，警方研判案情以仇殺成分居多，蔣經國總統對此案表達關切，派國民黨中央政策委員會副秘書長關中前往致意，台灣省主席林洋港與台灣省議會議長蔡鴻文分別派人趕到台北致意。〔註92〕而林宅案在調查期間警方一方面表達對案情深具信心，卻又一方面提供懸賞獎金鼓勵民眾提供線索，〔註93〕等前後不一矛盾的說法。

警方一再於媒體上喊話，表達警方對案情的信心，警方一再表示「秘密證人提供線索，血案兇嫌呼之欲出，治安單位正作深入調查，時機成熟立可公布眞相。」〔註94〕「偵辦林宅命案進入衝刺階段，如能掌握各項有利證據，全案將會有突破性發展。」〔註95〕另一方面卻將懸賞獎金從二百萬〔註96〕增

〔註90〕　《青年戰士報》，1980 年 2 月 21 日，第三版。
〔註91〕　呂秀蓮，《重審美麗島》，頁 57。
〔註92〕　《青年戰士報》，1980 年 2 月 29 日，第三版。
〔註93〕　《青年戰士報》，1980 年 3 月 1 日，第三版。
〔註94〕　《青年戰士報》，1980 年 3 月 6 日，第三版。
〔註95〕　《青年戰士報》，1980 年 3 月 12 日，第三版。
〔註96〕　《青年戰士報》，1980 年 3 月 1 日，第三版。

加到五百萬。〔註97〕使人懷疑警方是否眞正確實有破案的決心，或是如同去年12月間《美麗島》各分處與黃信介住家遭入侵破壞後，警方表面上虛應故事，實際上卻毫無破案誠意。〔註98〕調查期間甚至傳出傳言，「根據可靠消息來源」指出林宅兇手是日本方面台獨組織派來，原目標是指向施明德，計畫如果施明德逃亡計畫失敗，將殺害施明德滅口，卻因施明德已經被捕，始將目標傳向在整起事件中「不聽指揮」的林義雄。而此消息竟然也被視爲林宅案突破性的發展。〔註99〕意圖以不實的傳言，汙衊在海外的台獨組織，不僅透露出當局對台獨的敵意，更模糊了案情的焦點。而國軍的報刊竟然任意刊登不明消息來源的報導，更顯露出爲圍剿《美麗島》人士而已經失去中立平衡的報導原則。

「高雄事件」涉嫌叛亂案3月18日正式公開審理，中外記者與旁聽民眾超過百餘人，各被告也均由辯護律師出庭辯護。而經由《青年戰士報》的標題，可以了解「高雄事件」仍被定調爲暴力事件。例如：「擺出暴力姿態，迫使政府讓步」；「涉及暴力做出傻事，黃信介表無限悔意」等。在有關姚嘉文、陳菊的新聞標題上，均先後有「與海外台獨有密切聯繫」、〔註100〕「與叛國者台獨勾搭」、〔註101〕「陳菊坦承台獨論調，與叛國者交往頻頻」〔註102〕等與「台獨」有關的問題，顯示台灣獨立的問題如前文所述已經受到相當關注，也表示此案的層級已經從「暴力事件」提升到「叛亂」、「台獨」等政治層級。於是「暴力事件」、「台獨」等問題，當然也就成爲《青年戰士報》與《國魂》這段期間文章討論的重點。

雖然《美麗島》雜誌社並未直接主張台灣獨立，但是《美麗島》一案有許多涉案人與其他被指稱爲台獨的團體有一定的接觸。例如被軍事法庭判處徒刑八人之一的林弘宣即是出身基督教長老教會，而林弘宣會被以軍法判刑，表示執政當局以此對林弘宣背後所代表的長老教會做一次警告與處罰。〔註103〕另外施明德逃亡期間有長老教會高俊明牧師等人協助窩藏。而長老教會因

〔註97〕《青年戰士報》，1980年3月11日，第三版。
〔註98〕呂秀蓮，《重審美麗島》，頁116。
〔註99〕《青年戰士報》，1980年3月9日，第三版。
〔註100〕《青年戰士報》，1980年3月21日，第三版。
〔註101〕《青年戰士報》，1980年3月22日，第三版。
〔註102〕《青年戰士報》，1980年3月25日，第三版。
〔註103〕李筱峰，《台灣民主運動40年》，頁156。

爲曾經發表過〈人權宣言〉，宣言中主張「台灣的將來應由台灣一千七百萬人決定」，「使台灣成爲一個新而獨立的國家」，而被國民黨視爲台獨主張。另外許信良是「台灣建國聯合陣線」的成員，「高雄事件」過後在美國的許多台獨團體攻擊國府在美國各地的辦事處，許多事件都被國民黨視爲《美麗島》雜誌與台獨的關係匪淺。

五、漫畫

　　1980 年 5 月份的《國魂》刊登了幾則漫畫，試列舉兩幅代表性討論。第一幅漫畫是由一個穿著中共制服的人，從寫著「台毒」的甕裡放出毒蛇，而毒蛇行進的方向正是向著台灣。圖中「台毒」所指的就是「台獨」，國民黨將「台獨」視爲毒蛇猛獸，是因爲「台獨」理論對國民黨政權帶來的政治威脅，關係到國民黨政權最強調的「法統」，與在台灣統治的正當性。中共與「台獨」都是國民黨的敵人，也都被國民黨指稱是「民族的罪人」，也因此將台獨誣衊爲「共匪的同路人」、「統戰工具」以作爲打擊台獨的宣傳基礎。

圖 1〔註 104〕

　　第二幅漫畫的前方是一個擬人化的《美麗島》雜誌，手上拿著火把與棍棒，代表著「高雄事件」當天的情形，其中棍棒是代表著暴力的意涵。而躲在背後的是一個穿著中共制服的人，口中還說著：「被利用了還不知道！」整幅漫畫的意涵就是暗指《美麗島》雜誌在「高雄事件」中的暴力行爲，背後其實是中共在暗中利用。在兩蔣統治時代，「反共」一直是國民黨政府重要的政治宣傳內容，任何與共匪有關的事物都成了全國的敵人，而被利用卻不自

〔註 104〕丁泰，〈台獨，台毒〉，《國魂》，414 期，1980 年 5 月，頁 36。

知的《美麗島》雜誌也就成了全國民眾抵制的對象。圖中《美麗島》雜誌的人還在高喊著：「暴力邊緣！」根據姚嘉文的解釋，不願使用暴力，但運用暴力準備，使暴力隨時可能發生，以促使對方接受或讓步，稱之為「暴力邊緣」。而「暴力邊緣」準備的工具通常是群眾，因為在戒嚴高壓統治下，集會、結社的自由受到許多限制。黨外每次辦活動，常常被當局刁難，為求突破，只好訴諸群眾，製造出廣獲群眾支持的態示，期望治安單位將會因此而讓步。〔註105〕但是此項說法只是當時少數幾個人私下討論的結果，絕大多數《美麗島》雜誌人士並沒聽過這種理論。更不是《美麗島》雜誌舉辦活動的原則，但是卻成為國民黨政府指控「高雄事件」是暴力事件，《美麗島》人士是暴力份子的主要依據。〔註106〕

圖 2〔註107〕

六、小結

黨外人士在 1978 年底的選舉中斷後，被迫走向街頭。因為黨外人士在競選期間的各種政見發表會可以闡述政治理念，這段期間，暫時不會被治安單位限制刁難。但是這一條路線已經隨著選舉中斷而終止，黨外人士為了找尋紓發意見的出口，只有走向街頭一途。因為街頭可以聚集群眾，這對媒體資源不如國民黨的黨外人士來說不失為一種夾縫中求生存的方法。國民黨當局起初也許不以為意，但是隨著每次黨外街頭運動吸引的群眾越來越多，而且戶外演講的內容常常觸碰到國民黨的統治問題，此時國民黨必須開始正視這

〔註105〕呂秀蓮，《重審美麗島》，頁119。
〔註106〕呂秀蓮，《重審美麗島》，頁119～120。
〔註107〕丁泰，〈台獨，台毒〉，《國魂》，414期，1980年5月，頁36。

問題。而國民黨的優勢就在媒體，當時大眾媒體幾乎都掌握在國民黨手中，利用媒體的言論對抗黨外的街頭路線，企圖使民主與愛國，《美麗島》與社會民眾，成為對立的兩邊。

而做為軍方代表的《青年戰士報》與《國魂》也如同一般大眾媒體在報導中使用各種偏激的用語，甚至報導來源不明的消息，確實有失軍方的高度與格局。但是在威權統治下的政治環境，黨國系統牢牢地控制著軍隊，在當時的國民黨看來，軍隊的政治工作就是黨的工作，軍隊中的政工人員就是黨工人員。〔註108〕總政戰部主導下的《青年戰士報》與《國魂》自然成了黨的宣傳工具。其中的言論就是國民黨試圖灌輸給讀者的思想，尤其在封閉的軍隊環境中，更容易達成這目的。

但是就像《美麗島》雜誌社在「高雄事件」過後發表的聲明所提到的：「尤望當局不輕估民眾之水準及知識，不再實行愚民政策。」〔註109〕即使國民黨動用如此龐大的黨政資源，即使《美麗島》人士被判刑入獄，但是隨著審判過程的公開報導，提高了台灣民眾對政治的關心與思考，結果就反映在往後幾次的選舉，《美麗島》受刑人家屬與辯護律師紛紛當選民意代表，為台灣的民主繼續努力。弔詭的是，《美麗島》審判期間，正是中正紀念堂即將落成的時間，每每在《美麗島》相關報導版面的旁邊看到中正紀念堂即將開放的新聞。為威權獨裁者建造的廟堂張燈結彩的同時，為民主努力的《美麗島》人士卻成了階下囚，正代表了當時代的政治環境。然而美麗島人士的逮捕，使得受刑人家屬與美麗島辯護律師成為下一階段黨外參與選舉的重要角色。1980 年底恢復兩年前未完成的選舉，台灣民主運動緊接著開始另一個階段。

〔註108〕薛化元等著，《戰後台灣人權史》，頁 118。
〔註109〕呂秀蓮，《重審美麗島》，頁 210～211。

第五章　軍方刊物對八十年代民主運動的報導

　　「美麗島事件」對當時的黨外團體運動來說是一大打擊，主要人物經過軍法審判入獄，但是在審判過程中，為事件被告辯護的辯護律師，不畏當時的政治氣氛，擔任這次審判的辯護律師。也因此在「美麗島事件」後，這群律師走向參與政治的道路，成為 80 年代黨外運動的重要人物。80 年代黨外運動主要是黨外人士經由參選各級民意代表公職選舉等體制內路線，進而參與政治活動。「美麗島事件」後，受刑人家屬與辯護律師，可以說第一波參與選舉的主要人物。而在每一次的選舉，黨外候選人所提出的政見主張，也開啟了朝野雙方對國家政治議題的討論，戒嚴、憲政問題、黨禁、報禁等等，成為這段時期軍方刊物對民主運動報導中主要討論的議題。而在議會路線以外，仍不免發生有黨外人士上街頭衝撞體制的行動，這類的行動，也是黨外人士藉此凸顯當時社會中高壓威權統治的面貌。

一、軍方刊物對美麗島家屬參選的報導

　　「美麗島事件」後的第一次選舉，是 1980 年底的中央民意代表選舉，是為了恢復 1978 年因台美斷交所進行的選舉。美麗島軍法審判時，因為開放大眾媒體的報導，使得社會民眾藉由「美麗島事件」開始思考台灣政治的問題。而在 1980 年底的中央民意代表選舉又有美麗島受刑人的家屬參選，所以，這次的投票可以說是台灣民眾對「美麗島事件」的一次民意反應。〔註1〕黨外在

────────────────

〔註 1〕李筱峰，《台灣民主運動四十年》，頁 164。

這次的選舉卻沒有如同兩年前的全省巡迴助選團，只有由 1979 年底組成的「中央民意代表選舉黨外候選人聯誼會」提出一份「認同聲明」。在這份聲明中說到：「對真正的民主政治而言，在野的制衡力量是不可缺的要素。」「國民黨政府在台期間，政治上之能有若干進步，這些黨外人士的制衡力量，實為一個重要因素。」﹝註2﹞除了藉由這份聲明使民眾瞭解黨外的候選人之外，黨外的「制衡」功能也出現在這份聲明中。對於黨外「制衡」的訴求，《國魂》雜誌認為：

> 這次的選舉有一個亟待澄清的觀念，那就是「制衡」的問題。在野人士為爭取選民，曾以此作為有力武器。部分「黨外人士」，更把反對政府視為「制衡」，將此一觀念反覆宣傳運用。「制衡」究屬內聚力還是離心力？如果是內聚力，它必有助於加強團結，似不宜以反對而反對政府之一切作為，以傷害國家元氣；如果是離心力，則足以破壞團結，危害國家。﹝註3﹞

而這次選舉的候選人當中，姚嘉文的妻子周清玉與張俊宏的妻子許榮淑特別受到選民的注目。即使國民當局在選舉前已經規定候選人不得在競選活動中提及「美麗島事件」。但是，當周清玉在政見演講的台上敘述「美麗島事件」與「林宅血案」的同時，台下聽眾也跟著落淚，這是台灣選舉場合上少見的景象，卻是這段時期，美麗島受刑人家屬參選的共同寫照。許榮淑則是以「薪火相傳」做為選舉政見的訴求。在政見會上，許榮淑從日據時代的文化協會、雷震的《自由中國》談到當時的黨外運動，並且表示要追隨張俊宏的腳步，繼續推動民主事業。除此之外，選戰中大部分候選人也都以「美麗島事件」作為主題，「延續黨外香火」、「追隨前輩腳部」成為競選傳單上的標語。﹝註4﹞

這次中央民意代表選舉另一個討論的主題則是新頒布實施的「動員戡亂時期公職人員選舉罷免法」。黨外候選人主要批判內容太過嚴苛，使候選人無法充分活動。針對黨外候選人的批判聲音，《國魂》的報導回應：

> 平心而論，雖然歐美甚至日本之選罷法，在言論方面的確比我們寬鬆許多，亦無不得「結眾遊行」的限制，然因我國處於非常時

﹝註2﹞ 李筱峰，《台灣民主運動四十年》，頁 164～165。
﹝註3﹞ 翠崗，〈檢討成功，爭取勝利〉，《國魂》423 期，1981 年 2 月 1 日，頁 20～23。
﹝註4﹞ 李筱峰，《台灣民主運動四十年》，頁 169。

期，故選罷法之全名為「動員戡亂時期公職人員選舉罷免法」。這一
全稱，已說明我們的選罷法，並非如歐美一樣的「常態法」，此點國
人應予體諒。〔註5〕

　　1980年底的選舉結果，周清玉與許榮淑分別當選國大代表與立法委員，
其他黨外候選人也有不錯的成績，開啓了受刑人家屬與「美麗島事件」辯護
律師參選的風氣。翌年，1981年11月的縣市長與省議員選舉，以黨外中央民
意代表為主體，組成黨外推薦團，提出候選人名單，陳水扁、蘇貞昌、謝長
廷等「美麗島事件」辯護律師開始藉由參與選舉投入政治活動。在這次的選
舉中，延續去年中央民意代表的選舉，「制衡」的觀念成為這次黨外候選人競
選的共同口號。「民主要制衡、制衡靠黨外」、「黨外、制衡、進步」等標語出
現在競選傳單上，黨外推薦團在一份聲明中提到：

　　我們黨外人士參加選舉的目的，是為了形成制衡力量，使我國的民
　　主政治更進步。沒有黨外人士參加選舉，是沒有競爭的選舉，對國
　　民黨而言，毫無光彩，對民主政治而言，缺乏實質的意義。〔註6〕

　　對於這次黨外候選人所提出「制衡」的觀念，《國魂》雜誌回應：在一個
健全的兩黨制或多黨制的政治中，黨與黨之間的制衡非常理想。但是我國目
前的政治結構，除了一個具有力量的國民黨以及兩個需要努力的民社黨和青
年黨之外，就是一些無黨派人士。在這樣一個政治結構下，要發揮「制衡」
的效果，只是「一廂情願」的想法。「制衡」不限制於「黨」的內外，在政治
體系中一個以民意為依歸的政黨，必定從民意的反應檢討改進，以作為政策
的參考。一個民主政黨並非依靠其他黨派的「制衡」，而是以從「民眾反應」
與「修訂政策」中產生「制衡」的作用。〔註7〕文中並且以台灣目前的現況解
釋為何台灣不需要政黨制衡，文中說：雖然兩黨政治比一黨獨大較為民主，
但是如果這個國家正面臨嚴重的威脅，國家需要安定的環境，需要有為的執
政黨的領導，這時候一黨獨大就有存在的價值。我國當前促處台灣，面對敵
人的威脅，除了執政黨之外，有誰能擔此大任？〔註8〕

〔註5〕翠崗，〈檢討成功，爭取勝利〉，《國魂》423期，1981年2月1日，頁20～23。
〔註6〕李筱峰，《台灣民主運動四十年》，頁175。
〔註7〕鐘榮銓，〈「制衡」與「一黨獨大」〉，《國魂》435期，1982年2月1日，頁63
　　　～64。
〔註8〕鐘榮銓，〈「制衡」與「一黨獨大」〉，《國魂》435期，1982年2月1日，頁63
　　　～64。

選舉結果黨外候選人又有相當的成績，陳水扁、蘇貞昌、謝長廷等「美麗島事件」辯護律師紛紛當選，黨外在這次選舉中展現出來的能力，則已經有政黨的初步規模。局勢也證明康寧祥過去強調的「議會問政路線」是當時黨外運動生存的法門。1978 年的選舉因台美斷交中止的當時，由於選舉的停止使黨外政治參與的管道受阻，黨外運動自從「中壢事件」之後產生的「議會」與「街頭」路線的分歧更加擴大，所代表的雜誌則分別為《八十年代》雜誌與《美麗島》雜誌。但是當「美麗島事件」後，「街頭」路線遭到強力打壓，「議會」路線則藉由選舉，企圖由體制內的「制衡」，進而成為合法的反對力量。

二、軍方刊物對民主訴求的反駁

到了 1983 年增額立法委員選舉，黨外為了加強助選的組織，成立了「黨外中央後援會」。這次「黨外中央後援會」所提出的共同政見，是集合了長久以來朝野雙方政治議題的討論。這次選舉所提出的共同政見：

（1）台灣的前途，應由台灣全體住民共同決定。

（2）徹底實行憲法，廢止臨時條款，解除戒嚴令；恢復人民言論、出版、集會、結社之基本權利。

（3）全面普選中央民意代表、廢除遴選、重組國會。

（4）立即通過省縣自治通則及直轄市自治法，省、市民選，貫徹地方自治。

等總共有十項共同政見。其中第一項關於「住民自決」的政見，因國民黨當局認為有「台獨意識」、「煽惑他人犯內亂或外患罪」之嫌，因此遭中央選舉委員會刪除。〔註9〕

1、反對「住民自決」

「住民自決」是黨外候選人在這次選舉中一項重要的訴求，江鵬堅當時更推出一個「民主、自決、救台灣」的標語，不理會國民黨當局的規定。〔註10〕事實上，關於「住民自決」的問題，早在 1977 年美國國務卿范錫訪問中國前夕，台灣基督教長老教會即發表一份〈人權宣言〉，宣言中表示：面臨中共

〔註 9〕李筱峰，《台灣民主運動四十年》，頁 192。

〔註10〕張富忠、邱萬興，《綠色年代》（台北：印刻，2005 年），頁 158。

企圖併吞台灣之際，基於我們的信仰與聯合國人權宣言，我們堅決主張：「台灣的將來應由台灣一千七百萬住民決定。」當中就有提及「住民自決」的觀念。長老教會的〈人權宣言〉是台灣島內以團體形式公開發出台灣獨立聲音的頭一遭，在當時即引起當局相當的疑慮。〔註11〕另外，1981年縣市長與省議員選舉後，康寧祥、黃煌雄等人認為，黨外除了在國內參與選舉、擴大民意基礎之外，是不是也該在外交上擴展空間。因此，1982年6月，康寧祥、黃煌雄、張德銘與尤清在「北美洲台灣人教授協會」邀請下，作了一次訪美行程。在美國訪問朝野人士時，他們在表達台灣人的意願時提到：美國與中共之間的關係正常化，不能違背台灣一千八百萬人民的意願和決定。有關台灣未來的前途，必須給予這島上全體住民自由選擇的機會。〔註12〕而在康寧祥等四人離開美國前，在洛杉磯全美24個同鄉會發表一個共同聲明，聲明中最後提到六點：（1）台灣的前途，由台灣的一千八百萬人共同決定。（2）釋放高雄事件受刑人及其他政治犯，尤其是林義雄與高俊明牧師。（3）開放黨禁及報禁。（4）全面改選中央民意代表。（5）堅決反對通過警察緊急逮捕權。（6）同鄉會基於保障人民安全及台灣安全，贊成美國出售防禦性武器給台灣，但對於鎮暴器材絕對反對。〔註13〕

其中第一項「台灣的前途，由台灣的一千八百萬人共同決定。」同樣是「住民自決」的觀念。因此，「住民自決」一直是這個時期黨外人士以台灣為主體意識，向國民黨當局抗爭時相當重要的訴求。國民黨當局除了在選舉中禁止候選人使用相關標語文宣之外，也在軍方刊物上作出回應。《國魂》雜誌的〈中華民國前途應由中華民國來決定〉一文即是典型的論述，文中大意為：從海外的陰謀分子到國內的政治分子，最近一致喊的「台灣的前途應該由一千八百萬的台灣住民決定。」這句話，基本上犯了兩個錯誤，一是要先肯定台灣是被異族統治的殖民地，一是要肯定自己不是中國人。因為如此，他們無視中華民國之存在，不承認中華民國對台灣的主權。為了支持這個數典忘祖的「住民決定論」，又產生了許多荒謬的說法。今天不論在國內或國外高喊這個「住民決定論」的人，都是背叛國家民族的漢奸。〔註14〕

〔註11〕李筱峰，《台灣史100件大事（下）》（台北：玉山，1999年），頁99。
〔註12〕李筱峰，《台灣民主運動四十年》，頁180。
〔註13〕李筱峰，《台灣民主運動四十年》，頁181～182。
〔註14〕劉光弼，〈中華民國前途應由中華民國來決定〉，《國魂》452期，1983年7月1日，頁24～26。

因爲「住民決定論」事實上即帶有濃厚的台灣主體意識，因此被國民黨當局視爲台獨組織的言論，違背國民黨當局大中國主義的思想，「數典忘祖」、「背叛國家民族的漢奸」就成爲國民黨當局在當時用以打壓台灣主體意識的用詞。文章中並且從多點依據論述台灣與中國的關係，以說明台獨人士是如何地「數典忘祖」：

（1）姓氏與宗祠：中華民族的宗祠可以上溯至春秋戰國三千年前的，台灣住民家中的族譜家祠報流完整記錄的比比皆是，就算是經過日本人五十年的統治也無法改變的。

（2）血統與種族：中華民族是歷經五千年統一華夏各族的民族，台灣住民無論來自廣東或福建，均爲同一個中華民族。

（3）語言與文字：中華民族各地方言雖有差異，但是共同使用的漢字漢語卻是完全一致，閩南語與客家語也是流傳在閩粵地區非台灣獨有。政治牧師高俊明與台獨份子曾全力自倡羅馬拼音的「台文台語」，卻無法爲人接受，由此可以他們的無知。

（4）宗教與信仰：中國民間非佛即道，或是亦佛亦道。從台灣民間崇拜關帝之盛，及膜拜媽祖之誠，就足以肯定台灣住民之信仰完全與中國一樣！只要去北港看過一次媽祖祭典就可以知道。

（5）文化與傳統：中華民族的傳統以儒家爲主流，兼蓄其他百家思想，五千年來已成爲中華民族之文化特色。台灣住民不論遷台時間長短，均是中華民族的文化傳統，與中國大陸是無法分割的。

（6）風俗與生活習慣：過年過節，婚喪喜慶，各種風俗習慣均是中國大陸流傳至台灣的。基於以上各點，說「台灣人不是中國人」的人，若不是人云亦云，便是別有陰謀的人物。〔註15〕

除了以民族主義式的論述台灣與中國的關係之外，《國魂》又說：

> 「自決」的主張，不是單純的來自增額立委競選之個人，而是來自幕後的台獨集團。這一自決的主張一旦成爲事實，不僅會失去大陸、海外所有渴望自由民主的中國人心，而且也會引起中共的武

〔註15〕劉光弼，〈中華民國前途應由中華民國來決定〉，《國魂》452 期，1983 年 7 月 1 日，頁 24～26。

力解決台灣問題,甚至在台灣內部發生不可收拾的動亂!這不是危
言聳聽,而是必然如此的理性預判。〔註16〕
以類似「警告」的口氣,聲明「台灣自決」的主張將引起中共武力犯台,此
種說法,與 1990 年代選舉時,國民黨時常使用的所謂「安定牌」,有異曲同
工之妙。國民黨的「安定牌」意即選民將票投給國民黨,才能為兩岸帶來和
平的局勢。反之,如果把票投給民進黨將為海峽兩岸帶來不安定的因素。

　　1983 年增額立法委員選舉的共同政見,除了「住民自決」的問題外,共
同政見主張中的其他項目如戒嚴、改選國會、出版、集會結社、行憲問題等
也同樣引起軍方刊物的討論。

2、反對解除戒嚴

　　關於戒嚴的問題,戰後台灣曾三度接獲戒嚴令,分別是 228 事件期間、
1948 年 12 月 10 日依據臨時條款所頒布並於日後延續的接戰地域戒嚴令,以
及 1949 年 5 月 19 日的台灣省戒嚴令,〔註17〕一般所稱長達 38 年的戒嚴是第
三次的戒嚴。由於戒嚴令的影響,人民權利自由受到剝奪,憲法保障的人身
自由均受到影響。因此,黨外運動一直以解除戒嚴作為主要訴求,軍方刊物
也刊登文章回應黨外人士的訴求。1980 年底的中央民意代表選舉,《國魂》就
曾經對黨外候選人以「解除戒嚴」做為競選宣傳的重點做出回應,同時將要
求解除戒嚴的候選人、「美麗島」人士與共匪的論調相提並論:

　　　　有人批評台灣地區已實施三十年的長期戒嚴,說共匪並未直接
　　以武力攻打台灣,所以認為無需再繼續實施戒嚴的必要,應予解嚴,
　　以保障人民的自由。所以以往有少數的偏激分子為了譁眾取寵,竟
　　侮蔑「戒嚴法」是人權枷鎖,⋯⋯(中略)在高雄暴力事件的暴徒
　　們,曾一再高唱此論調。與民國三十七、八年時共匪的論調相同,
　　可見偏激分子們與共匪的陰謀論調,完全是一同口氣了。〔註18〕
文章並且就實施戒嚴的需要性提出三點說明,說明為了國家及社會安全,必
須實行戒嚴:

〔註16〕李正寰,〈冷靜透視增額立委選舉中遺留的問題〉,《國魂》453 期,1984 年 1
　　　月 1 日,頁 8～11。
〔註17〕薛化元等著,《戰後台灣人權史》,頁 103。
〔註18〕丁宗裕,〈對「戒嚴法」的認識〉,《國魂》420 期,1980 年 11 月 1 日,頁 40
　　　～42。

（1）就求生存的迫切需要而言：政府自撤離大陸後，即面對共匪的嚴重威脅。初期共匪叫囂「血洗台灣」，現在共匪又把「解放台灣」列入在共匪的偽憲法中，從不放棄以武力攻打台灣。我們雖不怕共匪的侵犯，但是必須有迎戰的準備。

（2）就維護國家及人民安全秩序而言：共匪除了武力的企圖之外，並同時採「從台灣內部瓦解台灣」的戰略，海內外的台獨份子，有意無意地被共匪收買利用。在這時候取消戒嚴，正是上了敵人的當。

（3）就解除戒嚴後可能帶來的危害：一旦戒嚴解除，匪諜及台獨份子必定開始活動，偏激分子在共匪利用下，各種暴亂接踵而來，共匪開始製造各種毒素思想，社會混亂，這種情況下，我們能解除戒嚴法嗎？〔註19〕

《國魂》另一篇文章〈幾個重大問題的釋疑〉中也提到：在戰爭及叛亂的威脅下，國家的生存及人民的生活最重要。為了達此目的，犧牲一部分自由，是天經地義的事。在共匪未滅之前，如果解除戒嚴，將給予敵人可乘之機，必將是「未蒙其利、先受其害」。如果說有什麼不便的話，只有匪諜對台灣的滲透及破壞有極大的不便，對一般人民來說，只有好處，沒有壞處。〔註20〕

到了1983年的選舉之後，《國魂》雜誌就戒嚴則有另一種說法，《國魂》認為到目前為止，軍事單位除了安全需要所採取的戒備措施外，目前戒嚴令的範圍已經大幅縮小，大多數人對戒嚴令沒有太大的感覺。大多數國人在戒嚴令下享受到自由與繁榮。少數別有用心的不良分子，常藉此攻訐政府，是完全沒有民意基礎的。〔註21〕

國民黨當局實施長達38年的戒嚴，除了以此為依據而衍生出各種侵犯人權的行政命令之外。戒嚴的意義是代表的國家正處於戰爭或緊急狀態。1949年5月19日中國大陸上還在兵荒馬亂的同時，台灣並無戰事或動亂，台灣省主席陳誠卻直接宣布戒嚴，以此將台灣捲入國民黨在中國的戰事中。即使到了1980年代，仍繼續實施戒嚴，以表示戰事仍在持續進行中。如果解除戒嚴，則表示

〔註19〕丁宗裕，〈對「戒嚴法」的認識〉，《國魂》420期，1980年11月1日，頁40～42。

〔註20〕李志鵬，〈幾個重大問題的釋疑〉，《國魂》423期，1981年2月1日，頁15～16。

〔註21〕李正寰，〈冷靜透視增額立委選舉中遺留的問題〉，《國魂》453期，1984年1月1日，頁8～11。

戰爭的狀態解除，則許許多多以消滅共匪、統一中國作爲國家政策的訴求也就不再合理化了。因此，面臨黨外要求解除戒嚴的時候，軍方刊物往往就以國家正面臨「共匪」與「台獨」的威脅，不應輕易解除戒嚴作爲回應的說法。

3、反對國會改選

中華民國「中央民意代表機關」國民大會代表、監察委員、立法委員任期分別是 6 年、6 年、3 年。國民黨政府來台後，立法委員首先在 1951 月 5 月屆滿。行政院經總統向立法院要求延長一年任期，1952 年、1953 年也以同樣方式延長。1954 年國民大會代表、監察委員任期也屆滿，立法院便向司法院要求，由大法官作出解釋：「該項任期本應自就職之日起，至屆滿憲法所定之期限爲止。唯值此國家發生重大變故，事實上不能依法辦理。次屆選舉時，若聽任立法、監察兩院職權之行使陷於停頓，則顯與憲法樹立五院制度之本旨相違。故第二屆委員未能依法選出集會與召集以前，自應仍由第一屆立法、監察委員繼續行使其職權。」〔註22〕如此不進行改選，形成「萬年國會」。而「萬年國會」所衍生出的各種問題，使得黨外人士極力主張國會必須改選。

1981 年 2 月《國魂》在〈駁斥邪說謬論、丕振中華國魂〉文中說：全面改選就是否定了對大陸的主權，以及光復大陸的使命，這是台獨的陰謀，企圖透過「全面改選」將代表大陸各省區、各團體的代表取消，使我們的中央民意機構不再有大陸選民的代表，這正是台獨份子的妄想，共匪求之不得的事。〔註23〕

1983 年《國魂》的另一篇文章〈冷靜透視增額立委選舉中遺留的問題〉則說：一般來說，民選代表時間越短，其代表性越具強度。雖然大陸選出來的民意代表已經一任 30 年了，但這是情勢使然，並非因人而爲。如果說這類代表因年代久遠，而失去代表大陸人民的利益，則有待商榷之處。因爲中華民國憲法追求的人民自由與權利，並不因爲時空的不同而有所改變。〔註24〕

4、反對解除報禁

在 1960 年代，《自由中國》被迫停刊，李萬居主導的《公論報》產權遭

〔註22〕 薛化元等著，《戰後台灣人權史》（台北：國家人權紀念館籌備處，2003 年），頁 235。

〔註23〕 張潤書，〈駁斥邪說謬論、丕振中華國魂〉，《國魂》423 期，1981 年 2 月 1 日，頁 12～14。

〔註24〕 李正寰，〈冷靜透視增額立委選舉中遺留的問題〉，《國魂》453 期，1984 年 1 月 1 日，頁 8～11。

侵奪。為此，省議員郭雨新曾經就報紙雜誌的新聞言論自由，在省議會質詢省主席周至柔。當時周至柔的回答是：

> 本省現在報紙二十八家，雜誌社六百餘家，通訊社三十七家，廣播電台有五十所，其中以報紙而言，二十八家報社中，屬於國民黨者只有中央日報，中華日報及新生報三家。由以上事實證明現在並沒有報禁。〔註25〕

1970、80年代，新聞自由、報禁仍然是黨外人士要求民主改革的重點，郭雨新在1975年底參選立法委員時，在競選傳單上表示，現代民主國家應該有充分的新聞自由，但是台灣除了黨報、官報之外，兩家民營大報的大老闆是國民黨的中央委員。〔註26〕1978年底中央民意代表選舉，「台灣黨外人士助選團」所提出的「十二大政治建設」其中也要求言論出版自由與開放報紙雜誌。後續黨外助選團的共同政見也都有相同的訴求。

對此問題，《國魂》雜誌的回應是：政府目前是依據出版法施行細則調節出版品數量，並無所謂報禁的問題。目前政府對報紙申請登記之暫不受理，是因為現在已有31家報紙，每天銷售量有230多萬份，如不限制登記，必會造成惡性競爭，不只對報業，其他行業亦是如此。再就原料方面而言，目前我國出產紙張與原料已不敷新聞事業的需求，如再增加報紙登記，勢必將刺激原料價格上漲，這種供需失衡的情況，是政府不願見到的。〔註27〕文中所指依據的出版法施行細則是1952年公佈的施行細則第27條「戰時各省政府及直轄市政府為計劃供應出版品所需之紙張及其他印刷原料，應基於節約原則及中央政府之命令調節轄區內之新聞紙、雜誌之數量。」但是針對這條規定，《自由中國》編者成舍我就曾經批評過：「為了節約紙張而禁止新的報紙出版，是天下奇聞。」〔註28〕

《國魂》另一篇文章則說：現在政府雖然暫不受理報紙之申請登記，但是國內除了31家報紙之外，登記發行的雜誌有2242家，出版社有1223家，這些書籍跟雜誌更可以充分表達言論意見，絕不會影響言論自由。除此之外，國內還有廣播電台30家，電台有167台，3家電視台，每天都有各種新聞與

〔註25〕 薛化元等著，《戰後台灣人權史》，頁209。
〔註26〕 李筱峰，《台灣民主運動四十年》，頁118～119。
〔註27〕 翠崗，〈檢討成功，爭取勝利〉，《國魂》423期，1981年2月1日，頁20～23。
〔註28〕 薛化元等著，《戰後台灣人權史》，頁193～195。

專題報導，怎能說沒有充分的言論自由呢？〔註 29〕此種說法與前省主席周至柔在回答省議員郭雨新質詢時的回答，可以說是如出一轍，可以視為國民黨政府在面對報禁相關問題時，除了以法條依據作為解釋之外，另一種官方說法。報禁真正廢除則要等到 1987 年行政院下令廢止戰時新聞用紙節約辦法，才真正停止以「節約用紙」名義作為實行報禁手段的方法。

5、反對解除黨禁

　　1950 年代的《自由中國》雜誌已經就反對黨的問題有過相當熱切的討論，然而雷震等人的組黨行動，卻因「雷震案」的發生而中止。1979 年的《美麗島》雜誌社也被視為是一個「沒有黨名的黨」，主要人物也因為「美麗島事件」而入獄。但是要求開放黨禁的訴求卻持續出現在黨外後援會的共同政見上，顯示開放黨禁是民主運動相當重要的一環。事實上，在 1980、81 年兩次選舉，黨外提出「制衡」的訴求，即已經蘊含反對黨的觀念。《國魂》在 1980 年底的選舉之後就黨禁的問題作出回應：執政黨為求國內的和諧團結，對於不同意見，一向採取容忍的態度。這次選舉，國民黨採取不足額提名，使黨外人士自由競爭，這種作法已使不同意見者有脫穎而出的機會，根本沒有組織反對黨的必要。國內某些政客，基於為反對而反對的理由組織反對黨，不顧國家情勢與人民需要，凡愛國者皆不能忍受。〔註 30〕

　　《國魂》的另一篇文章也說：我們和中共的戰爭，不是傳統的戰爭，中共一向慣於在前線與後方同時鬥爭，公開和秘密地下互相配合活動。目前政府禁止組織新黨，正是為阻止此一行為的發生。在平時政府應該開放組黨，但是在非常時期或戰爭時期，政府為維護民主法治體制，以及國民安全，應可暫時限制新黨組織登記。今日大敵當前的同時，只有中國國民黨才有力量完成反攻復國的大業。〔註 31〕

　　《國魂》在 1983 年的選舉之後，再度以文章論訴「無黨籍人士組織新黨的心態與用意」說明當前為何不宜組織新黨，文章說：我們目前正處於動員戡亂時期，也就是軍事行動時期，關於開放黨禁，組織新黨，必須慎重考慮，不宜貿然實施。所謂「無黨籍人士」從事「民主運動」的發展過程，組織反對黨不過是為奪取政權的途徑而已，其心態與用意則有下列數項：

〔註 29〕 延榮昌，〈平心靜氣論國是〉，《國魂》453 期，1983 年 8 月 1 日，頁 32～34。
〔註 30〕 翠崗，〈檢討成功，爭取勝利〉，《國魂》423 期，1981 年 2 月 1 日，頁 20～23。
〔註 31〕 延榮昌，〈平心靜氣論國是〉，《國魂》453 期，1983 年 8 月 1 日，頁 32～34。

（1）無黨籍人士原本擁有的政治資源極有限，爲了政治利益，企圖擴張政治資源，只有以此主張做爲賭注。

（2）部分無黨籍人士爲了獲得選民的支持，透過選舉獲取政治慾望，刻意以色彩鮮明譁眾取寵的政治符號，與執政黨劃分界線，吸引無知選民的支持，爲日後競選鋪路。

（3）部分無黨籍人士對政黨政治一知半解，以爲兩黨並存是美式民主的常態，以此向美式民主靠攏，爭取國際間的同情。

（4）爲反對而反對的組織反對黨，不計結果，僅重視過程「爲反對而反對」。

（5）部分無黨籍人士明知政府不可能同意另組反對黨，卻採激烈的手段，高舉「制衡」大旗，攻訐執政黨爲專制，有意製造政治問題爲社會問題，應該特別值得注意。〔註32〕

以上文中認爲，我國目前尚未制定政黨法，一方面因爲中共與台獨份子的威脅，此時此地需要戡亂，更需要安定。另一方面，台灣作爲反共復國基地，不容許任何動亂，開放黨禁另組反對黨，茲事體大，不宜驟然變更，毋寧維持現狀。最後則引用內政部長林洋港的話，表達當前政府對另組新黨的立場：

> 在現行民主憲政體制下，中華民國公民均有參與政治，爲國家貢獻心力的管道。因此，在當前組織任何新黨，是乃不顧國家民族利益，將嚴重傷害全民福祉，有損反共復國大業，果有籌組新黨情事，主官機關自應依法予以制止。〔註33〕

《國魂》雜誌對於黨外爲了1983年選舉而成立的「黨外中央後援會」也提出批評：所謂無黨籍人士在台北成立令人不解的「黨外中央後援會」之後，一些莫名其妙的歪論，便不斷出現。表面上「後援會」是爲了即將到來的中央增額立委選舉。但是許多跡象顯示他們成立「黨外中央後援會」，並在各地成立「支會」，是以選舉之名，行組黨之實，以合法掩護非法，以選舉掩護組織黨團。文中並引用《生根》雜誌的內容，說明「後援會」成立的動機與目的是要「黨外達成組織化」。最後則強調，雖然「後援會」曾提出所謂十大政

〔註32〕朱鴻，〈論當前不宜另組新黨〉，《國魂》453期，1984年1月1日，頁27～28。
〔註33〕朱鴻，〈論當前不宜另組新黨〉，《國魂》453期，1984年1月1日，頁27～28。

見，但事實上仍離不開那些迂腐的爛調，如「自決、取消戒嚴、黨政不分、釋放政治犯」完全是癡人說夢。〔註34〕

6、反對地方自治

另一個「黨外中央後援會」提出的共同政見中所提到的貫徹地方自治，直選省長與直轄市長。《國魂》雜誌則提出三點說明：

（1）自中華民國 36 年憲法於南京公佈實行至今，由於戰爭因素，全國尚無省長民選的先例；如果要民選省長，首先必須有此類選舉可向全國推廣的條件，另外必需有良好的示範作用。目前均不具備這些條件。

（2）只有在台灣一省選舉省長，而其他 30 幾省仍然在中共的淪陷之下，對憲法精神是一種傷害，顯示國家統治力的殘缺，故目前不宜民選省長。

（3）而歷年地方選舉，均有正負面的影響，然而地方選舉的影響範圍小，如果升級至省長選舉，地方派系問題、競選活動期間的金錢浪費等等問題的影響擴大，實非目前政府所樂見。〔註35〕

7、黨外雜誌

1983 年的選舉結果，由多位美麗島人士的家屬與辯護律師當選立委，但是黨外「主流派」的康寧祥、張德銘、黃煌雄等人卻均告落選，尤其是康寧祥的落選最令人意外。康寧祥的落選有許多複雜的因素，其中，長期以來黨外新生代所主辦的雜誌對康寧祥的批鬥有重要的關係。

1982 年立法院審查警備總部預算時，有 26 位立委提議「邀請警總備詢」，當時握有絕對多數的國民黨立委卻強勢將此案否決，引起黨外人士決定發動杯葛議事。但是在預定採取杯葛行動的當天，費希平、康寧祥等 8 人卻接受國民黨立委黨團書記長周慕文的協調，杯葛行動也就不了了之。〔註36〕此舉引起黨外雜誌長期批鬥康寧祥的開始，也成為這次康寧祥落選的因素之一。而 1980 年代如雨後春筍般出現的黨外雜誌對於當時社會輿論也有一定的影

〔註34〕王炳麟，〈徹底清除「台獨」謬論〉，《國魂》460 期，1984 年 3 月 1 日，頁 22
　　　　～24。
〔註35〕李正寰，〈民主政治的真諦〉，《國魂》478 期，1985 年 9 月 1 日，頁 74～77。
〔註36〕張富忠、邱萬興，《綠色年代》，頁 129～130。

響。「美麗島事件」後，黨外原本主要的兩本雜誌《八十年代》與《美麗島》分別停刊，繼之的《亞洲人》與《暖流》一系列則俗稱為「八十年代系列」。1980 年代黨外勢力隨選舉活動展開以來，許多公職人員、民意代表也開始創辦自己的雜誌例如周清玉的《關懷》；許榮淑的《深耕》。此外，並未參選公職的黨外青年也紛紛創辦雜誌，例如鄭南榕主持的《自由時代》系列週刊；邱義仁、吳乃仁的《新潮流》等等。〔註37〕

由於黨外雜誌一時間如雨後春筍般創刊發行，市場競爭激烈，編輯內容為了市場取向，開始出現一些小道消息、執政黨與蔣氏父子內幕，或刊登一些攻訐、批判的文章，用字遣詞之間不乏一些粗話。這些雜誌與之前的《八十年代》與《美麗島》等政論雜誌內容已經不可同日而語。〔註38〕軍方刊物對於這些以攻訐政府，甚至蔣氏父子的言論當然無法坐視，開始在《國魂》雜誌上以文章回應，首先是邀請專家學者對於當前黨外雜誌的內容提出評論。

東海大學林衡道教授：「近年來我復興基地冒出一些自稱為什麼「人士」的來，他們的行徑和作法和當年大陸的「民主人士」如出一轍，首先是散佈邪說和謠言，利用言論、出版自由，創辦雜誌，這些刊物如雨後春筍，紛紛出現在書攤上，流傳社會，歪曲事實，顛倒是非，煽動青年，蠱惑民心，公然向法律挑戰。」〔註39〕

政大講師李勝峯：「目前某些刊物最大的問題，在於想利用有限的資料，作無限的發揮，所以演變成現在「理論不如評論、評論不如內幕、內幕不如小道、小道不如造謠、造謠不如煽動」的偏差方向。這些刊物採取的是一種相反的方向，他們侮蔑、醜化、攻訐要推翻執政黨，但是破壞了現有體制之後又如何？這些刊物卻提不出建設性的意見來，沒有理想也沒有作法；就好像矇了民眾的雙眼，只要民眾跟著走，卻不知前面是什麼？」〔註40〕

同時也從「言論自由」的角度，批評黨外雜誌的內容已經超過「言論自由」的範圍：一些所謂的「黨外」政論雜誌，幾乎每篇文章的內容，都大肆渲染社會黑暗面，存心將問題擴大，只有批評而沒有任何善意的建議。這些雜誌以往只是不時的發表解除戒嚴令、組織反對黨、特赦叛亂犯、改革體制

〔註37〕 李筱峰，《台灣民主運動四十年》，頁 195～196。
〔註38〕 李筱峰，《台灣民主運動四十年》，頁 196～197。
〔註39〕 國魂之聲，〈禍國邪說應予嚴懲〉，《國魂》466 期，1984 年 9 月 1 日，頁 15～17。
〔註40〕 國魂之聲，〈禍國邪說應予嚴懲〉，《國魂》466 期，1984 年 9 月 1 日，頁 15～17。

等與「台獨」相似的言論，而最近，不知是題材缺乏，或是別具居心，竟連國家元首都成了他們造謠、誹謗的對象。「黨外雜誌」言論不當到這地步，可說是假借「出版及言論自由」為護符，來進行逾越民主法治軌道、危害真正自由的勾當。〔註41〕

最後則是提出四點黨外雜誌的「病症」，分析黨外雜誌的內容：

（1）雜誌是鞏固山頭的張本；山頭林立是現今「黨外」陣營的寫照，經過去年底的選舉，情形更加明顯。當選者藉由雜誌鞏固既得利益，擴大戰果。落選者由雜誌的發行，維持知名度，以圖來日東山再起。怎樣的言論最接近政治利益，就採取怎樣的方針，於是各式各樣的言論就紛紛出現了。

（2）新生代人物藉雜誌滿足權力慾；「黨外雜誌」真正執行者，大概是2、30歲的年輕人，學歷都不錯，衝勁十足，卻不知內斂，在制度化的政治結構中很難出頭，但在黨外陣營卻容易得到滿足，寫了幾篇文章，編兩期雜誌，就容易自我膨脹，而不知剎車。

（3）雜誌市場競爭激烈；現在是雜誌市場的戰國時代，大餅只有一塊，競爭激烈，必須出奇制勝，往往是雜誌內容游走在查禁邊緣。

（4）讀者被誤導了閱讀嗜慾；本來看政論雜誌是為了瞭解政局，但是黨外雜誌誇張式的報導，迷亂了讀者的認知，誤導了正確的閱讀嗜慾。〔註42〕

當時這些黨外雜誌雖然經常討論敏感的政治問題，甚至文字用語常常不加修飾，而遭情治單位查扣、查禁。但是敏感的問題談論越久，其敏感度便相對降低，這在突破言論的禁忌上，從爭取言論自由的角度來看，有正面的意義。〔註43〕

8、其他

在1983年的選舉，另一個引起民眾反應的，即是林義雄的妻子方素敏從美國回台參選。方素敏以「受苦難、救台灣」的形象參選立委，每當在演講場合上提及林義雄，以及受害的女兒時，總是泣不成聲，台下也是哭成一片。

〔註41〕胡則誠，〈談「言論自由」的真諦〉，《國魂》466期，1984年9月1日，頁18～19。
〔註42〕黃重憲，〈給黨外雜誌看病〉，《國魂》466期，1984年9月1日，頁20～21。
〔註43〕李筱峰，《台灣民主運動四十年》，頁198。

最後方素敏則是以 12 多萬票當選立委，情況有如 1980 年底周清玉與許榮淑以美麗島受刑人家屬參選一樣。《國魂》雜誌也對這種情況提出批評：少數無黨籍偏激人士，慣於在選舉中對時政做激烈的攻訐與過分的醜化。「美麗島暴力事件」的家屬參選，以激動情緒煽動群眾，或是暗示延續「美麗島路線」，更使競選的氣氛升高。這些暴力事件的家屬，先是以弱者的姿態，哭哭啼啼的以眼淚爭取選民的同情。甚至還有人在競選宣傳品上刊登事件分子的照片，涉嫌爲匪宣傳，企圖以感性、激情的發洩，來迷惑選民的支持。〔註44〕

　　1980 年代除了黨外在各種選舉與民意機構所引起的問題之外的另一個插曲，則是長老教會在 1985 年的一份文件也引起了軍方刊物的批評。台灣基督教長老教會在 1985 年 4 月 11 日正式制定通過「台灣基督教長老教會信仰告白」。台灣基督教長老教會信仰傳統一直受英國、加拿大的長老教會的影響。積極的一面是延續長老教會的本質與傳統，消極的一面是因此台灣教會一直處於與台灣社會疏離的狀態。爲了使長老教會的信仰在台灣實況處境中落實，「台灣基督教長老教會信仰告白」的制定，表明了台灣基督教長老教會把信仰根植在鄉土中的努力。〔註45〕而「台灣基督教長老教會信仰告白」卻因爲其中用語的問題，以及使用台語漢字做爲出版的依據，兩項問題成爲軍方刊物批評的來源。

　　《國魂》雜誌在〈懸崖勒馬，此其時矣〉一文中質疑台灣基督教長老教會提出「信仰告白」的動機。文章說：我們不清楚爲何長老教會要突然修定「信仰告白」，這與在海外要使長老教會轉化爲政黨的呼聲有什麼關係？首先在文字上就反常。我們是中華民族的子孫，但「台獨」在海外卻創「台灣人不是中國」之說，並以閩南話爲「台灣母語」，居然排斥全國一致的漢文漢語，而用羅馬拼音，自創「台文台語」。爲什麼台灣長老教會的「信仰告白」不以中文漢語爲主，反而以在台獨在海外提倡的台文羅馬拼音爲主，眞的是要不承認自己是中國人嗎？〔註46〕

　　接著在文章中就「信仰告白」的內文涵義提出質疑：高雄美麗島事件、中壢事件、中泰賓館事件，一定會唱「咱要出頭天」，爲什麼新修定的「信仰

〔註44〕穆雲平，〈「人身訴求」的候選人該醒一醒了！〉，《國魂》453 期，1984 年 1
　　　　月 1 日，頁 4～5。

〔註45〕黃伯和，《釘根本土的信仰》（台南：人文，1991 年），頁 5～7。

〔註46〕王基甸，〈懸崖勒馬，此其時矣〉，《國魂》473 期，1985 年 4 月 1 日，頁 58
　　　　～61。

告白」要加入「咱要出頭天」在字句中，這不就成了台獨的「信仰告白」了嗎？三十年來台灣長老教會的教會公報，幾乎沒有一天不在罵政府不民主不自由，說戒嚴存在一天，即一天不自由，卻不顧慮中共軍隊在對岸的虎視眈眈，隨時可以侵犯的情況下，怎麼可以不實施戒嚴。政府容許教會公報謾罵政府，就證明有民主有自由，為什麼「信仰告白」會說台灣只有「受壓制的人民」存在，豈不是捏造事實。〔註47〕

　　台灣基督教長老教會是一個歷經一百多年歷史的教會。一百多年來，對台灣的現代化、語言文化有相當的影響，對政治的意見更是堅持。教會公報一直致力於對文化的保存與現實政治的批判，言論尺度在威權時代更是相當突出。更多次因應現實政治發表〈對國事的聲明與建議〉、〈人權宣言〉等文件，因此時常引起執政當局的注意以及各種反駁的言論。

　　1985 年的省議會則因為省府委員的預算案，展開另一場風波。根據省政府組織法規定，省府委員最多只有 11 人，但是當時省府委員人數卻高達 23 人，省府明知故犯，且違法長達 30 年。在黨外議員用盡各種手段，國民黨仍執意依表決結果通過違法的省府委員預算案之後，5 月 16 日，14 位黨外省議員以集體辭職的方式，抗議省府違法的行為。事後國民黨當局以「辭職之意思表示尚缺明確」，再以其他方式說服辭意不兼的黨外委員，最後只有游錫堃、蘇貞昌、謝三升三位黨外議員真正辭職。〔註48〕《國魂》對這起事件則有以下的報導：

　　　　不久前台灣省議會竟有十四位無黨籍的省議員，因不滿省議會其他同仁對七十五年度省府委員會預算的處理方式，而告集體辭職。這是台灣省實施地方自治以來前所未有的情形，這樣當然要引起各方的注意。學者專家、省議員們，尤其是社會大眾對這種所謂「集體辭職」的行為，都表示遺憾，認為十四位省議員的作法，有虧職守，而否定了民主政治正常運作的功能。〔註49〕

文中並提出政大公共行政系教授薄慶玖對這件事件的看法，薄慶玖教授認

〔註47〕王基甸，〈懸崖勒馬，此其時矣〉，《國魂》473 期，1985 年 4 月 1 日，頁 58
　　　　～61。
〔註48〕李筱峰，《台灣民主運動四十年》，頁 204～210；張富忠、邱萬興，《綠色年代》
　　　　（台北：印刻，2005 年），頁 174～175。
〔註49〕午言，〈我國民主發展的成就與偏差〉，《國魂》478 期，1985 年 9 月 1 日，頁
　　　　81～83。

爲：民主政治就是議會政治，議會應集體行使職權，若有不同意見，應透過討論以求意見一致。如經過討論仍有人堅持己見，只有付諸表決，並以表決的結果決定議會之意見。無黨籍議員因不滿表決結果而集體辭職，有識之士認爲，這是爲了年底的選舉所演出的「辭職秀」，以達到其政治上的目的。另外也引述政大法律系教授黃越欽的意見，黃越欽教授指出：「希望這件事與年底即將舉行的選舉無關。」以上兩位教授的說法不約而同地認爲，這次無黨籍議員集體辭職是爲了年底縣市長及省市議員的選舉造勢鋪路，卻無視於無黨籍議員對事件起因的訴求。而游錫堃、蘇貞昌、謝三升三位在辭職後回到家鄉的演說、遊行則引起群眾的熱潮，如同蘇貞昌等人自己說的：「議會路線上了街頭」。〔註 50〕

三、軍方刊物對民主運動事件的回應

1、組織反對黨

在省議會辭職風波的六個月後，即將舉行的縣市長及省市議員選舉，當時黨外的兩個主要團體，新生代的「編聯會」以及由公職人員主成的「公政會」將要共同面臨這項選舉。然而這兩個團體在立場上的分歧由來已久，需從 1983 年底的立委選舉說起。

1983 年底的立委選舉，黨外人士爲了未雨綢繆，計畫成立「黨外中央後援會」。「後援會」在籌組的同時，部分新生代曾在規章中規定候選人要先經「後援會」內部初選能參選，但是康寧祥主張應保障現任公職者的資格，此主張則遭到新生代的反對。因此，黨外新生代於 9 月 18 日「黨外中央後援會」成立的前 9 天。9 月 9 日事先成立了「黨外編輯作家聯誼會」。此舉表示黨外新生代與黨外公職人員之間產生了立場上的分歧，一時間無法維持表面的和諧。〔註 51〕同時也成爲康寧祥在該次選舉落選的因素之一。1984 年，黨外的民意代表爲了使黨外有一個常設組織，因而在 5 月成立了「黨外公職人員公共政策研究會」，簡稱「公政會」。但是當時已經有一個「中華民國公共政策學會」的組織向內政部先行登記，因此「公政會」無法登記。當時的內政部長吳伯雄對此宣布「公政會」是非法機構，希望能自行解散，否則將依法處理。12 月，「公政會」理事長費希平發函給國民黨秘書長蔣彥士，表明願意溝

〔註 50〕李筱峰，《台灣民主運動四十年》，頁 210。
〔註 51〕李筱峰，《台灣民主運動四十年》，頁 190～191。

通的意願。但是此舉卻引起黨外內部陳水扁、邱義仁等新生代的非議，使得新生代的「編聯會」與公職人員的「公政會」之間的分歧更加擴大。

「編聯會」與「公政會」的分歧除了立場不同之外，不可諱言的其中涉及權力之爭。〔註52〕但是面臨1985年的地方選舉，黨外份子體認到不要自相抵消實力，有再組「黨外後援會」之議，其中「編聯會」的態度尤其積極。9月28日，「1985年黨外選舉後援會」在台北中泰賓館召開候選人推薦大會。這次黨外後援會除了一口氣提出二十項共同政見之外，也共同打出一句口號「新黨新氣象，自決救台灣」延續長久以來黨外以「組織反對黨」與「住民自決」為選舉的主要訴求。黨外政團儼然以政黨的地位自居。〔註53〕

對於黨外在這次選舉展現出來的氣勢，軍方刊物隨即刊登文章批評黨外人士組織反對黨的企圖，《國魂》的文章說到：今日無黨籍人士，利用一些自辦刊物，專門和國民黨敵對。請問他們可以公諸於世的政治主張是什麼？政治理念的體系是什麼？他們的組織、人才，尤其是一經提名，沒有任何異議的領袖在哪？國民黨創建民國，完成統一與抗戰，現在與中共周旋近40年，其他「黨外」人士，有如此擔當作為嗎？〔註54〕

以上《國魂》文章的內容雖然以各種條件主觀地質疑黨外人士組織反對黨的條件，但是卻忽略了政黨的成立乃是民主人權的基本權利，是否具備某種能力條件並不影響人民行使權利。甚至仍然強調國民黨創建民國，北伐抗日的歷史，依舊以「革命」的政黨自居。同樣的問題在1960年代《自由中國》就曾經質疑過國民黨的這種心態，但是二十年來國民黨這種心態不但沒有改變，竟然反過來質疑黨外人士「有如此擔當作為嗎？」如此心態，實不足以稱為一個現代民主的政黨。而且在軍方刊物上刊登以一黨的主觀立場質疑其他異議人士的文章，有虧軍隊國家化的原則。文章最後並且提出兩點目前不宜組黨的理由：

(1) 此時此地組黨，地域色彩過濃，在大陸與海外的中國人來看，無疑是一個「台灣黨」。在中華民國首善之區，戰時首都，成立「台灣黨」，將來各省若跟進，中國統一後勢必又種下分裂的因子。

(2) 民國初年，民主風氣乍現，中國一下子成立了300多個政黨，故十

〔註52〕李筱峰，《台灣民主運動四十年》，頁213。
〔註53〕李筱峰，《台灣民主運動四十年》，頁217。
〔註54〕李真，〈不廢江河萬古流〉，《國魂》480期，1985年11月1日，頁30~33。

二年間，換了十多位元首，45 位內閣，如此結果，若非國民黨北伐統一全國，中國恐已分崩離析。〔註 55〕

以上第一項顯示出當時國民黨政府的大中國意識形態，第二項則是重複國民黨以「革命」的政黨自居的心態。《國魂》接著在另一篇文章則是再度提出三點黨外人士組織新黨的用意：

（1）企圖變更國體國策；當前我們的基本國策是反共復國，以三民主義統一中國政府施政的依據是中華民國憲法。這些年來偏激份子的特徵就是從不談「反共」，不用中華民國國號，不提三民主義。他們的「共同政見」明顯的牴觸國策，違背憲法，尤其是「台灣自決」，即是「台灣獨立」，表露了他們叛亂的企圖心。

（2）妄想出賣台灣；台灣是中華民國的一省，是反共的基地，連中共都知道的事，何來「自決」之有？中共之所以目前不敢越雷池一步，是因為中華民國的存在，一旦「台灣自決」，台灣有能力抗拒中共嗎？可見「自決救台灣」是「禍害台灣」。

（3）少數人滿足政治野心；偏激份子組黨就是想「以合法掩護非法」，伺機顛覆政府，奪取政權，滿足其政治野心。〔註 56〕

1985 年的地方選舉，黨外獲得了不錯的成果，黨外人士受到鼓舞，為了準備 1986 年的中央民意代表選舉，於是有設立公政會分會的提議，希望以更嚴密的組織對抗國民黨。1986 年 2 月間，全台各地紛紛準備籌組分會，設立分會的動作，表示黨外更進一步接近組織新黨的目標。對此，國民黨於 4 月一次高層集會中表示，黨外有分離主義意識，不宜組織化，如果籌組分會，將連總會一併取締。但是在 4 月 28 日，黨外台北市議員宣布成立公政會分會，並提出一份共同聲明，反駁執政黨打壓黨外公政會成立分會的理由。這份聲明對國民黨當局有無影響，不得而知。〔註 57〕另外 5 月 1 日許信良、謝聰敏等人在美國宣布成立「台灣民主黨建黨委員會」。〔註 58〕在如此內外交互的情勢下，5 月 7 日，蔣經國在國民黨中常會中表示：「應本著誠心誠意的態度，與社會各方面人士進行溝通，以促進政治和諧與民眾福祉。」5 月 10 日，由

〔註 55〕李真，〈不廢江河萬古流〉，《國魂》480 期，1985 年 11 月 1 日，頁 30～33。
〔註 56〕萬慶柱，〈狐狸尾巴露出來了〉，《國魂》484 期，1986 年 3 月 1 日，頁 86～88。
〔註 57〕李筱峰，《台灣民主運動四十年》，頁 222。
〔註 58〕張富忠、邱萬興，《綠色年代》（台北：印刻，2005 年），頁 186～187。

多位中介學者出面邀集黨內外人士，當面餐敘溝通。然而，黨外內部的新生代激進派卻以激烈的手段來抵制溝通。

2、「五一九綠色行動」

5月19日，新生代鄭南榕等人發起一項抗議長期戒嚴的示威活動「五一九綠色行動」，約二百名黨外人士在台北龍山寺集合，準備以街頭遊行的方式到總統府請願，要求解除戒嚴。治安單位則派出警察圍成人牆，將示威群眾包圍在龍山寺中，雙方對峙十二個多小時。「五一九綠色行動」表面是針對國民黨，同時也含有黨外內部的權利爭執，這是熟知內情的人所默認的。〔註59〕
《國魂》雜誌對於5月19日當天的示威行動則有以下的敘述：

> 由一小撮無黨籍人士策動的非法聚眾活動，日前在台北市龍山寺前大肆喧鬧，並圖鼓煽民眾擴大聲勢，而進行更大的滋事活動。……（中略）龍山區的十六位里長乃發表聯合聲明，強烈反對這一小撮人的非法行徑，而最感憤慨的，莫過於當地的商店及居民，他們因此紛紛提出嚴重抗議，要求這一小撮人「不要來破壞地方秩序」、「不要來影響我們的生意」。這恐怕是一小撮無黨籍人士所意想不到的事。〔註60〕

龍山里十六位里長對於無黨籍人士5月19日在龍山寺的行動聯合發表聲明如下：艋舺龍山寺為佛教聖地，一向安和寧靜；近聞另有意圖人士於五月十九日，在此作意圖不明之集會與活動，我地方人士及信徒代表，堅決反對，特此聲明。〔註61〕

對於「五一九綠色行動」本身來說，國民黨政府也了解是黨外的激進派為了抵制黨內外溝通所發起的行動。從《國魂》在刊登的文章中，可以看到針對這部分提出批評：

> 政府多年來一直本寬容的態度，與無黨籍人士溝通，蔣經國總統不厭其詳地呼籲持不同意見的各界人士，促進社會的和諧團結，共謀國家的繁榮進步，並對無黨籍人士所謂的「公政會」同意坐下來溝通。……（中略）從五月十九日無黨籍人士的龍山寺聚眾煽動惑亂一事，就可以證明無黨籍人士不僅沒有溝通的誠意，而且壓根

〔註59〕李筱峰，《台灣民主運動四十年》，頁228。
〔註60〕瑞言，〈「綠」不容汙染〉，《國魂》487期，1986年6月1日，頁18。
〔註61〕《青年日報》，1986年5月20日，第二版。

就不願溝通。像這種唯恐天下不亂的變態心理，如何有資格從事民
主運動……。〔註62〕

雖然軍方刊物對於民主運動的報導無論大小幾乎是以負面評論爲主，但
是在黨內外溝通協商的同時，新生代激進派卻以如此激烈的手段來抵制溝
通，仍不免給予軍方刊物批評攻擊的空間。另外，在幾乎同一時間的其他事
件，也可以看出軍方刊物對民主運動無差別的批評。

1980年代，台灣的學生運動漸漸發展，其中以1986年「台大李文忠事件」
受到相當矚目。李文忠在台大政治系就讀時，即加入「編聯會」，擔任過黨外
雜誌的編輯，以及立法委員許榮淑助理等。1985年5月李文忠曾因爲在校內
要求「普選台大代聯會主席」一事，遭校方留校察看。1986年2月，李文忠
的大二英文三修不過，遭到退學。但是因爲選課記錄的問題，李文忠試圖依
體制內交涉未果。5月10日，李文忠接到兵役通知，16日須入伍服役，因爲
事情太過突然，同學朋友認爲有軍方的力量介入。因此，李文忠決定要開始
「絕食抗議」，同學朋友也決定聲援李文忠。雖然中間經過許多折衝，李文忠
仍在7月被開除學籍。〔註63〕在事件發生期間中的6月份，《國魂》雜誌就刊
登一篇文章，指稱這起學運事件如同共匪所使用的手段。文章說：少數偏激
份子爲達政治上的目的，以「民主人士」的幌子，蠱惑學生成爲「學運」的
工具，製造與學校對立的言論和舉動，企圖使校園內的對立，擴展到對政府、
執政黨的對立。少數無黨籍偏激份子在學校製造職業學生，控制學校社團，
這些伎倆和當年共匪在大陸上搞學運所使用的手段如出一轍。〔註64〕

而在「李文忠事件」落幕後的8月，《國魂》在討論「李文忠事件」的
一篇文章裡，將「李文忠事件」與另外兩起個別的事件放在一起討論。一件
是陳水扁的「蓬萊島」案；1984年，黨外雜誌《蓬萊島》以一篇文章指出東
海大學哲學系主任馮滬祥「以翻譯代替著作」，撰寫《新馬克思主義批判》
一書。馮滬祥因此狀告《蓬萊島》雜誌社社長陳水扁、發行人黃天福、總編
輯李逸洋三人誹謗。五月底官司確定，三人被判處徒刑八個月。這個判決引
起黨外激進派人士的不滿，認爲國家利用司法打擊黨外人士。爲此，還爲陳

〔註62〕 王炳麟，〈龍山寺前的沉思〉，《國魂》488期，1986年7月1日，頁80～81。
〔註63〕 張富忠、邱萬興，《綠色年代》（台北：印刻，2005年），頁188～189。
〔註64〕 黃健，〈讓校園晴朗〉，《國魂》487期，1986年6月1日，頁18。

水扁三人舉行了「入監惜別會」。﹝註65﹞另一起事件是鄭南榕「違反選罷法」的案子；鄭南榕曾在 1985 年因雜誌的文章，導致前黨外立委張德銘控告鄭南榕「違反選罷法」，使鄭南榕被提起公訴。然而此案拖延許久，卻在 1986 年 6 月 2 日鄭南榕發起的「五一九綠色行動」過後不久，突然因此案被逮捕入獄。以上三起事件均發生在 1986 年 6 月前後，因此被《國魂》放在同一篇文章中一起討論，文中說：對目前無黨籍人士而言，是非對錯的界限似乎相當複雜，只要不合乎本身的政治利益，都可以打破這個標準，而將過錯推到第三者身上。

> 如陳水扁等的蓬萊島雜誌誹謗案，鄭南榕的違反選罷法案件，
> 皆被混淆黑白的說成「政治迫害」，對執政黨進行毫無來由的攻訐，
> 而更好笑的是，連校園裡單純的退學事件，竟也被他們套上這個帽
> 子，大肆興風作浪。﹝註66﹞

以上所提及的三起事件，因為當事人的身分敏感，陳水扁與鄭南榕是當時黨外新生代激進派的人物，李文忠曾經在黨外雜誌擔任編輯以及許榮淑助理，也算是黨外人士的一員。加上事件發生過程中的諸多巧合，因此容易給予外界有「政治迫害」的聯想。除此之外，《國魂》對這三起事件並沒有太多的評論，也許是因為案件本身並沒有太多政治性的成分，如果大肆報導的話，反而容易引起太多的注視，這也不是執政當局所樂見的。

3、街頭的衝突與反對黨成立

時序到了 1986 年的下半年，黨外各種組織反對黨的相關動作紛紛開始進行，顯示反對黨的成立只是時間的問題。在這期間，又發生街頭事件，以及年底的選舉，「民主進步黨」就在這紛紛擾擾的情況下成立。期間，執政黨盡量採取開放的態度面對組織新黨的動作，雖然 1986 年是一個多事之秋，卻也是民主運動史上一個重要的年代。

正當組黨的行動熱烈頻傳的同時，黨外台北市議員林正杰因為在議會批評國民黨籍議員胡益壽利用特權貸款一案，法院無視議員言論免責權，將林正杰以「誹謗罪」判處一年六個月的徒刑。9 月 3 日台北地方法院做出這項判決之後，林正杰當庭表示不上訴，同時開始抗議示威。在當場法官宣判完畢之後，林正杰即將已經準備好的聲明書〈為司法送終，向市民道別〉以及一

﹝註65﹞張富忠、邱萬興，《綠色年代》（台北：印刻，2005 年），頁 194～195。
﹝註66﹞廖正祥，〈愛他就不要害他〉，《國魂》489 期，1986 年 8 月 1 日，頁 62～63。

個綁著黑帶的鐘，要請法官轉送給司法當局，法官沒有受理。聚集在法院大廈的群眾，隨即在康寧祥帶領下，高呼抗議口號，並且在法院門口舉行演講。隨後林正杰更掙脫圍堵的警察，衝向總統府將手上的鐘摔向總統府前面。〔註67〕這一連串激烈的抗爭，是戒嚴時期少見的動作。

緊接著9月28日，黨外召開全國後援會，討論組黨的議程，卻沒想到當天下午即刻就以「民主進步黨」作為黨名，成立新的反對黨。「民主進步黨」成立之後，原本在美國由許信良成立的「台灣民主黨建黨委員會」隨即改名為「民主進步黨海外支部」，並準備在年底選舉前組團返台。11月14日，7名「民主進步黨海外組織代表團」成員，搭機抵達桃園機場，其中四位沒有簽證，交涉未果，全部轉機離去。當天有百餘名民進黨及黨外人士到機場準備迎接，但是在久候不到的情況下，省議員吳大清闖入入境旅客行李檢查大廳，與警察發生衝突，僵持六個多小時。11月30日則是許信良準備搭機返台，當天上午數千名群眾前往桃園機場準備迎接許信良，治安機關為維護秩序，派出大批憲警在聯絡機場的道路上，最後發生警民衝突事件。雙方發生衝突，僵持近十小時，直到晚上八點三十分，確定許信良未能搭機入境，機場群眾才解散離開。〔註68〕

雖然在民進黨成立後，10月5日蔣經國在國民黨常會上說：「時代在變，環境在變，潮流也在變。因應這些變遷，執政黨必須以新的觀念、新的作法，在民主憲政的基礎上，推動革新措施。唯有如此，才能與時代潮流相結合，才能和民眾永遠在一起。」10月7日，蔣經國與訪問的華盛頓郵報董事長面見時表示：政府將盡速取消戒嚴；但是任何反對黨都必須遵守憲法，支持反共國策，並與台獨勢力劃清界限等三項原則。以上的談話，顯示出蔣經國對於台灣政治朝向改革開放的路線。〔註69〕

但是軍方刊物所報導的內容仍然對於「民主進步黨」已經成立的事實帶有相當的批判。1986年底的選舉，雖然「民主進步黨」仍未成為合法政黨，但卻是黨外首次以正式政黨的組織參與選舉，也提出了十六項共同政見，因此引起軍方刊物的批評，《國魂》在選舉甫結束的1987年1月就以多篇文章批評「民主進步黨」，第一篇文章批評民進黨為選舉所提出的共同政見：

〔註67〕李筱峰，《台灣民主運動四十年》，頁233～235。
〔註68〕李筱峰，《台灣民主運動四十年》，頁248～249。
〔註69〕李筱峰，《台灣民主運動四十年》，頁242。

　　　配合去年增額中央民意代表選舉的來臨，部分無黨籍人士非法的急速成立所謂「民主進步黨」，在其基本主張中重申「台灣前途應由台灣全體住民來決定」，也即重提過去無黨籍人士所堅持的「台灣住民自決」立場。此項政治主張明顯是包含著分離意識，當然是目前破壞我國復興基地民族團結的罪人，應得國人羣加聲討。〔註70〕

　　另一篇文章則是質疑民進黨的合法性，文章說：目前國家仍處於內憂外患的非常時期，對政治性社團的成立應特別慎重，我國雖然未明文制定有關政黨的法律，但政黨以社團或人民團體，我們有「民法」及「非常時期人民團體組織法」為依據。而且，台灣仍在戒嚴時期，任意「宣稱」「組黨」，置戒嚴於何地？

　　　因此，不管怎麼說，在中華民國的法制上，所謂「民主進步黨」仍然不是一個合法的組織，「黨外人士」不可揹起該不合法組織的招牌說話；換言之，在中華民國現行法律上，根本沒有一個什麼叫做「民主進步黨」的社團存在。〔註71〕

　　第三篇文章則是指責民進黨違反蔣經國所提及的三項原則；遵守憲法、支持反共、與台獨劃清界線。並且以三點說明民進黨心目中沒有國家的存在：

（1）他們不奉中華民國的年號，不掛中華民國的國旗，不遵守中華民國的憲法，不唱中華民國的國歌，開口閉口台灣前途而不談中國前途。台灣並非遭帝國主義異族侵略佔領下的殖民地，有什麼自決問題存在。

（2）任何國家的政黨，絕沒有只用一省、一市、一地區的地圖做標誌的，否則那只是一個地域的地方社團而已，而不是一個全國性的社團。這是明顯的分離地域觀念，對抗國家的整體觀念。

（3）像揪眾到桃園機場去企圖以暴力幫助海外持外國護照的通緝犯闖關，沒有護照未經簽證的人怎可以憑人多勢眾闖關？這一小撮分子有人受法律判刑，竟揪眾舉行坐監惜別會。或是霸占司法大廈，又糾眾遊行到總統府向總統府丟擲時鐘。〔註72〕

〔註70〕林恩顯，〈團結從哪裡做起？〉，《國魂》494 期，1987 年 1 月 1 日，頁 16～17。
〔註71〕陳志奇，〈論現有政黨「報備」與新設政黨「登記」〉，《國魂》494 期，1987年 1 月 1 日，頁 32～33。
〔註72〕劉光弼，〈請愛吾國〉，《國魂》494 期，1987 年 1 月 1 日，頁 34～36。

1987 年 2 月《國魂》雜誌的〈不能讓中正機場鬧劇重演〉一文則再度對許信良中正機場事件提出批評，認為中正機場事件本質上是台獨鬧事，而且台獨是與共產黨掛勾的。文中說到：

> 「台獨」是以顛覆中華民國及其政府而另建立一個新而獨立的國家為目標的一種分離份子的組合。……（中略）許信良是「台獨」的領導人之一，而且和共產黨掛鉤，叛亂事實顯著，因而成為通緝犯。〔註73〕

而這次的選舉，民進黨則是獲得不錯的成績，立法委員共當選 12 席，且多位是第一高票當選。這次的選舉，國內外政治觀察家均認為是民主政治史上一個重要的分水嶺，國內外許多媒體充分報導這次選舉。經過這次選舉，民進黨在立法院共有 12 位立委，加上不用改選的費希平，13 位立委組成「立法院黨團」，開啓了國會議事抗衡的局面。〔註 74〕對於這種情況，《國魂》雜誌在〈認清現勢、相信事實〉一文中，對這種情況提出三點看法：

（1）雖然「民進黨」當選席次較 1983 年立委選舉席次多，但是目前「民進黨」的席次仍無法與執政黨相提並論，並非外界所言此係兩黨政治的開始。此次「民進黨」所展現的實力與執政黨相去太遠，在下次選舉也沒有取代執政黨的可能。

（2）「民進黨」到目前為止仍非合法的政黨，因執政黨在選舉期間宣佈的兩項政治革新「解嚴」與「開放黨禁」目前仍尚未實施，台灣地區現階段仍是戒嚴狀態，不能公開組織反對黨，故「民進黨」仍是一非法組織。之所以讓其實質存在，是執政黨基於團結和諧之理由，未予取締。

（3）「民進黨」公布的黨綱黨章，顯示其不尊重現行憲政體制，因為目前規定任何政黨必須遵守憲法、反共並與台獨劃清界限，但「民進黨」並未如此。因為該黨不使用我國年號與國旗，並強調台灣前途由台灣全體住民決定，亦即「自決」的荒謬主張。〔註75〕

從以上的言論來看，即使處於逐漸邁向改革開放的 1986、87 年，軍方刊物對於「住民自決」問題的討論仍然相當頻繁，1987 年 5 月的《國魂》有一篇名

〔註73〕馬啓華，〈不能讓中正機場鬧劇重演〉，《國魂》495 期，1987 年 2 月 1 日，頁 8～9。

〔註74〕李筱峰，《台灣民主運動四十年》，頁 251～252。

〔註75〕郎裕憲，〈認清現勢、相信事實〉，《國魂》495 期，1987 年 2 月 1 日，頁 10～11。

為〈由誰決定？〉的文章，在解嚴的前夕討論「住民自決」的問題，從文中可以看出軍方刊物在時代潮流的變動當中，所堅持不變的立場，文中說：「黨外」或「民進黨」的「台灣前途應由台灣全體住民決定」就是要使台灣脫離中華民國的主權。依憲法規定：「中華民國領土，依其固有疆域，非經國民大會之決議，不得變更之。」因此，現在只有國民大會才有資格決定台灣前途。至於全體國民對國民大會新的授權，必須等到光復大陸，依照憲法改選國民大會之後再行決議，目前不是討論「決定台灣前途」的時候。目前如果有人「決定台灣前途」的行為，那是破壞國土，違背憲法的罪行。而目前淪陷區中的國民，無論多久，決未喪失中華民國國籍。大陸同胞選出的民意代表，也仍然在自由地區行使職權，合法性就如同台澎地區選出的代表一樣。〔註76〕

4、解嚴

　　經過紛紛擾擾的 1986、87 年，黨外人士對執政當局的各種挑戰，固然是推動台灣政治社會改革開放的主要因素。但是除了民主運動之外，各種團體所發起的社會運動，使得主政當局有感於時代潮流的轉變是無法抵抗的。也因此，台灣社會的各種禁令在這段期間逐漸鬆綁，終於在 1987 年 7 月 15 日起解除戒嚴。關於解嚴，軍方刊物又是抱持何種立場？1987 年 8 月份的《國魂》有多篇關於解嚴的文章，從文中可以看到軍方刊物對解嚴的立場。

　　關於解嚴，軍方刊物除了先行肯定戒嚴對於國家安定，社會繁榮貢獻外，大致認為解嚴這是我國民主政治一個新的開始，全民必須珍惜這項歷史性的決定。但是對於解嚴仍然強調社會民眾在解嚴後必須的認知，《國魂》雜誌在〈推展民主憲政的一大步〉一文中說到：

> 　　解嚴並不表示國家的危難已解除，因為戒嚴是我們自己內部主觀的政治運作，而國家危難是客觀的存在。老實說，我們敵人匪偽及其同路人，正在伺機我們解嚴時刻的到來，以方便他們滲透、分化、顛覆技倆的施展，這是鐵一般的事實。〔註77〕

由此可見，雖然已經解除戒嚴，但是軍方刊物仍然強調對於中共及其「同路人」的防備是不能解除的。同一期另一篇文章〈對「解除戒嚴」的看法〉也一樣強調這個觀念：

〔註76〕元倫，〈由誰決定？〉，《國魂》495 期，1987 年 5 月 1 日，頁 10～11。
〔註77〕正言，〈推展民主憲政的一大步〉，《國魂》498 期，1987 年 8 月 1 日，頁 5。

解嚴並不代表對敵人解嚴，相反的我們對共匪、台獨的陰謀技
倆更要提高警覺，洞燭機先，更嚴格的給予迎頭痛擊，使其無論在
任何情況下其陰狠毒辣的手段都無法得逞。〔註78〕

這是在解嚴初期軍方刊物對解嚴的立場。可以看見的是，雖然已經解除
戒嚴，但是「動員戡亂時期臨時條款」仍未解除，執政黨也在解嚴的同時另
立「動員戡亂時期國家安全法」爲解嚴做準備。因此，此時可以說是民主的
過渡期，「國家安全法」對於人民社會仍存在部分限制。此時期的軍方刊物對
於台獨這一類的問題，並沒有因爲解嚴前後而有所不同。

這種情況在1989年4月發生了一起鄭南榕自焚事件後，有了一些改變。
1989年鄭南榕在《自由時代》雜誌刊登旅日學者許世楷的〈台灣新憲法草案〉，
被國民黨當局控以「叛亂罪嫌」。鄭南榕卻拒絕出庭應訊，當時他說：「他們
甭想拘提到我的人，他們只能提到我的屍體！」沒想到4月7日警方到雜誌
社準備拘提鄭南榕的時候，鄭南榕即引燃汽油，自焚而死，震驚海內外。鄭
南榕的死，使社會對台獨的問題有新的思考。而自從解嚴後，關於政治話題
已甚少討論的《國魂》雜誌，也在一篇討論鄭南榕自焚一案的文章中，對於
台獨問題也有了不同的思考。

鄭南榕自焚的二個月後，《國魂》以一篇〈鄭南榕悲劇的省思〉討論鄭南
榕自焚所隱含的問題。文中認爲，對於台獨問題，政府必須做的兩項工作：
一是加速民主化的改革，尤其是中央民意代表的改選，使本地菁英參政機會
增加。二是對國家前途，尤其是台灣與大陸未來的關係，必須理性的思考。
台獨的思想有其客觀條件，與其用公權力壓制，不如改善政治與社會條件。〔註
79〕最後則總結政府對台獨思想必需的態度：

鄭南榕事件，應該更使當局警覺到台獨思想與主張，不是一個
可輕易處理的問題。……（中略）對於這個思想與信仰的問題，其
處理已不能僅憑粗糙的治安手段，也不是憑藉謾罵或斥責，就能使
其銷聲匿跡的。當局面對這種思想與主張，應該採取教育與文化宣
導、政治的改革、外交與大陸政策的更張與突破等多元政策，才能
達到矯正的目標。〔註80〕

〔註78〕 王炳麟，〈對「解除戒嚴」的看法〉，《國魂》498期，1987年8月1日，頁10
～11。

〔註79〕 正言，〈鄭南榕悲劇的省思〉，《國魂》523期，1989年6月1日，頁32。

〔註80〕 正言，〈鄭南榕悲劇的省思〉，《國魂》523期，1989年6月1日，頁32。

可以看到，軍方刊物對於台獨仍舊是持反對的立場，但是在政治逐漸開放的潮流中，加上鄭南榕的事件帶給社會的省思，軍方刊物對於社會各種的意見聲音，也體認到必須以更開放的態度與多元的思考來面對，這也是鄭南榕事件對整個台灣社會的影響。

四、小結

　　1980 年代後的民主運動，主要是隨著選舉的舉行而形成每一個階段。每次選舉由黨外候選人所提出的政見，就順勢成為當時政治討論的議題，因為黨外候選人的政見本身就是針對國民黨統治當局的問題所提出的，而這些問題往往不是短期的因素，而是長期累積的結果。因此，議題的討論是這時期軍方刊物對民主運動報導的主要走向，雖然偶爾發生警民衝突事件，但是卻沒有產生嚴重的後果，軍方刊物報導的篇幅也隨之減少，這與警方面對街頭群眾事件的處理方式與美麗島事件截然不同也有直接關係。但是就如同黨外候選人所提出的問題是長期累積的結果一樣，軍方刊物的回應長期以來也沒有太大的變化。對於黨外人士的訴求，大多以「目前國家正面臨嚴重威脅」、「現在是非常時期，需要安定的環境」等等，而沒有正視黨外人士所提出的問題重點。對於黨外人士的批評，總是不離「背叛國家民族的漢奸」、「少數別有用心的人士」。所以雖然表面上《國魂》號稱是以理論論述為主的雜誌，但是所提出的「理論」，事實上只能稱為口號式的教條。然而這些口號式的教條卻也讓我們看到當時執政者面對異議人士的態度。

第六章　結　論

　　1960 年代軍方刊物對民主運動的報導，幾乎就是軍方刊物與《自由中國》就各種問題的論戰過程。主要是開始於「國家自由」與「個人自由」的爭論，當然這主要是因爲《自由中國》的編者大多是自由主義人士有關，因此早期的言論多是以自由主義的基本思考作爲出發點，延伸到後期對國民黨在台灣各種統治的問題提出批評。而在這過程的背後，則是與雷震和蔣介石關係漸漸疏遠有密切的關係。早期在「國家自由」與「個人自由」的論戰過程中，約在 1952 到 1956 年之間，但是文章的密度並不高，因爲這時期軍方刊物對《自由中國》的言論並非有系統性的發文評論，而言論的重點則集中在「反共抗俄」、「民族國家」的說法。對當時的國民黨而言，中國大陸是被共匪蘇俄所占據的，因此國家處在鐵幕之下是沒有自由可言，所以沒有國家自由就沒有個人自由，爲了國家與個人的自由，則必須反攻大陸以得到眞正的自由。單純就問題本身提出論述，尚未對《自由中國》雜誌或編者做出個人的批評。

　　而在「祝壽專號」刊登之後，因爲總政戰部的發動，軍方刊物依照「向毒素思想總攻擊！」小冊子的重點開始加入對《自由中國》的攻擊，所謂毒素思想也就是共匪的思想，開始將發表民主自由言論的人士，指稱爲「共匪的同路人」。將「共匪」作爲妖魔化的典型，開始以妖魔化的方式打擊異議人士。而隨後在「今日的問題」系列文章中，雖然《自由中國》提出許多問題的討論，但是軍方刊物卻對「反攻大陸」與「反對黨」問題有較多的回應。主要視著眼於「反攻大陸」與「反對黨」問題密切關係著國民黨在台灣統治的問題。1960 年代國民黨甫從中國大陸敗退來台，「反攻大陸」是當時的最高原則，爲了「反攻大陸」，其他許多政治措施都可以等「反攻大陸」之後再說，

散佈「反攻無妄論」則是雷震最後入獄的原因之一。「反對黨」的問題除了軍方刊物與《自由中國》互相在文章中論述之外，雷震試圖組織反對黨的動作，更是最後發生「雷震案」的主要因素。而且不只在 1960 年代，「反對黨」的相關問題，可以說是整個戰後民主運動最主要的議題之一。

在「美麗島事件」的過程中，軍方刊物的報導主要來自於《青年戰士報》的報導。原因在於《青年戰士報》是每日出刊的日報，以報導新聞為主。《國魂》則是以月刊雜誌的型態出刊，以理論性的議題為主要內容。因此在「美麗島事件」的過程中，《國魂》反而沒有報導的空間，尤其是《美麗島》雜誌只短短出刊四期，《國魂》還來不及開始議題的論述，《美麗島》雜誌就停刊了。這時期軍方刊物除了對事件的報導之外，同時也利用社論批評美麗島相關人士。這時期依舊持續「反共」的立場，但是「反共」的同時已經不再「抗俄」。1969 年中俄邊界發生「珍寶島」事件的衝突，國民黨當局已經無法再將「共匪」與「俄帝」連結。而少了「俄帝」的因素，「民族的罪人」等用語也就較少出現了。妖魔化的典型除了「共匪」之外，並且開始出現與「台獨」相關的內容。台獨運動在 1970 年後因為美國留學生的增加，重心移轉到美國。而在美國的台獨團體採取許多激進的手段，讓國民黨倍感頭痛。黨外人士在台灣與國民黨發生的衝突，美國的台獨團體也會遙海呼應，《美麗島》人士被逮捕的消息傳到美國之後，台獨團體更是採取了激烈的方式做出反應。當局也就趁此機會將黨外人士與台獨視為一體兩面的團體，這時候也就出現「共匪、海外台獨、島內暴力份子」三種互相連結的形象。

「雷震案」與「美麗島事件」實際上有一些共同點，分別都有發行政論雜誌，也有組織反對黨的企圖。兩者最大的差別則是在於《自由中國》人士多是從中國大陸來台的學者，在台灣沒有群眾基礎，無法舉行有如美麗島人士所舉行的戶外演講活動，而 1960 年代的政治環境也不允許。但是美麗島人士卻有一定的民意支持。或許執政當局也意識到這一點，因此在軍方報刊的報導內容中，試圖利用媒體工具製造美麗島人士負面的形象，使民主與愛國，《美麗島》與社會民眾，成為對立的兩邊。

1980 年代軍方刊物的主要報導來自於黨外人士在各選舉所提出的政見及訴求。與《自由中國》時期不同的是，1980 年代除了要求開放組織反對黨之外，多了一個「住民自決」的訴求。《自由中國》雜誌的成員對民主理念的要求主要著重於以民主憲政為出發點，討論國家憲政法治的問題，思考的層面

是如何以民主憲政對抗共產主義。1980 年代的黨外人士則較多為台灣土生土長的子弟，本土意識較為明顯，另外國民黨當局長期以來堅持的「反攻大陸」在現實情況中是無法實現了，加上中華民國「法統」在台灣合理性的問題日漸嚴重，即使是國民黨本身也在 1981 年決議以「三民主義統一中國」作為大陸政策與口號。使得 1980 年代的黨外人士更加意識到台灣住民自決的重要性。同時間，海外台獨的動作有增無減，「住民自決」的訴求在軍方刊物中成為海外台獨的共同體，「數典忘祖」、「民族罪人」等民族情緒的用詞再度出現。

　　雖然「住民自決」成為新的焦點，但是軍方刊物一貫強調法統與反共的立場仍然不變。即使身處於 1986、87 年改革開放的潮流中，在解嚴的前夕仍舊堅持必須光復大陸才能改選國會。解嚴後，仍一再強調目前依舊面對著共匪與台獨的威脅。然而，反對黨的問題會隨著解嚴而消失，台獨的問題因為鄭南榕自焚案，《國魂》雜誌也體認到時代的變遷，必須有不同的思維，以上的問題都已經隨著外在客觀因素而有不同的解釋，也代表著台灣的社會呈現越來越多元的面貌。而軍方刊物始終堅持的反共立場，隨著兩岸關係日漸熱絡，軍方對於反共的立場到了 21 世紀又會是怎樣的面貌？

　　2011 年 6 月，由前總政戰部主任許歷農率領的部分國軍退休將領組團赴中國進行黃埔論壇。據報導，許歷農在 2010 年即曾經率領包括多位上將在內的訪問團訪問中國，並接受中共中央軍委會高規格接待。〔註 1〕雖然這只是一則新聞，新聞中所報導的退休將領也未必代表全體國軍。但是，如果連堅持反共的立場都可以因為主觀的因素而改變，那過去六十年來軍方刊物中所堅持的還剩下什麼？對台灣社會文化有什麼影響？

　　目前台灣社會的分歧，國家認同問題確實是一個重要的因素。即使台灣已經可以全民直選總統，也經歷過政黨輪替，但是國家認同的問題，使得朝野雙方或是社會民眾在許多政治議題上，因為意識形態的鬥爭，而無法務實地解決問題。戰後國民政府在台灣實施的「一個中國」教育，經由戒嚴、動員戡亂時期臨時條款控制台灣社會，經由媒體、教育、宣傳，塑造「台灣是中國的一部分」、「台灣人是中國人」的認同與觀念。為了「反攻大陸」，正常民主國家的體制必須被凍結，憲法賦予人民的權利無法被行使。而要求民主自由的民主運動人士，被國家控制的媒體「妖魔化」。追求台灣本土認同的聲音，在大中國思想下無法發出。包括軍方刊物在內的各種黨政軍媒體正是扮

〔註 1〕　《自由時報》，2011 年 6 月 6 日，A1 版。

演著這樣的角色。正因為如此,軍隊國家化的目標,在台灣卻是特別的困難。而國軍退休將領組團赴中的行為,不禁使得過去六十年來受徵招入伍的台灣子弟不知為何而戰,為誰而戰,或是長期在大中國思想教育下的社會大眾,已成為接受這種觀念思想的一份子。國民政府在台灣實施的黨國思想教育,雖然無法以量化的數據統計受到影響的人數,但是以目前台灣社會的分歧的程度,黨國教育對台灣的影響,不可謂不深。而在民主政治發展的路上,並不是不可逆行的,如果政府的施政與民眾對民主思想的認知有所偏差,民主發展是有可能到停滯或倒退。

　　站在台灣民主發展的長河邊,身為當代的台灣青年如果不能知道河水的源頭,又如何能順流而下,駛往民主開放的汪洋。

參考資料

一、史料

1. 《自由時報》，2010 年 12 月 11 日；2011 年 6 月 6 日。
2. 《自由中國》，1951 年 6 月 1 日～1959 年 2 月 16 日。
3. 《青年戰士報》，1953 年 1 月 9 日～1980 年 3 月 25 日。
4. 《國魂》，1955 年 2 月 2 日～1989 年 6 月 1 日。
5. 國軍政工史編撰委員會編，《國軍政工史稿》（台北：國防部總政治部，1960 年）。
6. 雷震著，傅正編，《雷震全集》（台北：桂冠，1989 年）。

二、學位論文

1. 古淑芳，〈台灣黨外運動（1977～1986）——以黨外言論爲中心之研究〉，國立臺灣師範大學歷史研究所碩士論文，1998 年。
2. 石佳音，〈中國國民黨的意識形態與組織特質〉，國立台灣大學政治學研究所博士論文，2007。
3. 江詩菁，〈宰制與反抗：兩大報系與黨外雜誌之文化爭奪〉，國立臺南師範學院台灣文化研究所碩士論文，2003 年。
4. 何怡娟，〈國民黨政府與反共抗俄教育之研究——以國（初）中歷史教材爲例（1949～2000）〉，國立中央大學歷史研究所碩士論文，2006 年。
5. 何振盛，〈戒嚴時期台灣地區的民主化與政治發展：國民黨與反對團體之互動〉，國立政治大學三民主義研究所碩士論文，1988 年。
6. 戚毅，〈中央日報處理重大政治事件內容取向之研究〉，中國文化大學新聞研究所碩士在職專班碩士論文，2003 年。

7. 陳郁馨，〈台灣主要報紙對美麗島事件報導之比較研究〉，國立臺灣大學國家發展研究所碩士論文，2006 年。

8. 顏淑芳，〈自由中國半月刊的政黨思想〉，中國文化大學政治研究所碩士論文，1989 年。

9. 蘇正沛，〈支配與反抗——「自由中國」事件與「美麗島」事件之比較〉，國立中山大學中山學術研究所碩士論文，2005 年。

10. 蕭淑玲，〈台灣黨外雜誌對黨外運動的作用（1979～1986）——以《八十年代》系列、《美麗島》、《蓬萊島》系列兩大路線為例〉，國立中央大學歷史研究所碩士論文，2005 年。

三、期刊論文

1. 陳佳宏，〈美麗島大逮捕前後國內輿論情勢之發展——以主流平面媒體為主的分析〉，《台灣史研究》，第 14 卷第 1 期（2007 年 3 月），頁 191～230。

2. 陳佳宏，〈美麗島事件與台獨〉，《台灣風物》，54 卷 2 期（2004 年 6 月），頁 139～163。

四、專書

1. 王官德等著，《中國共產黨史》（台北：五南，2003 年）。

2. 江南，《蔣經國傳》（台北：前衛，1997 年）。

3. 李筱峰，《台灣民主運動四十年》（台北：自立晚報，1987 年）。

4. 李筱峰，《台灣史 100 件大事（下）》（台北：玉山，1999 年）。

5. 李松林等著，《蔣經國大傳——江山風雨》（台北：風雲時代，2009 年）。

6. 何卓恩，《〈自由中國〉與台灣自由主義思潮》（台北：水牛，2008）。

7. 呂秀蓮，《重審美麗島》（台北：前衛，1997 年）。

8. 周策縱，《五四運動史》（台北：龍田，1984 年）。

9. 若林正丈，《台灣：分裂國家與民主化》（台北：月旦，1994 年）。

10. 馬之驌，《雷震與蔣介石》（台北：自立晚報，1993 年）。

11. 許福明，《中國國民黨的改造》（台北：正中書局，1986 年）。

12. 黃伯和，《釘根本土的信仰》（台南：人文，1991 年）。

13. 陳佳宏，《台灣獨立運動史》（台北：玉山社，2006 年）。

14. 張忠棟，《胡適、雷震、殷海光》（台北：自立晚報，1990 年）。

15. 張富忠、邱萬興，《綠色年代》（台北：印刻，2005 年）。

16. 葉振輝，《美麗島事件民間資料彙編》（高雄：高雄市文獻會，1999 年）。

17. 蔣中正，《蘇俄在中國》（台北：中央文物供應社，1957 年）。

18. 薛化元,《自由中國與民主憲政——1950 年代台灣思想史的一個考察》(台北:稻鄉,1996 年)。

19. 薛化元,《戰後台灣人權史》(台北:國家人權紀念館籌備處,2003 年)。

20. 戴寶村,《台灣政治史》(台北:五南,2006 年)。

21. 龔宜君,《外來政權與本土社會》(台北:稻鄉,1998 年)。